ET REICH

Du même auteur

LA NUIT DE CRISTAL
(Éditions Robert Laffont, 1972.)
(Éditions anglaise Thames and Hudson, Londres, 1974.)
(Édition américaine Coward, Mc. Cann and Geoghegan, New York, 1974.)

PROTESTANTISME ET NATIONALISME EN ALLEMAGNE
DE 1900 A 1945, Klincksieck, 1976.

JOCHEN KLEPPER - EIN LEBEN ZWISCHEN IDYLLEN
UND KATASTROPHEN, Kaiser, Munich, 1977.

Ouvrage collectif: (sous la direction d'A. Grosser)

DIX LEÇONS SUR LE NAZISME, Fayard 1976.
(Éditions allemandes Hanser, Munich, 1977;
Fischer, Francfort, 1980.)
(Édition italienne B.U.R., Milan, 1977.)

RITA THALMANN

ETRE FEMME SOUS LE IIIe REICH

ÉDITIONS ROBERT LAFFONT
PARIS

ISBN 2-221-00859-6

Pour Arlette
et la Fondation internationale
des femmes (W.I.F.).

Tandis que l'homme devient un être humain par l'affirmation de lui-même, la femme le devient en renonçant à elle-même.

Guida DIEHL,
La Femme allemande et le national-socialisme,
Eisenach, 1932-1933.

AVANT-PROPOS

Ce livre n'est pas une histoire *sur* les femmes sous le national-socialisme. Si tel était le cas j'aurais pu réaliser un produit commercial comme il en existe beaucoup en cette matière : paradis des égéries du IIIe Reich, enfer des damnées avec entre les deux quelques Gretchen sportives, un trio de « souris grises », des mères allemandes avec leur nichée de petits Aryens pur sang. Ce genre relève du voyeurisme ou de la prostitution. J'aurais pu, c'est mon métier, présenter une étude de civilisation allemande d'un « groupe social » réduit à la figuration ou à l'élimination. Cette démarche se justifiait d'autant plus qu'il y avait une sérieuse lacune à combler, dont j'ai pris conscience il y a quelques années. Si l'on s'en tient à l'étude du national-socialisme, il suffit de prendre n'importe quel ouvrage sérieux de référence pour se rendre compte que les femmes occupent, au mieux – c'est le cas chez David Schoenbaum [1] –, un petit chapitre, plus généralement quelques lignes, ou qu'elles sont tout simplement absentes. Les index des personnes citées sont particulièrement éloquents : en moyenne 1 pour 100 de femmes, dont une majorité à titre de fille, mère ou épouse.

Lorsque j'ai interrogé des collègues historiens sur cette anomalie, la réponse fut simple : que voulez-vous, elles n'ont joué aucun rôle. Cette réponse m'a fait prendre conscience du caractère sexiste de l'histoire traditionnelle que nous apprenons, que j'enseigne professionnellement. En réalité, les femmes jouent un rôle qui leur est assigné par un ordre masculin qui le juge mineur puisque à peine mentionné dans les manuels. Cette manière d'écrire l'histoire n'est pas acceptable pour les femmes parce qu'elle perpétue leur statut de « mineures », leur aliénation.

Il y a cinquante-cinq ans que je suis née femme. Citoyenne – c'est-à-dire pourvue du droit de vote actif et passif depuis 1945 – d'un pays qui figure parmi les plus riches et les plus démocratiques du

1. David SCHOENBAUM, *Hitler's Social Revolution. Class and Status in Nazi Germany,* New York, 1979. Tr. fr. : *La Révolution brune,* éd. R. Laffont, Paris, 1979.

monde, j'ai conquis, à force de volonté, de persévérance et avec l'appui de quelques maîtres bienveillants, un statut social apparemment enviable. Est-il besoin de dire qu'à un niveau de qualification et de compétence au moins égal, les postes obtenus, jusqu'à un passé récent par des femmes, étaient pratiquement toujours inférieurs à ceux des hommes. Les rares exceptions à la règle ont été payées chèrement [1]. Une conscience sociale éveillée par la tradition familiale, renforcée par l'expérience personnelle des fascismes des années 30, m'avait cependant convaincue de ma situation de privilégiée : je me suis engagée très tôt dans la lutte contre les injustices, les discriminations de toute nature, pour l'émancipation des opprimés. La plupart des femmes engagées de nos générations étaient convaincues que les « Droits des Femmes » proclamés par une Olympe de Gouges – que son initiative fit périr sur l'échafaud – et les *Vindications of Women* de Mary Wollestonecraft en 1792, qui aboutirent au premier mouvement féministe, celui des Américaines de Seneca Falls en 1848, s'inscrivaient logiquement dans la lutte générale pour l'émancipation humaine. Le choc du national-socialisme, expression paroxystique du mépris des droits humains au cœur du monde évolué, a révélé la fragilité de ces droits et conduit à une réflexion nouvelle sur le rôle et le statut de ceux que le philosophe Ernst Bloch appelle les « minorités existentielles », – groupes ethniques, sociaux, culturels qui constituent en fait la majorité du genre humain.

Réflexion nouvelle quant au fond parce qu'elle découvre un droit ignoré jusqu'alors : le droit à la différence. Réflexion nouvelle aussi dans la forme parce qu'elle n'est plus le monopole d'esprits éclairés issus de l'ordre dominant, mais commence à émaner des opprimés en quête d'une autonomie confisquée aussi bien par les maîtres que par les protecteurs. Cette entreprise de « décolonisation » est complexe : elle se situe dans un réseau de dépendances physiques, économiques, sociales, culturelles qui est celui de tous les exploités avec un surcroît de dépendance dû à leur situation spécifique. Ainsi la lutte des colonisés contre leurs colonisateurs s'ajoute à la lutte des exploités contre leurs exploiteurs, sans nécessairement se confondre avec elle. Le féminisme du XIXe siècle est né de l'expérience des militantes antiesclavagistes des États-Unis, le féminisme de notre époque s'inscrit dans le sillage de la décolonisation. En rédigeant cet avant-propos, j'ai sous les yeux l'analyse d'Yvette Roudy sur la

1. Voir, par exemple, Françoise GIROUD, *Une femme honorable*, éd. Fayard, Paris, 1981

« seconde Révolution des Américaines [1] » écrite il y a six ans. Elle rappelle que la théorie qui lui donna naissance, dans les années 60, repose sur l'analyse des similitudes entre racisme et sexisme, esquissée en 1944 par l'économiste suédois, Gunnar Myrdal, approfondie et développée par Simone de Beauvoir dans *Le Deuxième Sexe* publié en 1949. Dans la logique de l'histoire, le mouvement de libération qui en naquit se développa d'abord aux États-Unis parallèlement au mouvement de libération des Noirs et ne gagna les pays industrialisés d'Europe qu'à la faveur de la contestation culturelle de 1968.

Ce mouvement, comme celui d'autres minorités existentielles, a obtenu des résultats non négligeables. En un peu plus d'une décennie, il a réussi à briser le mur du silence, de la dérision, du scepticisme, à sensibiliser l'opinion, à donner à un nombre croissant de femmes le sentiment qu'elles pouvaient, par leur action, obtenir ce que les législateurs de toutes obédiences leur avaient refusé depuis des siècles en vertu de leur sexe. En dépit de leur imperfection, les amendements constitutionnels, les lois sur la contraception, l'avortement, le viol, l'amélioration du statut civil, économique, culturel ont permis aux femmes des pays industrialisés d'émerger de leur sous-développement spécifique. Les succès obtenus continuent à produire des retombées bénéfiques dans les couches sociales et les pays qui n'en avaient pas profité. Et pourtant, Maria Antonietta Macchiocchi le constatait dans une préface de janvier 1979, « nous naviguons déjà dans l'estuaire du post-féminisme les voiles flasques [2] ». Le mouvement de libération des femmes gagne la majeure partie du monde, mais il se heurte à un obstacle qu'il a ignoré ou sous-estimé : le principe de réalité. Autonome dans son essence, le féminisme se heurte toujours à un ordre du monde masculin. Cette situation n'est ni fatale ni naturelle : elle est historique; elle peut être dépassée à condition d'être connue, analysée, transformée. Les tenants de l'ordre masculin n'ont aucun intérêt à favoriser une démarche qui les obligerait à se remettre en cause. Cette recherche ne peut donc être réalisée que par les victimes de l'ordre masculin dont la conscience se développe avec la connaissance.

Ce livre est dédié à la Fondation internationale des femmes (W.I.F.) et à son instigatrice parce qu'il entend contribuer à une recherche féministe internationale qu'elle se propose de promouvoir. Depuis quelques années les groupes formels et informels dans ce domaine se sont multipliés et développés dans un grand nombre de

1. *Cf.* « Simone de Beauvoir et la lutte des femmes », *L'Arc*, n° 61, p. 68-74, Paris, 1975.

2. Maria Antonietta MACCHIOCCHI, *Les Femmes et leurs maîtres*, p. 1, Bourgois, Paris, 1978.

pays. J'ai pour ma part réussi, au prix de difficultés qui illustrent notre situation de « mineures », à constituer, dans le cadre de mon institut à l'Université de Tours, une équipe de recherche sur le statut et le rôle des femmes dans les pays de langues germaniques, limitée aux Allemagnes du xxᵉ siècle par le « fait du prince » – c'est-à-dire par l'ordre masculin incarné par Mme Saunier-Seïté et ses conseillers scientifiques. J'espère que le « nouvel ordre masculin », qui a par rapport au précédent le mérite et l'avantage d'être progressiste et socialiste, permettra aux féministes françaises d'élargir le champ de leurs recherches, et que la nouvelle ministre des « Droits des femmes » favorisera leur coordination.

Dans l'état existant de la recherche féministe, mon étude est nécessairement « lacuneuse » puisqu'il a fallu ébaucher une méthode et rassembler une information dispersée. Telle qu'elle est, elle se propose d'analyser l'état de l'émancipation féminine à l'époque du national-socialisme. D'où le premier chapitre, bilan de l'époque antérieure et la « conclusion » qui n'est qu'une constatation de ce que Simone de Beauvoir appelle l'être-devenir des femmes au stade actuel.

Le national-socialisme, en tant que tel, constitue un moment régressif du point de vue social, économique et culturel dans l'histoire de l'humanité. Il l'est doublement pour les minorités existentielles mais il l'est triplement pour les femmes, qu'elles en aient conscience ou non. C'est l'histoire de ce triple enfermement que j'ai voulu relater dans son évolution dialectique, qui comporte deux périodes principales : celle de la prise du pouvoir en 1933 jusqu'à la préparation intensive de la guerre, en 1938, puis de la fin de 1938 jusqu'en 1945, étant entendu que ces périodes comportent plusieurs paliers qui obligent notamment à tenir compte des conquêtes territoriales du Reich et de ses annexions.

Cette recherche a été difficile étant donné le contexte que je viens de décrire. Je dois cependant dire, et cet aspect positif mérite d'être souligné, qu'elle a été facilitée par un grand nombre de personnes et d'institutions auxquelles je voudrais exprimer ma gratitude sans pouvoir les citer toutes.

Parmi les institutions, je tiens à rendre un hommage particulier aux Archives fédérales de Coblence et à l'ensemble du personnel qui m'a réservé un accueil particulièrement compréhensif. Ceci vaut aussi pour l'Institut d'histoire de Munich et la Germanica Judaïca de Cologne. En France, ma reconnaissance particulière va à la Bibliothèque de documentation internationale contemporaine si sous-estimée et maltraitée par les autorités de tutelle, alors que son fonds, la compétence et l'esprit d'ouverture de ses animateurs apportent une aide importante à la recherche, qui devrait être reconnue. Dans la mise en œuvre de ce projet, j'ai été soutenue par des collègues, des amis et amies, des personnes connues ou inconnues. Si j'ai dédié ce livre à la W.I.F. et à son instigatrice sans lesquelles je n'aurais pas pu le réaliser, je veux aussi exprimer ma reconnaissance à Hellmuth Auerbach et à Klaus Oldenhage, qui m'ont spontanément aidée dans la recherche de documents difficiles à trouver, ainsi qu'à Jochen Köhler que je ne connais pas personnellement mais qui, par ami interposé, m'a permis d'utiliser les témoignages qu'il a recueillis. En dépit de sa difficulté, cette recherche a été pour moi une expérience enrichissante. Elle m'a ouvert un champ nouveau de réflexion, elle m'a permis aussi de mieux connaître la vie des femmes de notre temps. J'ai éprouvé une sympathie immédiate pour les féministes, je me suis efforcée d'écouter, de comprendre, de pratiquer l'empathie envers les autres sans exclusive.

Leurs vies illustrent notre condition de femme dans l'ordre actuel du monde. Si mon livre accorde une plus grande place à celle de Christa Wolf, c'est parce qu'elle me paraît la plus prometteuse d'un avenir différent. J'avais lu ses écrits, je connaissais un peu sa biographie. Sans l'avoir rencontrée personnellement jusqu'à ce jour, nos chemins se sont croisés et j'ai découvert, par-delà les frontières, une sœur dans l'entreprise de longue haleine qui doit être la nôtre : frayer la voie à un nouvel ordre humain qui ne serait ni masculin ni féminin, mais androgyne. Utopie souvent évoquée, utopie réalisable par les générations futures, à condition que l'ordre atomique ne les anéantisse pas.

Paris, le 15 août 1981

CHAPITRE I

L'ÉMANCIPATION DES FEMMES ALLEMANDES AVANT 1933

Les femmes, les classes laborieuses et les Juifs sont les opprimés de notre siècle.

Minna CAUER
La Femme au XIXe siècle,
Berlin, 1898.

Naissance et scission du mouvement féminin

Comme dans la plupart des pays occidentaux, les femmes allemandes se sont organisées, pour obtenir leur émancipation au cours du XIXe siècle, à partir de leur entrée massive dans la production. Mais, contrairement aux Anglo-Saxonnes, aux Scandinaves et aux Françaises, qui revendiquent d'emblée l'égalité des droits civils, sociaux et politiques [1], les Allemandes de 1848 se bornent à demander une participation équitable à la construction d'une Allemagne unie dans la justice et la liberté. Dans un pays encore morcelé, soumis à la domination patriarcale de l'aristocratie terrienne, elles choisissent de s'associer au parti libéral.

Je recrute des citoyennes pour le royaume de la Liberté, proclame le premier journal féminin fondé en 1849-1850 par Luise Otto-Peters, l'une des pionnières du féminisme allemand.

L'échec de la révolution de 1848 dans les États allemands entraîne un déclin du libéralisme, remplacé dans les classes moyennes par un

1. Rappelons que les Américaines réunies en juillet 1848 à Seneca Falls élaborent une Déclaration de Principes, qui demande l'égalité dans le couple, les professions, la vie publique.

socialisme réformiste qui doit tenir compte de l'influence prépondérante de l'armée et de l'Église. C'est dans ce contexte peu favorable que naît, en 1865, à Leipzig, l'Association générale des femmes allemandes [1] (*Allgemeiner Deutscher Frauenverein* - A.D.F.) dont l'appellation est calquée sur celle du mouvement ouvrier allemand (*Allgemeiner Deutscher Arbeiterverein*) fondé deux ans auparavant dans cette même ville de Leipzig, « bastion rouge » de la Saxe industrielle. Le parallélisme n'est pas un effet du hasard : Luise Otto-Peters (1819-1895), la première présidente de l'A.D.F., s'est en effet rapprochée du mouvement ouvrier après l'échec de la révolution libérale de 1848 à laquelle elle avait activement participé. Aussi, le premier programme de l'association prévoit-il la lutte pour l'égalité sociale et politique, le droit des femmes à l'éducation, la protection légale des travailleuses.

Mais ce programme reste en grande partie théorique dans la mesure où l'A.D.F. proscrit d'emblée toute action politique, par crainte de la loi de 1851 sur les associations, qui interdit notamment aux femmes le droit de réunion et d'association. Prudence compréhensible dans le climat répressif des États allemands de l'époque. On peut cependant s'étonner de la résignation de ces femmes qui ne songèrent même pas à lutter, comme les Anglo-Saxonnes ou les Françaises, pour l'abolition d'une loi qui leur déniait jusqu'à la plus élémentaire liberté d'expression. L'A.D.F. de Luise Otto-Peters a cependant eu le mérite de s'engager, plus de vingt ans avant le mouvement ouvrier, dans la défense des ouvrières à domicile rétribuées à un salaire de famine, « interdites d'usine » bien souvent, en particulier dans le textile, avec l'approbation de leurs collègues masculins qu'inquiète leur concurrence en période de crise économique. Grâce au soutien d'August Bebel, l'un des rares dirigeants socialistes à plaider la nécessité immédiate de l'égalité des femmes, et à l'appui du *Lette Verein*, une association créée en 1866 pour l'emploi des femmes et leur promotion sociale, Luise Otto-Peters parvient, en 1869, à créer la première Association allemande des travailleuses dont le programme se résume en deux points : amélioration des conditions de vie et engagement des femmes dans les entreprises. Pour étayer cette action, l'A.D.F. lance de son côté une campagne de pétitions demandant l'ouverture des écoles aux filles et leur accès à la formation professionnelle.

Avec la fondation en 1870 de l'Empire allemand, expression du

1. *Cf.* Margrit TWELLMANN, *Die Deutsche Frauenbewegung*, Meisenheim, 1972, et Richard J. EVANS, *The Feminist Movement in Germany, 1894-1933*, Londres, Beverly Hills, 1976.

militarisme prussien triomphant, et la disparition progressive d'une génération de femmes actives dans les luttes révolutionnaires de 1848, l'*Allgemeiner Deutscher Frauenverein* entre dans une période de stagnation : stagnation des effectifs qui étaient passés en quelques années de 34 membres à 12 000. Stagnation de l'initiative : la voix de l'A.D.F. est absente dans le grand débat sur la rédaction du Code civil, entre 1873 et 1896, lorsqu'il s'agit d'obtenir la séparation des biens et des revenus entre époux, un statut d'égalité de pouvoir et de décision pour la femme mariée, le partage des responsabilités légales concernant les enfants.

Devant l'inertie de l'A.D.F., les ouvrières commencent à se détourner du mouvement et à prendre leurs affaires en main. Dès 1870, Christiane Peuschel, une ouvrière du textile qui a participé activement aux grèves des tisserands, revendique et obtient un mandat de déléguée à la première assemblée générale des coopératives ouvrières qui a lieu à Crimmitschau (Saxe). Durant les quatre années suivantes, elle doit, souvent seule, alors qu'elle représente près de 1 200 syndiquées sur les 7 000 membres que comptent les syndicats allemands, affronter l'hostilité de la majorité des délégués, qui accusent les ouvrières d'épuiser les fonds des caisses d'assurance-maladie en prolongeant indûment les effets de leur maternité. Les plus virulents sont encore les ouvriers du textile, qui exigent le renvoi des femmes au foyer, en priorité dans leur secteur, où la mécanisation accroît le chômage. La tentative de créer en 1873 une Association de jeunes filles et femmes travailleuses capable de défendre leurs droits échoue à cause de la répression, mais aussi des sarcasmes qu'elle provoque parmi les ouvriers. Ce n'est que douze ans plus tard que se reconstituera à Berlin une Association de défense des intérêts des travailleuses, créée par des ouvrières décidées à tenir tête à leurs camarades masculins.

Pour mesurer l'hostilité du mouvement ouvrier de l'époque envers l'émancipation des femmes, il faut se souvenir – ce que se gardent bien de faire la plupart des historiens marxistes – que même Marx et Engels, qui avaient pourtant inscrit l'émancipation des femmes dans le *Manifeste communiste* de 1848, sacrifièrent cette revendication lors de la fondation de la Ire Internationale en 1864, afin d'obtenir l'adhésion des trade-unions britanniques, des proudhoniens français, belges et italiens, et des lassalliens allemands. Le Parti socialiste allemand avait certes voté à son congrès de Gotha, cinq ans après les syndicats, l'admission de déléguées, mais il avait refusé la proposition d'August Bebel de se prononcer en faveur du droit de vote des femmes. C'est pour briser l'hostilité générale, y compris celle de ses camarades, que Bebel rédigea alors un ardent plaidoyer en faveur de l'émancipation féminine.

Publié en 1879, à Zurich, à cause de la répression antisocialiste en Allemagne, *La Femme dans le passé, le présent et l'avenir*, qui devint ultérieurement *La Femme et le socialisme*, connut cinquante éditions en trente ans et reste d'actualité jusqu'à nos jours, dans la mesure où ce livre tente de faire comprendre au mouvement ouvrier que l'égalité politique, économique et culturelle des femmes ne peut ni ne doit attendre l'instauration d'une société socialiste.

Parmi ses lectrices enthousiastes de l'époque figure une institutrice de vingt-deux ans : Clara Eissner-Zetkin [1] (1857-1933). Née dans un village de Saxe entre Leipzig et Chemnitz (aujourd'hui Karl Marx Stadt) d'un père instituteur et d'une mère qui avait été la compagne de lutte de Luise Otto-Peters, elle est d'abord élève de l'École normale de Leipzig, que dirige Auguste Schmidt, la seconde présidente de l'A.D.F. N'appréciant ni l'esprit timoré ni l'atmosphère autoritaire que celle-ci fait régner à l'école, elle fréquente les milieux étudiants socialistes où elle rencontre Ossip Zetkin, un révolutionnaire russe exilé, qu'elle rejoint à Paris après la promulgation des lois antisocialistes dans le Reich. Là, malgré une existence harassante entre un compagnon gravement malade et des travaux alimentaires – leçons particulières et traductions –, elle se lie d'amitié avec Paul et Laura Lafargue, gendre et fille de Karl Marx, et sa collègue Louise Michel. En 1889, lors du congrès fondateur de la IIe Internationale à Paris, alors que son compagnon vient de mourir après deux ans de paralysie, qu'elle a deux fils de quatre et six ans à sa charge, elle trouve le moyen de préparer un rapport sur le sujet qui lui tient le plus à cœur : « Le problème des travailleuses et des femmes de notre temps ». D'une voix mal assurée, c'est la première fois qu'elle prend la parole devant une telle assemblée, elle parle de leur droit au travail et à l'indépendance économique : *La femme est sous le joug du mari comme l'ouvrier est sous le joug du capitaliste et elle restera sous ce joug tant qu'elle n'aura pas son indépendance économique dont le travail est la condition indispensable.*

Mais elle ajoute aussitôt que cette émancipation ne peut se réaliser que dans le cadre général du genre humain et sous l'égide de la classe ouvrière. En contrepartie de cette intégration, qu'elle souhaite égalitaire, elle récuse nettement le féminisme autonome. On reconnaît là l'orientation qui est restée celle des organisations marxistes sans qu'ait disparu l'indifférence, voire l'hostilité, plus ou moins avouée de bon nombre de leurs dirigeants et militants aux problèmes spécifiques des femmes et à leur égalité, fût-ce dans la théorie et l'action politiques.

---

1. Luise DORNEMANN, *Clara Zetkin-Leben u. Wirken*, Berlin (R.D.A.), 1974.

Quant au congrès fondateur de la IIe Internationale, il applaudit, mais ne vota rien en ce sens. En 1891, le Parti socialiste allemand (S.P.D.) accepte cependant d'inscrire à son programme l'égalité politique, économique et civile des femmes, précédant de deux ans l'adoption d'une résolution de même nature par le congrès de la IIe Internationale à Zurich. Ce même congrès vote pour la première fois un programme spécifique de protection légale des travailleuses. Élaboré par une commission que préside Luise Kautsky, il demande la journée de huit heures au lieu des douze à quinze heures couramment pratiquées, l'égalité des salaires à travail égal, l'interdiction des travaux dangereux, six semaines de congé de maternité. Avec ce programme, les socialistes s'opposaient à la fois aux tenants d'un retour des femmes à leur « vocation naturelle » d'épouse et de mère et aux féministes, du moins à celles que l'on commence à appeler « radicales », qui considèrent les droits spécifiques comme une entrave à toute émancipation effective [1]. Les militantes socialistes, quant à elles, estimaient avoir marqué des points. Elles devront cependant attendre jusqu'en 1900 pour obtenir le droit de réunir leur première conférence dans le cadre du congrès de l'Internationale, et jusqu'en 1907 pour que soit constituée une Internationale des femmes socialistes, intégrée à la IIe Internationale.

Le mérite en revient d'ailleurs, pour une large part, à l'obstination de Clara Zetkin et du journal qu'elle avait lancé comme un défi en 1892 sous le titre *L'Égalité (Die Gleichheit)*. Mérite reconnu puisqu'elle fut élue secrétaire de la nouvelle organisation dont son journal, laborieusement commencé dans une arrière-boutique de Stuttgart, devint l'organe officiel. Durant les dix années pendant lesquelles elle exerce son mandat, elle ne cesse de rappeler les revendications économiques et politiques des femmes, préconise une éducation exempte de chauvinisme et d'autoritarisme pour les jeunes, développe même des projets pour l'allégement des tâches ménagères et le partage des responsabilités au sein du couple. Projets qu'elle renvoie, il est vrai, à une future société socialiste.

Mais la rupture qu'elle avait entérinée en 1889, au nom de la lutte des classes, avec le féminisme persiste, malgré des alliances passagères avec certains groupes lorsqu'il s'agit de défendre le droit à l'avortement ou le droit de vote, ou de participer ensemble, à partir de 1910, à la Journée internationale des femmes adoptée sur sa proposition. Les possibilités d'un mouvement autonome, authentiquement féministe, étaient brisées dès cette époque, ce qui, nous le savons

1. Werner THÖNESSEN, *Die Frauenemanzipation, 1863-1933*, Francfort-sur-le-Main, 1969. Marielouise JANSSEN-JUREIT, *Sexismus*, Munich, Vienne, 1976.

aujourd'hui, a eu des répercussions négatives durables sur la condition féminine dans le monde entier.

En Allemagne, nous l'avons vu, la rupture était déjà amorcée depuis 1870, avec le départ des ouvrières de l'*Allgemeiner Deutscher Frauenverein* qui se cantonne de plus en plus dans les œuvres sociales et les campagnes en faveur d'une éducation générale et professionnelle « convenable » des femmes. Auguste Schmidt d'abord (1833-1902), puis Helene Lange (1848-1930) impriment à celle-ci la marque de cette génération d'institutrices issues d'un milieu modeste, protestant et conservateur, dont l'ambition se limite au développement d'une promotion sociale semblable à la leur. Avec elles, le mouvement devient respectable : plus de rapports avec ces socialistes sans foi ni patrie, pas de soutien aux campagnes internationales des femmes pour le droit de vote et contre le contrôle étatique de la prostitution. Sensible à cette « sagesse » le gouvernement impérial leur accordera quelques améliorations en matière d'éducation et de formation professionnelle.

Sans doute, les « bourgeoises » de l'A.D.F. n'avaient-elles pas grand-chose à attendre des socialistes allemands, puisqu'ils s'en tenaient à la condamnation du féminisme au nom de la lutte de classes. Elles auraient du moins pu chercher appui auprès des organisations internationales de femmes, qui commençaient à se développer. La crainte de contrevenir à l'interdiction d'engagement politique, que fait toujours peser sur elles la loi de 1851, les incite même à refuser leur participation au congrès constitutif du Conseil international des femmes *(International Council of Women)* en mars 1888 à Washington [1]. *En Allemagne, nous devons agir avec beaucoup de tact et selon des méthodes conservatrices,* déclarent-elles dans un message destiné à justifier leur absence et leur décision de ne pas adhérer à ce Conseil qui se propose pour seuls objectifs *d'établir des relations amicales entre femmes de toutes les races et de leur donner l'occasion de discuter en commun des questions concernant le bien général, familial et individuel.*

1. Irmgard Remme, *Die Internationalen Beziehungen der Deutschen Frauenbewegung vom Ausgang des 19. Jahrhunderts bis 1933,* thèse dactylographiée, université de Berlin, 1955.

Le féminisme « radical »

Cet immobilisme est cependant ébranlé par l'évolution de l'Allemagne impériale. En 1890 Guillaume II renvoie le chancelier Bismarck vieillissant et entend mener désormais une politique « moderne » favorisant l'expansion tous azimuts de son pays. Le Reich « fort et social » qu'il préconise suppose un développement économique et militaire, qui ne peut se passer de la main-d'œuvre disponible, fût-elle féminine, comme ouvrières, mais aussi comme employées et formatrices aux professions dans lesquelles elles devront s'engager. D'où la création de nombreuses associations féminines pour la formation et la défense d'intérêts professionnels, qui se heurtent très rapidement à l'obstacle d'une législation archaïque. C'est dans ce contexte nouveau que se forme la troisième génération de militantes de l'A.D.F. : opposée au bénévolat social et à la politique des petits pas en matière d'éducation féminine, elle proclame sa volonté de se battre pour l'égalité des droits en s'appuyant sur les associations féminines internationales.

Issue de la bourgeoisie citadine cultivée, cette troisième génération ressemble davantage aux libérales de 1848 qu'aux notables de l'A.D.F. Comme Luise Otto-Peters, ces jeunes femmes s'enthousiasment pour les grandes causes. Elles possèdent l'audace créatrice alliée à une solide culture, avec en plus l'assurance que donnent la pratique des relations sociales et une meilleure connaissance du monde. La plupart d'entre elles se retrouvent d'abord aux côtés d'Hedwig Kettler et de Minna Cauer (1842-1922) qui essaient, l'une avec son association Réforme, l'autre au sein du Bien-Etre des femmes *(Frauenwohl)* de dynamiser l'orientation sclérosée de l'A.D.F.

Hedwig Kettler mobilise les pédagogues et remporte une première victoire avec l'ouverture, en 1893, à Karlsruhe, du premier lycée de jeunes filles, qui prépare au baccalauréat réservé jusqu'alors aux garçons. Lors des cérémonies d'inauguration, son association est représentée par Anita Augspurg, dont l'itinéraire illustre celui des nouvelles féministes de l'ère industrielle [1].

Née le 22 septembre 1857 à Verden, dans le duché de Hanovre lié par ses princes à la couronne britannique, elle est la cinquième enfant d'une famille de médecins et de juristes. Son oncle fut député

1. Anita AUGSPURG et Lida Gustava HEYMANN, *Erlebtes, Erschautes*, manuscrit publié par Margrit Twellmann, Meisenheim, 1972.

national-libéral, son père, juriste et libre-penseur, a participé à la révolution de 1848. Sa mère, intelligente mais sans formation, est entièrement absorbée par sa progéniture et ses devoirs de maîtresse de maison. L'éducation d'Anita, celle des jeunes filles de son milieu, avec leçons particulières puis pensionnat distingué, est interrompue par la mort prématurée des parents. Ses frères et sœurs plus âgés ont quitté la maison natale pour se marier ou chercher des horizons plus prometteurs à leurs carrières. Du jour au lendemain, Anita se trouve donc confrontée aux difficultés d'une jeune femme seule et peu fortunée, contrainte d'assurer elle-même son existence. Elle se rend à Berlin, à l'École normale d'institutrices, l'un des rares métiers accessibles aux jeunes filles de bonne famille. Puisqu'il n'y a que l'enseignement, elle enseignera l'art et la gymnastique. Ce choix déjà peu conformiste ne dure guère. Le théâtre la fascine, elle parvient à se faire engager dans la troupe de la duchesse de Meiningen. Mais la grande dame autoritaire heurte les aspirations libertaires de l'apprentie comédienne qui rompt son contrat et va tenter sa chance au théâtre de Riga puis au Hoftheater de Hambourg. Déçue par son expérience de la scène, elle se réfugie près de sa sœur, peintre à Dresde, où elle rencontre Sophie Gouldstikler. Les deux nouvelles amies décident de monter un atelier de photographie d'art à Munich. Leur affaire prospère rapidement et devient un lieu de rencontre pour les nombreux artistes de la capitale bavaroise.

A trente ans, grâce à son autonomie financière, Anita Augspurg peut mener une vie conforme à ses aspirations. Les cheveux courts, en tenue sportive, elle consacre ses loisirs à de longues randonnées à cheval ou à bicyclette, à la lecture et à l'action du groupe Réforme pour l'éducation égalitaire des femmes. C'est là qu'elle rencontre Marie Stritt (1855-1928), la future présidente de la Fédération des associations féminines allemandes, qui partage son désir d'écarter Hedwig Kettler dont les mérites sont certains, mais dont l'autoritarisme croissant fait fuir les jeunes adhérentes du *Reformverein.*

A peine ont-elles réussi sans trop de dégâts cette opération délicate, les voilà parties pour l'assemblée générale du *Frauenwohl* à Berlin. Là aussi c'est l'affrontement entre une vieille garde et celles qui veulent utiliser plus efficacement les réformes sociales du gouvernement impérial. L'association, issue en 1889 de la section féminine de l'Union universitaire allemande, végète en effet sous la présidence d'Helene Lange dans le sillage de l'A.D.F. Mais, contrairement à ce qui s'était passé au *Reformverein,* il ne s'agit même pas d'un conflit de générations : le courant moderniste, où l'on trouve certes la plupart des jeunes comme Anita Augspurg, Marie Stritt, Lily Braun qui rejoindra ultérieurement les socialistes, et Käthe Schirmacher qui passera au camp opposé comme députée de la droite nationaliste, est animé par Minna Cauer, une femme de cinquante-deux ans, veuve d'un pédagogue libéral. Sa victoire, acquise par soixante voix, semble fragile. Elle ébranle pourtant les tranquilles certitudes des notables de l'A.D.F.

Pour la première fois, en 1893, quatre déléguées de cette organisation, dont Helene Lange en personne, acceptent de se rendre à Chicago, au congrès du Conseil international des femmes (*International Council of Women* – I.C.W.). Elles en reviennent décidées à réunir les associations féminines allemandes en une fédération suffisamment représentative pour rejoindre l'I.C.W. Cette adhésion n'interviendra qu'en 1897. Mais l'Union des associations féminines allemandes (*Bund deutscher Frauenvereine* – B.D.F.) qu'elles parviennent à mettre sur pied en mars 1894 leur assure un regain de prestige et l'appui de trente-quatre associations aussi peu favorables qu'elles au courant moderniste.

Les féministes radicales sont trop occupées à élargir la brèche ouverte par leur victoire pour se préoccuper de cette sainte alliance. Les idées ne leur manquent pas : lancer d'abord un journal dont le titre *Mouvement des femmes (Frauenbewegung)* illustre le dynamisme que l'on entend opposer à la conception figée de *La Femme (Die Frau)* d'Helene Lange. Décentraliser l'action, en encourageant des initiatives régionales comme celles de Marie Stritt et de Camilla Jellinek, qui viennent d'ouvrir, l'une à Dresde, l'autre à Heidelberg, des Centres de protection juridique des femmes *(Frauenrechtschutz Stellen)*. Braver la loi de 1851 en organisant des réunions publiques pour dénoncer la rédaction misogyne du nouveau Code civil.

Plus d'un siècle après les fondateurs des États-Unis et les pionnières de la Révolution française, après les antiesclavagistes, parmi lesquels on trouve les premières féministes anglo-saxonnes, les féministes allemandes découvrent à leur tour que l'utilisation des lois ou l'exigence de leur transformation constitue l'un des moyens les plus efficaces dans la lutte contre l'oppression. A quoi, se demandent-elles, peut servir l'égalité des chances en matière d'éducation que se contentent de réclamer leurs devancières, si les lois leur refusent toute autonomie dans leur vie privée et publique? Il faut non seulement revendiquer l'amendement de lois injustes et le vote d'une nouvelle législation, il faut aussi comprendre la portée des textes, élaborer des propositions constructives, avoir la compétence de ceux qui les rédigent. Camilla Jellinek s'est initiée au droit avec l'aide de son mari juriste. Anita Augspurg sera juriste à part entière, comme son père et les hommes de sa famille. A l'exemple de nombreuses étudiantes allemandes de toutes disciplines, obstinément refusées par les universités de leur pays, elle s'inscrit dans une université étrangère, à Zurich, où l'avait devancée, entre autres, Rosa Luxemburg. Durant les cinq années environ que dure son recyclage, elle n'abandonne pas pour autant ses amies du *Frauenwohl* : le courrier leur apporte ses articles, chaque moment de liberté est consacré aux réunions internes et publiques du mouvement. Elle partage leur fierté d'assister au premier Congrès féministe international en terre allemande, avec près de 1 700 déléguées de quatorze pays réunies à Berlin en 1896, à l'occasion de l'Exposition universelle. Succès indéniable : la grande presse ne peut plus passer sous silence l'action des féministes; les socialistes, comme l'atteste la présence de Lily Braun et de Clara Zetkin, acceptent de renouer le dialogue officiel interrompu depuis plus de dix ans.

Puis il y a la joie de rencontrer des militantes étrangères avec lesquelles on peut échanger des informations, comparer des expériences, la découverte aussi des rares Allemandes que l'on ne connaît pas encore et qui ont osé venir à un tel congrès. Parmi ces nouvelles, Lida Gustava Heymann attire l'attention. A vingt-huit ans, cette riche héritière de négociants de Hambourg a, en l'espace de cinq ans, réalisé, souvent avec ses seuls moyens, tout un réseau d'institutions sociales destinées aux femmes de sa ville natale : crèches, foyers d'accueil, club de restauration à bon marché, groupes de défense professionnelle, y compris pour les actrices qui sont nombreuses dans la cité hanséatique. En l'écoutant évoquer sa vie et ses aspirations, Anita Augspurg est frappée de se trouver tant de similitudes et d'affinités avec elle : même enfance heureuse et stimulante dans un milieu aisé, même influence prépondérante d'un père cultivé et libéral, même choc de la solitude dans l'adolescence après la mort prématurée de ses parents, même volonté de surmonter seule les obstacles, d'être libre et indépendante. Sa fortune l'avait certes dispensée de chercher comme elle une profession convenable pour subvenir à ses besoins. Mais elle s'était à vingt-trois ans attelée à la gestion des affaires paternelles pour en disposer à sa guise au lieu de les confier à un conseiller ou à un mari. En rentrant à Hambourg, Lida Gustava Heymann sait qu'elle assurera désormais la responsabilité régionale du *Frauenwohl*. Elle ne sait pas encore qu'elle deviendra la collaboratrice permanente d'Anita Augspurg et son amie jusque dans l'exil et la mort.

Deux ans vont passer : années d'intense activité, de déceptions, de difficultés pour les féministes radicales. La bataille du Code civil semble perdue pour longtemps après son adoption sans le moindre amendement par le Reichstag, en 1896. Leurs revendications, ignorées par les députés de la majorité, ne sont pas davantage prises en compte dans les assemblées générales du B.D.F., dominées par les modérées qui n'apprécient guère, quand elles ne condamnent pas ouvertement, ces « excitées », suspectes de surcroît de chercher l'appui des « rouges ».

Un affrontement particulièrement vif se produit à l'assemblée générale du B.D.F. à Hambourg, en 1898, à propos de la prostitution. Le problème est à l'ordre du jour dans la plupart des pays industrialisés où le développement rapide des grandes villes provoque le déracinement et le désarroi des plus vulnérables, notamment des jeunes filles venues des campagnes en quête d'un emploi et d'un climat moins étouffant.

De la confusion des avis et des solutions se dégagent deux courants principaux. Les « protectionnistes », conservateurs attachés à la morale traditionnelle, estiment que seule une législation répressive assortie d'œuvres sociales peut protéger la jeunesse de ce « vice ». Les « abolitionnistes », surnommés ainsi par référence au mouvement antiesclavagiste, plaident au contraire la thèse libérale de la suppression de toute ingérence de l'État dans un domaine qui relève, selon eux, de la liberté et de la responsabilité individuelles. Dans l'Allemagne de Guillaume II, la querelle rebondit lorsque le député Heinze, soutenu par les Églises, le *Zentrum* catholique, les conservateurs et de nombreuses associations protectionnistes, présente un projet de loi visant à renforcer l'article 361/6 du Code pénal sur le contrôle policier de la prostitution par une réglementation plus stricte et l'interdiction d'écrits ou d'œuvres artistiques « immorales ». Au sein du B.D.F., il existe bien une Association abolitionniste fondée depuis peu à l'instigation du mouvement anglais de Josephine Buttler. Mais elle représente peu de chose au regard de la centaine d'associations féminines, qui se rangent résolument sous la bannière du protectionnisme. De plus, la « spécialiste » de la question, Hanna Bieber-Böhm est une protectionniste convaincue.

Tellement convaincue qu'elle avait fondé une Association de protection de la jeunesse. Les féministes dites radicales, mais qui ne l'étaient pas toutes et pas toujours, l'avaient défendue lorsque la vieille garde du *Frauenwohl* voulait l'empêcher d'intervenir sur une question aussi « dégoûtante ». Dans leur ardeur et leur ignorance, elles s'étaient ralliées à ses thèses, allant jusqu'à signer une pétition au préfet de police de Berlin pour demander la fermeture des bordels, l'expulsion des prostituées étrangères et un emprisonnement spécial de un à deux ans des autres à des fins de rééducation. Lors d'un séjour à Paris, Käthe Schirmacher est la première à comprendre leur méprise. Anita Augspurg, retournée à Zurich pour sa thèse de droit public sur « Les Origines de la représentation populaire en Angleterre », y rencontre des abolitionnistes. Alertées par ses deux amies, Minna Cauer et l'équipe du *Frauenwohl* établissent des contacts avec les féministes anglaises, qui leur expliquent que le protectionnisme aboutit au renforcement de la « double morale » qui absout l'homme et condamne la femme.

La cause est entendue : lorsque Hanna Bieber-Böhm revient devant le comité directeur du *Frauenwohl* avec une pétition analogue à la première, destinée cette fois au Reichstag, ses alliées de la veille la traitent de suppôt de l'État paternaliste, qui poursuit des femmes avilies en toute impunité par les hommes qui feraient mieux d'observer la chasteté et la fidélité qu'ils attendent de leur fiancée ou de leur épouse. Ce revirement n'a pas échappé aux notables du B.D.F., majoritaires à la direction du *Frauenwohl*, bien qu'en minorité dans ses assemblées de base. Celles qui refusaient d'entendre parler de prostitution se découvrent brusquement une âme de protectionniste depuis que leurs adversaires sont devenues abolitionnistes. Et voilà Hanna Bieber-Böhm chargée par leurs soins de présenter un rapport à ce sujet devant l'assemblée générale de 1898 à Hambourg.

La manœuvre rappelle étrangement celle qu'elles avaient employée quatre ans auparavant. Pour consolider leur influence menacée par le courant moderniste, elles s'étaient ralliées, malgré leurs réticences, au Conseil international des femmes, ce qui leur avait permis de lancer sa branche allemande, le B.D.F., à l'intérieur de laquelle les associations progressistes étaient submergées par les conservatrices. Ce rapport de forces risque d'être remis en question à l'assemblée générale de Hambourg en 1898 par l'équipe du *Frauenwohl*. Celle-ci a en effet compris, à la lumière de l'expérience réussie dans son cadre restreint, que l'orientation sclérosée de leur fédération tient essentiellement à un système de délégation de pouvoirs, qui permet à la direction de faire approuver ses décisions par des assemblées générales annuelles composées de mandataires des associations. Chacune de ces mandataires peut détenir jusqu'à cinq voix, grâce à la proportion d'adhérentes de son propre groupe ou par les pouvoirs que leur confient des groupes incapables de payer le déplacement d'une des leurs. Le système favorise évidemment les notables que l'on connaît et qui savent faire valoir leur influence. Faute de pouvoir attaquer de front avec les rares déléguées dont elles disposent – certaines ont réussi à se faire nommer par des groupes qu'elles connaissent à peine – les féministes ont mis au point une tactique de harcèlement dont l'intention est annoncée par leur journal *Mouvement de Femmes* sans que soient révélées les modalités.

Dûment avertie, la direction du B.D.F. contre-attaque en soumettant à l'assemblée générale une définition de la fédération et de ses objectifs, dont le contenu et le style habilement dosés ne peuvent que provoquer l'unanimité des modérées : les conservatrices y trouvent la confirmation de l'esprit de charité, la communion dans l'effort au service de la morale familiale et collective, les libérales ne peuvent qu'être séduites par l'évocation de la lutte contre l'ignorance et l'injustice, la volonté de stimuler l'échange d'idées, d'expériences et d'initiatives.

Il va sans dire qu'aux formules aussi vagues que démagogiques, les féministes opposent immédiatement une motion rejetant ces propositions au profit d'une définition qui tient en une phrase :

La Fédération des associations allemandes de femmes se propose d'unir toutes les associations qui s'efforcent d'améliorer la situation spirituelle, économique, légale et sociale des femmes.

C'est en vain que Minna Cauer tente de convaincre les modérées libérales que la charité et l'action sociale ne répondent plus aux nécessités des temps modernes. Celles-ci ne pardonnent pas aux féministes radicales les critiques de sénilité et d'absence de perspectives proférées contre la direction du B.D.F. et complaisamment rapportées par des journalistes en mal de copie. Anita Augspurg n'a pas plus de succès quand elle demande le transfert du siège du B.D.F. de Leipzig à Berlin dans l'espoir d'obtenir, sous la pression d'une base particulièrement dynamique dans la capitale, le changement qu'elles ne parviennent pas à provoquer par les voies statutaires. La position de repli qu'elles adoptent, en désespoir de cause, les jette tête baissée dans le piège où les attend la vieille garde.

En proposant à l'assemblée de s'unir au moins pour obtenir par une campagne nationale l'abrogation des dispositions misogynes du Code pénal, qu'elles n'avaient pas obtenue, faute d'une lutte coordonnée, pour le Code civil et de commencer par l'abrogation du contrôle étatique de la prostitution, elles déclenchent les foudres de la majorité protectionniste. Sentant son heure venue, Hanna Bieber-Böhm évoque déjà le jour où une délégation du B.D.F. adressera une de ses pétitions au Kaiser afin qu'il veille en personne à l'éducation morale de ses soldats et, à travers eux, de la nation tout entière. Ce jour arrivera deux ans plus tard.

En attendant, Minna Cauer et son équipe quittent l'assemblée générale du B.D.F. avec l'intention de n'y plus revenir. Mieux vaut, pensent-elles, créer sur-le-champ une nouvelle fédération non pas rivale, mais différente, qui accueillerait les associations féminines progressistes. La Fédération des associations féminines progressistes *(Verband fortschrittlicher Frauenvereine)* est effectivement constituée. Mais les vingt associations, souvent très petites, qui acceptent de s'y rallier ne veulent pas pour autant se couper des cent autres associations du B.D.F. et encore moins perdre le sigle d'une fédération connue et respectée de l'opinion publique. Ainsi, la nouvelle fédération se réduit en réalité à un groupe de pression, formule qui déçoit l'équipe du *Frauenwohl*, mais qui va s'avérer efficace pendant huit ans, durant lesquels elle fera passer peu à peu ses idées au sein du B.D.F., au point de se confondre finalement en grande partie avec lui.

Cette efficacité paraît d'abord due à la concision et à la clarté d'un programme élaboré en commun par les associations membres. Programme en quatre points, qui reprend nettement l'exigence de l'égalité culturelle, sociale et civique, se propose de stimuler la conscience politique des femmes, veut abolir les barrières, jugées artificielles, entre ouvrières et bourgeoises toutes victimes, même si c'est à des degrés divers, du pouvoir patriarcal et entend lutter contre la « double morale » et ses conséquences, notamment sur la sexualité. Pour la première fois, le courant progressiste dispose au sein du B.D.F. d'un véritable programme commun. De plus, ce programme ne restera pas lettre morte puisque la nouvelle fédération se dote d'une équipe de direction et d'un siège modeste mais autonome. Elle s'avère ainsi capable d'organiser ses propres réunions bi-annuelles et d'élaborer une stratégie en fonction des résultats obtenus et des objectifs jugés prioritaires.

Le choix d'un siège social à Hambourg, distinct à la fois du B.D.F. resté à Leipzig et du *Frauenwohl* qui conserve le sien à Berlin, offre par ailleurs le double avantage d'éviter toute confusion avec la « grande fédération » du B.D.F. et de donner aux féministes un troisième centre d'influence, après Berlin et Leipzig, dans une ville particulièrement favorable à la liberté d'expression et d'engagement. Avec son million d'habitants, sa tradition libérale et cosmopolite de port hanséatique, une activité économique en pleine expansion, Hambourg est devenue la deuxième métropole du Reich. Cette ancienne république indépendante présente de surcroît l'avantage, comme les anciens duchés de Bade et du Wurtemberg, de ne pas appliquer la loi muselière de 1851. A cela s'ajoute le prestige non négligeable de Lida Gustava Heymann, la nouvelle secrétaire générale, une Hambourgeoise appréciée de ses concitoyens pour ses réalisations sociales et celui, plus contesté mais néanmoins réel, d'Anita Augspurg, journaliste et oratrice de talent, qui préside la nouvelle fédération.

La bataille des abolitionnistes

Pourquoi décident-elles de commencer par une grande campagne contre le contrôle policier de la prostitution? Sans doute parce qu'elles n'ont pas les moyens de s'attaquer tout de suite à l'ensemble de leur programme, qu'elles veulent effacer leur échec cuisant à ce sujet au sein du B.D.F., que le problème est d'actualité à l'échelon national et plus encore dans le grand port où se trouve leur nouveau siège social.

Cette première bataille, engagée par la Fédération des associations féminines progressistes de 1900 à 1905, ne figure ni dans les manuels d'histoire ni dans la chronique féministe, qui a pourtant su tirer de l'oubli les révolutionnaires françaises et les suffragettes anglo-saxonnes. Il est vrai qu'un thème à la fois féministe et en même temps tabou parce qu'il touche à ce qu'il faut bien appeler une hypocrisie majeure de nos sociétés dérange encore. Il dérange encore plus s'il permet de constater que des femmes d'un pays, que l'on décrète bien souvent fatalement voué à l'ordre et à la discipline, ont osé dès cette époque braver la loi et descendre dans la rue pour dénoncer le pouvoir abusif de l'administration impériale et de sa police.

Tout commence par des réunions publiques et des distributions de tracts appelant la population de Hambourg à aider les femmes qui ont pris conscience de leurs droits d'êtres humains, droits bafoués de la manière la plus choquante par la police de la cité qui, non contente d'appliquer les règlements du Reich en matière de prostitution, organise le regroupement des filles dans des maisons et des quartiers réservés.

Mise en cause, la police interdit tout débat abolitionniste dans la ville à partir de février 1900, interdiction qui va demeurer en vigueur durant près de sept années. La riposte ne se fait pas attendre : le *Frauenwohl* de Berlin organise une grande réunion de protestation au cours de laquelle le député libéral Hellmuth von Gerlach et la social-démocrate Helma Steinbach fustigent le pouvoir patriarcal, la représentante social-démocrate en profitant pour dénoncer, par la même occasion, les préjugés antiféministes de ses camarades de parti.

Cette fois ce n'est plus la police mais le gouvernement de l'État de Hambourg qui intervient en interdisant toute activité publique des abolitionnistes sur son territoire. En guise de réponse, Lida Gustava

Heymann et ses amies intentent une action en justice contre le Sénat de Hambourg pour tolérance de maisons closes qu'elles font dûment constater par un huissier, et une autre contre la police pour atteinte à la liberté de réunion. Les actions n'aboutissent pas mais la grande presse et le Reichstag sont alertés. Tandis que les libéraux dénoncent les mesures illégales de la police et du Sénat de Hambourg, les conservateurs accusent les féministes « de chercher le scandale à tout prix ». Pour avoir le dernier mot, l'administration de Hambourg poursuit les abolitionnistes de sa ville, et celle de Berlin intente un procès à Minna Cauer, accusée d'avoir troublé l'ordre public avec son meeting berlinois. Le conflit gagne le Reichstag lorsque le député libéral Ernst Müller-Meiningen intervient à deux reprises à ce sujet et organise, en 1904, une grande réunion publique, dans la cité hanséatique.

La salle est comble pour assister à l'affrontement entre le député libéral et le syndic Schäfer, un conservateur, dépêché par le Sénat de Hambourg. Or ce dernier, manifestement sur la défensive, provoque l'hilarité générale, lorsqu'il rapporte les doléances d'un jeune théologien qui a assisté à une réunion abolitionniste.

Les pires questions sexuelles y furent débattues et les messieurs pouvaient constater la montée de l'excitation sexuelle sur le visage de jeunes filles de 12 à 15 ans.

Les rires ne troublent pas le syndic qui s'en prend ensuite directement à la « dame » Heymann.

Malgré ses bonnes intentions, cette dame est infiniment plus dangereuse que tous les bandits qu'elle a entraînés dans cette lutte. Elle n'aime pas la prostitution? Moi, non plus, et la police pas davantage. (Rires.)

Si ces messieurs qui demandent son abolition (la dame semble oubliée) *peuvent nous indiquer un moyen de la réaliser nous leur en serions très reconnaissants. Mais la prostitution existe depuis que le monde existe.*

Les rires et les cris sont alors tels que le président doit agiter énergiquement sa clochette pour rétablir un peu de calme. Le syndic, convaincu de l'importance de sa mission, n'en a cure. Les sénateurs présents dans la salle sont consternés par tant de maladresse, surtout lorsque Schäfer, emporté par son zèle, déclare à ses contradicteurs que les mots de « bordel » et « bordélisation » qu'ils emploient ne le gênent nullement du moment que la police dispose d'un système de contrôle efficace.

Müller-Meiningen bondit sur l'aveu : le Sénat reconnaît donc officiellement contrôler la « bordélisation » à Hambourg. Devant l'air atterré des sénateurs, Schäfer comprend sa gaffe et esquisse une parade : *Il s'agit de protéger les mineurs et, en tout état de cause, cette affaire ne relève pas de la compétence du Reichstag.* L'argument fournit à Müller-Meiningen le prétexte d'un plaidoyer en faveur de la liberté d'association, seul moyen, selon lui, puisque la compétence du Reichstag est contestée, d'exercer la pression nécessaire sur les autorités régionales.

Dans cet affrontement où l'avantage revient indéniablement aux libéraux, les féministes n'ont cependant guère apprécié l'hilarité ambiguë, mâtinée de grivoiserie, qu'ont suscitée leurs alliés dans le but de ridiculiser leurs adversaires. Si l'équipe du *Frauenwohl* diffuse un compte rendu de la réunion, que la police fait saisir, elle décide aussi d'organiser ses propres réunions à Altona et Blankenese, cités aux portes de Hambourg qui dépendent de la juridiction de l'État voisin du Schleswig-Holstein. Le public, venu de Hambourg, atteint jusqu'à 900 personnes pour écouter Anita Augspurg, Lida Gustava Heymann et Adele Schreiber. Celles-ci étendent à présent leurs attaques à la tolérance contrôlée, à l'absence d'éducation sexuelle et au silence des « pères la Vertu » à propos de l'acquittement des auteurs d'un viol en groupe perpétré sur une jeune fille de Blankenese.

En fin de compte, la bataille abolitionniste s'avère insuffisante, par les effectifs et les moyens engagés, à fléchir les protectionnistes soutenus par le gouvernement impérial et sa police. Elle a cependant le mérite de prouver à celles qui l'ont engagée que leur petite équipe a été capable de sensibiliser la presse, les partis et l'opinion publique aux problèmes tabous de la sexualité. Elle leur a appris que même des problèmes de cette nature ne pouvaient être résolus par un régime aussi foncièrement conservateur que celui de Guillaume II, en dépit de sa façade moderniste. Elle leur a aussi fait prendre conscience des divergences de forme et de fond qui les séparent des responsables, conservatrices et modérées, des associations féminines, jusques et y compris de celles du *Frauenwohl.*

Apparemment pourtant leurs initiatives commencent à porter des fruits : dès 1899, Marie Stritt, une modérée du *Frauenwohl,* appréciée de toutes parce qu'elle a su donner une assise solide aux Centres de protection juridique des femmes, est élue à la présidence du B.D.F. où elle remplace Auguste Schmidt. Quatre autres responsables de la vieille garde se retirent de la direction dans les années qui suivent. Ces changements permettent aux abolitionnistes de faire approuver, en 1902, la demande de suppression de l'article 361/6 du Code pénal, si vigoureusement rejetée jusqu'alors par les fidèles de Hanna Bieber-Böhm. La même assemblée générale adopte aussi pour la première fois, malgré l'obstruction d'Helene Lange, une motion sur la nécessité pour toutes les associations féminines de populariser l'idée du droit de vote des femmes. Cette revendication, comme celle de l'abolition du contrôle policier de la prostitution, est au centre des campagnes féministes de la plupart des pays industrialisés. Lorsqu'Anita Augspurg fonde en 1902, en sa double qualité de juriste et de présidente de la Fédération des associations féminines progressistes du Reich, l'Alliance allemande pour le droit de vote des femmes, il semble qu'elle cherche à devancer la création d'une Alliance universelle pour le suffrage féminin dont elle a entendu parler au congrès de l'I.C.W. à Washington.

Ce rôle d'avant-garde lui permet de suggérer au B.D.F. l'invitation, en 1904 à Berlin, du prochain congrès de l'I.C.W. qui doit justement créer l'Alliance. Malgré ses préventions contre les Allemandes du B.D.F., dont on n'a pas oublié les réticences et l'esprit timoré, l'exécutif de l'I.C.W. accepte l'invitation grâce, sans doute, aux relations amicales nouées entre Marie Stritt, l'abolitionniste anglaise Josephine Buttler et l'Américaine May W. Sewall.

La décision s'avère fructueuse pour les deux parties. Grâce à ce congrès, le B.D.F. affermit son crédit national : l'impératrice et le chancelier von Bulow vont jusqu'à offrir une grande réception en l'honneur des déléguées. L'I.C.W. quant à lui peut désormais compter sur la coopération active de sa branche allemande dont il a pu apprécier le sérieux et le sens de l'organisation.

Par un paradoxe qui n'en est pas un en réalité, ce changement profite d'abord aux modérées : Helene Lange, son adjointe Gertrud Bäumer et Alice Salomon, la fondatrice de la première École d'assistantes sociales du Reich, sont élues à l'exécutif de l'I.C.W. et gagnent la sympathie de la présidente, Lady Ishbel Aberdeen, femme du vice-roi d'Irlande, et de l'Américaine Susan B. Anthony, alors âgée de soixante-seize ans.

Les femmes allemandes, écrit Helene Lange à ce propos, *éprouvent la nécessité d'être soutenues par un mouvement international de femmes, qui ne repose pas sur des intérêts politiques mais entend changer les mœurs* [1].

La profession de foi est destinée à marquer les clivages qui existent aussi au sein de l'I.C.W. entre modérées, adeptes d'une évolution culturelle, et progressistes convaincues que l'émancipation des femmes implique une démocratisation de la société. Or malgré les interventions de Lily Braun et de Marie Wegner, qui représentent le courant socialiste, le congrès de 1904, tant par le contenu de ses débats axés essentiellement sur le travail social et professionnel des bourgeoises que par le cérémonial et les fastes de son déroulement, montre

1. Helene LANGE, *Kampfzeiten,* t. I, p. 269, Berlin, 1928.

bien de quel côté penche la majorité. Cette division va s'accentuer pendant la décennie qui précède la Première Guerre mondiale.

Morale nouvelle et morale traditionnelle

Au sein du B.D.F., les divergences se manifestent d'abord à propos de la liberté sexuelle. Alors que l'essentiel du débat avait porté jusque-là sur la prostitution, l'émergence, en 1905, de l'Union pour la protection maternelle et la réforme sexuelle *(Bund für Mutterschutz und Sexualreform)* met radicalement en cause cette manière de masquer par un seul de ses effets ce que les Anglo-Saxonnes appellent l'hypocrisie de la double morale dans la sexualité.

Fondé en 1904 par Ruth Bré, une obscure poétesse, disciple du darwinisme social, et de la sexologue suédoise Ellen Key, soutenu au départ par des hommes politiques et des universitaires libéraux comme le sociologue Max Weber, l'économiste Werner Sombart, le pasteur Friedrich Naumann, l'ingénieur Walter Borgius qui représente « l'Association pour les accords commerciaux », le *Mutterschutz* commence à sortir de l'ombre lorsque Helene Stöcker en prend la direction.

La nouvelle présidente n'est pas une inconnue. Militante active du *Frauenwohl*, docteur en philosophie, assistante de Wilhelm Dilthey à l'université de Berlin, elle s'est fait remarquer par ses articles, inspirés des thèses antibourgeoises de Nietzsche, en faveur d'une morale nouvelle.

Sa fougue à défendre l'union libre, le droit à la contraception et à l'avortement, que ses contempteurs attribuent à une « nature déséquilibrée », voire à « l'influence judéo-bolchevique », s'explique sans doute par une enfance enfermée dans le rigorisme calviniste d'une famille de huit enfants, dans cette région d'Elberfeld dépeinte avec humour dans les « Lettres du Wuppertal » de son illustre compatriote Friedrich Engels.

Cette expérience, jointe à la fréquentation de l'avant-garde intellectuelle et artistique, la porte tout naturellement vers le courant néo-malthusien, propagé à l'époque dans la plupart des pays occidentaux par des scientifiques de renom comme le Suisse Auguste Forel, Sigmund Freud, et les mouvements libertaires et pacifistes [1].

1. Pour la France, *cf.* Frédéric RONSIN, *La Grève des ventres, propagande néo-malthusienne et baisse de la natalité en France aux XIX*^e^ et *XX*^e^ *siècles*, Paris, 1980.

Par rapport à eux, le *Mutterschutz* présente l'originalité d'être une association mixte dirigée par des femmes qui ont su faire preuve d'imagination et de compétence. C'est d'ailleurs dans le domaine des réalisations concrètes, souvent soutenues par des municipalités libérales, comme l'éducation sexuelle en milieu ouvrier, l'ouverture de centres de conseils conjugaux, des foyers d'accueil pour mères célibataires, que se retrouvent des adeptes de l'union libre, de l'homosexualité aussi bien que des militants du *Frauenwohl* et même certaines modérées du B.D.F.

Les choses se gâtent pourtant lorsque Helene Stöcker veut élaborer un programme de contestation de l'ordre mcral bourgeois, afin d'éviter que le *Mutterschutz* apparaisse comme une simple extension de l'action sociale. Or si les équipes du *Frauenwohl* et la Fédération des associations féminines progressistes se sont dans l'ensemble ralliées à l'idée que la prostitution et la détresse des mères célibataires ne sont que des effets d'une idéologie patriarcale, qui considère les femmes comme « machines à procréer », des sections entières du *Mutterschutz*, animées par des modérées, refusent de s'engager aussi loin. Dans ces conditions, l'affrontement devient inévitable. Il va durer deux ans.

Dans un premier temps, les modérées profitent de l'assemblée générale du B.D.F., en 1906, pour tenter d'évincer la présidente Marie Stritt, jugée trop favorable au courant progressiste. L'accusation de partialité, sous le prétexte qu'elle a refusé de publier le compte rendu d'un livre conservateur sur le mariage, de Marianne Weber, responsable modérée du duché de Bade et femme du sociologue national-libéral, tourne court. Il semble même que la mesquinerie de la manœuvre apporte un regain de sympathie à l'équipe dirigeante puisque celle-ci parvient, l'année suivante, à faire adopter des mesures de démocratisation des instances fédérales et un plan de travail qui tient compte de la plupart des thèses féministes. Vote purement symbolique : la plupart des revendications, hormis la liberté d'association, concédée par le gouvernement en 1908, resteront lettre morte jusqu'en 1918 à cause des divisions internes du mouvement et de l'indifférence, voire de l'hostilité des partis politiques. A ce titre, le ralliement des libéraux au gouvernement conservateur soutenu par l'administration impériale et l'armée contre une gauche presque majoritaire dans le pays, mais impuissante à faire passer au parlement les réformes qu'elle souhaite, va peser d'un poids déterminant sur l'évolution du B.D.F.

Le débat qui s'instaure en 1908, à propos de la contraception et de l'avortement, illustre le glissement à droite de la plupart des modérées libérales, qui se joignent aux conservatrices pour rejeter, fait sans précédent dans les annales de la fédération, le rapport de la commission juridique. L'initiative de ce rapport émane pourtant de la présidente Marie Stritt et de la modérée Camilla Jellinek, que leur expérience des Centres de protection juridique a sensibilisées au drame des maternités non désirées. Il conclut à la nécessité d'amender l'article 218 du Code pénal, qui interdit toute propagande en faveur de la contraception et punit toute tentative d'avortement de six mois à cinq ans de prison.

Pour gagner l'appui des modérées libérales, Camilla Jellinek souligne que le rapport établit une nette distinction entre l'interruption bénigne d'une grossesse à ses débuts et l'interruption complexe d'une grossesse avancée. A l'argument qu'une légalisation de la contraception et de l'avortement encourage l'irresponsabilité dans les rapports sexuels, elle oppose l'existence d'une législation qui fait endosser les conséquences matérielles et pénales aux seules femmes. Quant à l'objection d'immoralité, elle estime que le rôle d'un État moderne n'est pas de s'ériger en juge de la vie privée, qu'il lui appartient seulement de protéger les droits et les biens de ses citoyens.

Cette intervention ne satisfait ni les progressistes ni les conservatrices. Le débat houleux qui s'engage voit s'affronter trois responsables du *Mutterschutz.* Helene Stöcker, la théoricienne de la morale nouvelle, demande l'abrogation pure et simple de toute législation répressive afin que les femmes cessent d'être des « machines à procréer », qu'elles soient en mesure aussi de choisir et de planifier les maternités désirées. La future députée socialiste Adele Schreiber s'en prend au caractère de classe d'une législation qui envoie annuellement quatre cents travailleuses en prison pour avortement alors que les bourgeoises ont les moyens d'avorter sans danger. Quant à Maria Lischnewska, elle reprend les thèses du darwinisme social, que conservateurs et nationaux-libéraux s'accordent à répandre depuis le début du siècle dans la plupart des pays désireux d'affirmer leur puissance et leur hégémonie.

Depuis l'*Essai sur l'inégalité des races* d'Arthur de Gobineau, traduit en allemand par Ludwig Schemann en 1894, jusqu'aux *Fondements du XIXe siècle* de l'Anglo-Allemand Houston Stewart Chamberlain en 1900 et le concours, primé en cette même année par la fondation Krupp, sur le thème *Que pouvons-nous retenir des principes du darwinisme pour l'application au développement de la vie politique et des lois de l'État?* la doctrine de la sélection naturelle avait séduit jusqu'aux sociaux-démocrates, et même Friedrich Engels qui voulait l'interpréter dialectiquement [1].

1. *Cf.* George L. MOSSE, *The Crisis of German Ideology,* Londres, 1966. Léon POLIAKOV, *Le Mythe aryen,* Paris, 1971.

Au sein du *Mutterschutz*, seule l'intervention de Lily Braun avait réussi à écarter du programme l'exclusion « d'éléments malsains » du bénéfice de l'institution. Dans la pratique cependant, l'accueil était refusé aux mères et aux enfants atteints de maladies congénitales ou infectieuses. La plupart des responsables s'accordaient sur la nécessité de l'eugénisme mais les unes, comme Helene Stöcker, préconisaient une démographie qualitative, soucieuse de la qualité de vie des individus tandis que d'autres, comme Walter Borgius ou Maria Lischnewska, donnaient la priorité à la « force vitale » du peuple allemand, c'est-à-dire à un objectif national. Lorsque le national-libéral Borgius déclare que tout fléchissement de la démographie allemande accroît la menace que la prolifération des Slaves fait peser sur la culture germanique, il rejoint le discours de la Ligue pangermaniste. Maria Lischnewska abonde dans le même sens lorsqu'elle exhorte les déléguées du B.D.F. à repousser toute tentative de légalisation de la contraception et de l'avortement.

Pour gagner la bataille de la suprématie germanique dans le monde, nous avons besoin de gens capables de défendre nos réalisations contre les hordes ennemies (...), nous avons besoin de gens pour peupler nos colonies et celles qu'il nous faut encore conquérir.

Afin d'étayer sa démonstration, l'oratrice va jusqu'à prétendre que l'avortement, *considéré comme une pratique normale en France (sic)*, a conduit ce peuple au déclin et que le recours généralisé des Blancs américains à l'avortement provoquera aux États-Unis la suprématie des Nègres prolifiques. Sa conclusion est péremptoire : *L'avenir de la nation repose sur la volonté des femmes à la maternité. L'article 218 doit rester en vigueur pour l'encourager.* Si elle admet l'avortement thérapeutique, c'est à la condition qu'il soit décidé par une commission médicale lorsque l'embryon présente des risques d'affection congénitale. Malgré l'ultime appel de Marie Stritt qui adjure les déléguées de soutenir l'abrogation d'un texte déniant aux femmes la responsabilité *dans la plus féminine de toutes les tâches, celle de donner la vie* et les transformant en *productrices involontaires de chair à canon*, le rapport de la commission juridique est rejeté. Il faudra attendre plus de soixante ans pour qu'un mouvement féministe allemand présente un projet semblable au parlement.

Le poids du conformisme

Le rejet de ce texte n'est pas un simple accident de parcours. Il annonce la fin de l'ère Stritt, de neuf années de luttes actives à l'intérieur et à l'extérieur du B.D.F. avec le retour d'une majorité plus soucieuse de conformité sociale que d'émancipation féminine.

L'alliance entre libérales et conservatrices n'est certes pas nouvelle : elle avait permis, lors de la création du B.D.F., en 1894, et du débat sur la prostitution en 1898, de réunir une majorité contre le courant progressiste. Mais dans les deux cas, il s'agissait d'une convergence tactique alors que le débat de 1908 révèle une convergence idéologique sur le devoir des femmes dans la nation allemande. Elle découle du rapprochement entre les partis favorables à la politique d'hégémonie mondiale de Guillaume II et de l'influence que ces partis exercent sur les associations féminines depuis qu'ils ont découvert l'importance de leur apport, avec l'abrogation de la loi muselière de 1851.

Or si une association comme l'Union des femmes catholiques limite son action au cadre de l'Église et de son expression politique, le parti du *Zentrum,* l'annexe féminine de la Ligue coloniale ou l'Union des femmes protestantes, adhère au B.D.F. pour y défendre l'idéologie de l'empire wilhelmien.

Cela va de soi pour les femmes de la Ligue coloniale. Quant à l'Union allemande des femmes protestantes *(Deutscher Evangelischer Frauenbund),* elle a été fondée en 1899, à l'instigation du pasteur Ludwig Weber, un ancien officier, ami du prédicateur nationaliste et antisémite de la cour, Adolf Stöcker, qui coordonne lui-même les ligues d'ordre moral destinées à protéger le peuple allemand de la *perversion judéo-bolchevique.* Tous ces milieux appellent de leurs vœux une *communauté du peuple (Volksgemeinschaft)* basée sur la tradition chrétienne et allemande, par-delà les conflits de classe et de sexe.

Parmi les militantes les plus actives de l'Union, Paula Müller-Ottfried (1865-1942), la présidente, s'emploie à fédérer les associations féminines nationalistes qu'elle représentera comme députée de la D.N.V.P. au parlement de la république de Weimar et Guida Diehl dont l'itinéraire est à l'antiféminisme ce que celui d'une Lida Gustava Heymann est au féminisme allemand de cette époque [1].

1. Tous les éléments de la vie de Guida Diehl sont empruntés à son autobiographie écrite et publiée à quatre-vingt-dix ans sous le titre évocateur de : *Être chrétien, c'est toujours être combattant (Christ sein, heisst immer Kämpfer sein),* Giessen, 1958.

A quarante ans – elle est née comme cette dernière en 1868 –, Guida Diehl préside aux destinées de l'Union allemande des femmes protestantes de Francfort-sur-le-Main où sa famille s'est installée après la « russification » de l'École normale d'instituteurs que son père dirigeait près d'Odessa. C'est de ce père, et d'une mère ancienne diaconesse de Westphalie, que les jeunes Diehl, deux garçons, membres des très féodaux *Corpsstudenten*, et trois filles institutrices ont appris le culte des ancêtres paysans attachés à la foi protestante et au service de la patrie. Il s'y ajoute, depuis leur transplantation dans l'univers libéral et cosmopolite de Francfort, un sentiment de frustration d'autant plus aigu que le chef de famille se voit relégué à un poste subalterne par des supérieurs qui n'apprécient pas ses activités à la tête de la section locale du Parti social chrétien d'Adolf Stöcker.

Chez la jeune Guida, la certitude d'appartenir à une élite injustement méconnue s'exprime très tôt : à dix-huit ans, lors d'un voyage dans sa famille maternelle, elle qualifie *d'étranger, non allemand et non chrétien*, le culte catholique auquel elle assiste pour la première fois de sa vie, à la cathédrale de Cologne. Un séjour de trois ans comme gouvernante chez des bourgeois juifs de Bruxelles renforce son sentiment de supériorité : *Mon sang allemand s'insurgeait instinctivement contre l'élément étranger, le rejetait, sentait une autre manière d'être et se découvrait ainsi lui-même.*

Dans ce milieu, *aux antipodes de l'esprit allemand*, elle découvre sans s'y attacher les arts et la littérature modernes. Le naturalisme français la choque profondément.

Lorsque je tombai sur un livre de Zola, l'abîme de la plus triste dégénérescence s'ouvrit devant moi et je compris avec effroi les ténèbres cachées de la vie. A quel point les sens innés des êtres humains pouvaient être pervertis et défigurés! Une face diabolique et grimaçante émergeait de ce texte. Je compris alors l'aspect obscène de la vie publique à Bruxelles. Je remarquai partout l'influence de la dépravation française. Je me repliai de plus en plus sur moi-même, repli très pénible pour une nature aussi vive que la mienne.

A ces stéréotypes nationalistes qu'inspire la peur de l'inconnu, accrue par l'angoisse sexuelle, se mêle chez Guida la nostalgie d'une vie saine et proche de la nature. Par réaction à l'agressivité du monde industriel et aux bouleversements sociaux qu'il entraîne, elle rêve, comme beaucoup de jeunes Allemands, d'une communauté du peuple – la *Volksgemeinschaft* – soudée dans la foi et l'action autour de chefs que l'on pourrait aimer parce qu'ils sont purs et désintéressés.

Ce chef idéal, Guida le rencontre en 1890, peu après son retour à

Francfort, en la personne d'un pasteur de trente ans : Friedrich Naumann.

Arrivé depuis peu dans la ville où il s'occupe de la mission protestante, ce disciple d'Adolf Stöcker et de Max Weber connaît, contrairement à ses maîtres, la vie et les aspirations du monde ouvrier au milieu duquel il a vécu son enfance en Saxe puis, durant ses premières années de pastorat social, à Hambourg. A l'action charitable qu'il a vu pratiquer par son supérieur Heinrich Wichern, il oppose la dynamique d'institutions socioculturelles : des syndicats, des comités d'entraide ouvrière, des groupes culturels, des associations protestantes de types variés peuvent, à l'exemple de ce qui existe déjà chez les catholiques, assurer la présence d'un protestantisme national et social dans les milieux populaires. Convaincu qu'il est nécessaire et possible d'endiguer la progression d'un socialisme international et athée [1], Naumann ne craint pas d'aller expliquer ses convictions dans les réunions de ses adversaires : son père avait jadis affronté August Bebel au cours d'une campagne électorale, lui ira porter la contradiction à Clara Zetkin au cours d'une grande manifestation antimilitariste de femmes, à Berlin, en 1899. La jeune Guida a souvent l'occasion de voir et d'entendre Friedrich Naumann dont la femme est une amie de sa sœur. Elle adopte ses conceptions et commence à organiser des cercles de jeunes filles et de femmes protestantes. Son activité sociale et professionnelle la met en contact avec l'A.D.F. et l'Association des enseignantes d'Helene Lange, dont elle approuve l'action culturelle, tout en réprouvant le style trop intellectuel, trop complaisant à son gré envers des revendications nuisibles à la « nature féminine ». Le *mouvement des femmes,* estime-t-elle, *est aussi indispensable à la vie du peuple que le mouvement ouvrier à condition d'en exprimer, dans les deux cas, l'âme spécifique.*

En 1902, elle constitue la section francfortoise de L'Union des femmes protestantes et parvient, en l'espace de quelques années, à regrouper soixante-cinq associations féminines dans le B.D.F. local. Et voici que le hasard met sur sa route non plus un livre de Zola, mais la dépravation morale incarnée, qui porte, comble de la provocation, le nom vénéré du prédicateur Stöcker sans avoir, Dieu soit loué, quoi que ce soit de commun avec lui.

---

1. Citons en exemple quelques titres évocateurs parmi ses écrits de l'époque : *Que faisons-nous contre la social-démocratie athée?* Leipzig, 1889; *Catéchisme national-social,* Berlin, 1896; *Démocratie et Empire,* Berlin, 1900; *Socialisme national et socialisme international,* Berlin, 1901 ; *La Nouvelle Économie allemande.* Berlin, 1902.

Il n'est évidemment pas question d'inviter son *Mutterschutz*, cette *façade pour la propagande naturaliste de l'amour libre* à se joindre au B.D.F. de Francfort. Mais l'affaire n'en reste pas là. Car cette créature éhontée ose venir la narguer jusque dans son fief en proclamant, au cours d'une réunion dans une des plus grandes salles de concerts de la ville, qu'*une femme qui ne vit pas la jouissance de l'amour sexuel pèche contre l'Esprit saint.*

C'en est trop : Guida Diehl appelle à une contre-manifestation à laquelle participent aussi bien les membres du B.D.F., dont Helene Lange, que ceux du *Mutterschutz* dont *la Juive* Adele Schreiber. Le débat tourne rapidement à l'empoignade – heureusement verbale. Dans le tumulte général, les interpellatrices montent sur les chaises pour arriver à se faire entendre. Le dernier mot reste cependant à la majorité conservatrice. Guida, satisfaite de ce résultat, en déduit qu'il faut désormais renforcer *la combativité de la plus noble féminité contre ceux qui veulent pervertir le peuple.*

L'itinéraire de Guida Diehl et les événements de Francfort permettent de mieux comprendre la réaction antiprogressiste et l'enjeu de l'assemblée générale du B.D.F. en 1908. On ne s'étonnera pas dans ces conditions de voir les modérés libéraux et conservateurs profiter de cet échec manifeste des partisans de la « nouvelle morale » pour exiger d'Helene Stöcker que le *Mutterschutz* limite désormais ses ambitions à la protection maternelle et infantile. Devant son refus et les querelles intestines qui s'ensuivent, les amis et bienfaiteurs libéraux se retirent purement et simplement tandis qu'Adele Schreiber et les modérées fondent la Société allemande pour les droits des mères et des enfants. L'ancienne présidente parvient, avec une poignée de fidèles, dont le député socialiste Edward David et sa femme Gertrud David, à maintenir le *Mutterschutz* mais cette expérience originale, unique, sombre dans le discrédit et l'oubli.

Dans ce conflit, Marie Stritt a usé ses dernières forces à éviter une rupture irrémédiable. Par lassitude, consciente aussi de son échec, puisque le conservatisme qu'elle a voulu endiguer durant dix ans apparaît renforcé grâce au soutien d'une grande partie des national-libérales, elle remet sa démission en mars 1909. Après de laborieuses tractations au sein de la majorité, le choix se porte sur une présidente de compromis, proposée par l'Union des femmes protestantes de Westphalie et des féministes comme Adele Schreiber et Martha Zietz, passées au camp modéré.

Ainsi commence l'ère de Gertrud Bäumer (1873-1954), une institutrice de vingt-six ans, disciple et secrétaire d'Helene Lange. Analysant cette élection, Clara Zetkin conclut dans son journal : *Il est facile de voir que ces changements sont symptomatiques de l'évolution générale de la bourgeoisie dans son ensemble*[1].

Le droit de vote ou le mirage de l'intégration

La réaction conservatrice constatée à propos de la liberté sexuelle se manifeste aussi à propos du droit de vote. Tout avait commencé, on s'en souvient, avec le lancement en 1902 de l'Union allemande pour le droit de vote des femmes. Au départ, cette initiative se présente sous de meilleurs auspices que ceux du *Mutterschutz.* S'il s'agit là aussi d'une initiative des responsables du *Frauenwohl* et des associations féminines progressistes, elle bénéficie néanmoins de l'appui officiel du B.D.F., en tant que branche allemande de l'*International Council of Women* et de l'Alliance universelle pour le suffrage féminin. Ces conditions avaient permis à Anita Augspurg et Lida Gustava Heymann, élues présidente et vice-présidente de l'Union, de réunir près de mille personnes à Berlin afin d'annoncer publiquement les trois objectifs du nouveau mouvement :

– convaincre les deux mille Allemandes, qui possèdent déjà le droit de vote parce qu'elles disposent des titres de propriétaires requis, de l'exercer effectivement;

– soutenir les hommes politiques favorables à sa généralisation;

– donner aux femmes une formation politique afin qu'elles se joignent à la lutte et sachent ultérieurement faire usage des droits acquis.

Une démarche auprès du chancelier Bulow, la tentative d'envoyer des militantes voter lors des élections législatives de 1903, celle de trouver l'appui des libéraux ne donnent pas de résultats notables. De son côté, la presse émet les avis les plus contradictoires sur la question. S'il est normal que des journaux conservateurs comme le *Deutsches Blatt* ou la *Kreuzzeitung* voient dans le vote des femmes la destruction de la féminité et de la famille, il est plus surprenant de voir un journal libéral comme la *Frankfurter Zeitung* manifester des réticences, alors que le *Berliner Tageblatt,* libéral lui aussi, exprime, comme le *Vorwärts* socialiste, sa sympathie aux suffragettes. Quant aux partis libéraux, dont se réclament pourtant un grand nombre de féministes, ils attendent prudemment l'abrogation de la loi muselière

1. Clara ZETKIN in *Die Gleichheit,* 24.10.1910.

et n'inscriront qu'en 1912 le droit de vote des femmes à leur programme.

Ce manque d'empressement en détourne l'équipe du *Frauenwohl,* mais nullement les Helene Lange, Gertrud Bäumer, Marie Elisabeth Lüders et d'autres responsables du B.D.F., qui rejoignent officiellement les libéraux dès 1908 et acceptent de faire campagne pour leurs candidats aux élections sans la moindre contrepartie.

Jusqu'à quand, demande à ce propos le journal socialiste *Vorwärts, les suffragettes s'abuseront-elles sur la véritable nature des partis libéraux?*

Certains journaux comme le *Hamburgischer Correspondent* vont plus loin et accusent les libéraux de transformer les militantes en *esclaves de parti.* La formule est polémique en l'occurrence : elle devait s'avérer prophétique quant au fond pour l'ensemble des femmes engagées dans les partis politiques.

A l'intérieur de l'Union allemande pour le droit de vote des femmes, les avis sont partagés sur l'autonomie du mouvement. Il en résulte un compromis : maintien de l'autonomie, avec possibilité pour ses membres d'adhérer au parti de leur choix. Cette attitude freine l'action, mais Anita Augspurg et Lida Gustava Heymann, trop isolées pour obtenir l'autonomie absolue qu'elles souhaitent, parviennent au moins à faire adopter, en 1907, l'exigence du suffrage universel. Cette revendication présente le double avantage d'échapper à la complexité du système électoral allemand et d'écarer les accusations des socialistes selon lesquelles elles se contenteraient d'un *droit de vote des dames* dans le cadre de la législation de l'Allemagne impériale.

En revanche, le mouvement allemand se coupe de l'Alliance universelle pour le suffrage féminin qui exclut, lors de son congrès de Londres en 1909, les femmes socialistes parce qu'elles revendiquent aussi le droit de vote pour les hommes encore privés de ce droit. Une fois de plus, le clivage passe entre les modérées du B.D.F., qui se contenteraient effectivement d'un droit de vote limité, et féministes « radicales » favorables, comme les socialistes, au suffrage universel.

Accusées par les modérées de chercher les faveurs de socialistes qui « méprisent les bourgeoises » et de soutenir les suffragettes britanniques avec lesquelles s'établit entre 1908 et 1914 un échange permanent d'informations et de délégations, les féministes radicales allemandes ne parviennent pourtant ni à se joindre aux manifestations de rue des premiers ni à adopter les méthodes violentes des secondes. Leur isolement s'accentue encore lorsque l'assemblée générale du mouvement décide, en 1911, de limiter la lutte pour le suffrage universel aux femmes et coopte à la direction Marie Stritt, favorable à une attitude modérée ainsi que Maria Lischnewska et Käthe Schirmacher dont le nationalisme est de plus en plus évident.

Dans ces conditions, Minna Cauer et sa section prussienne, qui regroupe à elle seule près de la moitié des neuf mille membres de l'Union, préfèrent reprendre leur autonomie. Deux ans plus tard, Anita Augspurg et sa section bavaroise ainsi que Lida Gustava Heymann et sa section hambourgeoise en font autant. De sorte qu'à la veille de la Première Guerre mondiale, le mouvement allemand pour le suffrage féminin est divisé en trois associations rivales, qui comptent respectivement 9 000, 3 000 et 2 000 membres, c'est-à-dire un total inférieur à celui des femmes de la Ligue coloniale. Quant à l'Association des hommes pour le suffrage féminin, fondée par des libéraux de gauche comme Hellmuth von Gerlach sur le modèle des associations anglo-saxonnes du même type, elle ne parvient à regrouper qu'un nombre infime d'adhérents.

Ainsi, après le double échec du *Mutterschutz* et de l'Union allemande pour le vote des femmes, la direction du B.D.F. peut invoquer l'inefficacité de l'action féministe directe et convaincre les adhérents que la seule voie possible est la sienne : celle des réformes sollicitées par l'intermédiaire des partis de la majorité et du gouvernement.

Voie pour le moins paradoxale puisqu'elle conduit les responsables d'une fédération arguant d'un demi-million d'adhérentes à se placer essentiellement dans le sillage des partis libéraux, qui n'acceptent même pas de leur offrir en leur sein une place équivalente à leur représentativité. Même si le nombre d'un demi-million est manifestement surévalué pour la fédération – dans la mesure où une adhérente peut être membre de plusieurs associations, comme par exemple la Ligue antialcoolique qui ne compte que 10 pour cent de femmes – son total, estimé à près de 280 000 membres, représente encore largement plus du double des diverses composantes du courant libéral de l'époque. Sans doute celui-ci peut-il objecter non sans raison que certaines associations membres du B.D.F. comme l'Union allemande des femmes protestantes ou le très conservateur *Deutscher Frauenbund* ne sont nullement favorables aux thèses de l'émancipation féminine. On peut cependant se demander si les libérales du B.D.F. devaient, dans ces conditions, imiter leurs collègues masculins et persévérer comme eux dans une alliance antiprogressiste avec les conservatrices.

Pour la présidente Gertrud Bäumer, ce choix ne fait pas de doute. Venue comme son maître à penser et ami Friedrich Naumann du protestantisme libéral, elle plaide depuis 1905 le dépassement de la phase contestataire du féminisme au profit d'une *émancipation conforme à la nature féminine.* A la tête du B.D.F., cette conception lui a permis de réunir en une majorité apparemment solide les conservatrices qui l'interprètent dans un sens traditionnel, et les libérales qui y voient une formule plus adaptée que l'égalitarisme du XVIIIe siècle aux rigueurs du monde industriel.

Ce choix est publiquement affirmé en 1912, lorsque le B.D.F. organise à Berlin une exposition sur le thème *La Femme à la maison et au travail* en accordant une place privilégiée à la fédération, nouvellement constituée, des associations allemandes de ménagères *(Reichsverband der deutschen Hausfrauenvereine),* tandis qu'elle bannit jusqu'aux publications des féministes radicales.

Nationalisme et pacifisme

Il va sans dire que cette orientation reprend aussi à son compte les thèses nationalistes sur la contraception et l'avortement présentés désormais comme une tentative d'affaiblissement de la *Volksgemeinschaft* et rejetés au même titre que le pacifisme des organisations féminines internationales. Pas une représentante du B.D.F. ne daigne participer à la Journée internationale des femmes que Minna Cauer célèbre en présence de 45 000 personnes à Berlin, à l'unisson de près d'un million d'Anglo-Saxonnes, de Scandinaves, de Russes, d'Autrichiennes et de Suissesses. Pas le moindre geste du B.D.F. en faveur de la socialiste Rosa Luxemburg ou des pacifistes sans parti, Lilli Jannasch et Elisabeth Rotten, jetées en prison à la veille de la guerre pour avoir appelé à la refuser.

Au congrès de l'I.C.W. à Rome, durant l'été 1914, Gertrud Bäumer se contente de noter que la délégation allemande est fraîchement accueillie par les déléguées des vingt autres pays représentés. Cela n'empêche pas les responsables du B.D.F. de s'opposer à une motion approuvant l'instauration d'instances internationales susceptibles de régler les litiges entre États.

Alors que Minna Cauer et Anita Augspurg s'étaient jointes depuis 1890 à la Société éthique de Moritz von Egidy qui préconisait la paix mondiale par le désarmement, l'égalité des femmes et un socialisme non violent, qu'elles avaient dès la première conférence de La Haye soutenu l'appel lancé de Munich par Margarete Leonore Selenka en faveur d'une campagne internationale des femmes pour le désarmement, et adopté le 18 mai comme Journée mondiale des femmes contre la guerre, l'équipe de Gertrud Bäumer se range sans hésiter aux côtés du Kaiser et de son gouvernement dans le camp de la guerre. Dès le 1er août 1914, la présidente du B.D.F. organise, sous l'égide du ministère de l'Intérieur, le Service national des femmes *(Nationaler Frauendienst)* et incitera jusqu'en octobre 1918 les Allemandes de toutes origines et de toutes conditions à *servir la patrie,* y compris dans les industries d'armement.

Les féministes radicales refusent de se joindre à cette ivresse guerrière : elles exhortent leurs amies des pays neutres à organiser un congrès de femmes contre la guerre. L'écho positif vient finalement d'Aletta Jakobs, une femme médecin hollandaise, ultérieurement assassinée par les nazis. Celle-ci convoque en février 1915 une vingtaine de bénévoles belges, anglaises, allemandes et hollandaises, qui préparent en l'espace de dix semaines le congrès souhaité. Présidé par Jane Addams, futur prix Nobel de la paix, venue des États-Unis avec quarante féministes, il se déroule du 28 avril au 1er mai 1915 en présence de 1 500 déléguées de douze pays. Parmi les nombreux messages de soutien figurent ceux de l'écrivain Selma Lagerlöf et de la sexologue Ellen Key, ceux de 20 000 Italiennes et de 50 000 Scandinaves. Le plus remarquable et le plus remarqué émane de l'Internationale des femmes socialistes, réunie un mois auparavant dans le même esprit, contre le gré de leur parti à Berne.

De leur côté, Minna Cauer et Adele Schreiber soutiennent les efforts pacifistes de l'Alliance universelle pour le suffrage féminin qui regroupe douze millions d'adhérentes de vingt-six pays et maintient, grâce à l'orientation neutraliste de son journal *Jus Suffragium,* le contact avec ses membres des nations belligérantes. L'Alliance et les participantes au congrès de La Haye envoient des délégations auprès du président Wilson. Les amies de Jane Addams interviennent aussi auprès du chancelier allemand Bethmann-Hollweg et créent des Commissions pour une paix durable dont naîtra, en 1919, la Ligue internationale des femmes pour la paix et la liberté (*Women's International League for Peace and Freedom* – W.I.L.P.F.) qui existe jusqu'à nos jours [1].

Lorsqu'elles créent la branche allemande de ces commissions à Francfort-sur-le-Main, Anita Augspurg et Lida Gustava Heymann sont aussitôt attaquées par la direction du B.D.F. qui les accuse d'affaiblir la *Volksgemeinschaft* en guerre. C'est d'ailleurs au nom de la solidarité nationale que Friedrich Naumann avait incité Gertrud Bäumer à refuser toute participation du B.D.F. au congrès de

1. Gertrude BUSSEY et Margaret TIMS, *Women's International League for Peace and Freedom,* Londres, 1965.

La Haye. Une fois de plus, les féministes radicales se trouvent isolées. Elles ne peuvent même pas bénéficier de l'appui de militantes socialistes chevronnées comme Rosa Luxemburg, jetée pour la deuxième fois en prison pour défaitisme, et Clara Zetkin, arrêtée en juillet 1915 pour « tentative de trahison » parce qu'elle avait incité les femmes socialistes à distribuer dans le Reich 200 000 tracts contre la guerre. Libérée trois mois plus tard, grâce à une campagne internationale, Clara Zetkin est minée par sa lutte incessante et la perspective d'une scission du parti socialiste auquel elle reste profondément attachée malgré les divergences. En août 1916, elle participe aux marches des femmes contre la faim avec son équipe de la *Gleichheit.* Mais ce journal, qu'elle a créé et animé pendant près de vingt-cinq ans [1], elle doit à présent le quitter à la demande du parti socialiste qui lui reproche de ne pas respecter son orientation politique.

La rupture est consommée lorsque Clara Zetkin manifeste publiquement sa solidarité avec la révolution russe. Elle ignore qu'au même moment Anita Augspurg et ses quelques amies féministes, dont elle a bien souvent raillé l'idéalisme bourgeois, ont envoyé, en dépit de la répression dont elles sont l'objet parce qu'elles ont exigé l'arrêt de la guerre et la suppression de la monarchie, un message d'amitié et de paix aux femmes russes. Lorsque la révolution éclate dans l'Empire de Guillaume II en fuite, Anita Augspurg restée en Bavière parvient à téléphoner à Lida Gustava Heymann qui est retournée à Hambourg :

La Bavière est devenue une République. Kurt Eisner a proclamé le droit de vote pour les femmes. L'Allemagne doit suivre [2].

Le 10 novembre, Lida Gustav Heymann organise, dans sa ville natale, un meeting de femmes résolues à soutenir la révolution. Une manifestation analogue a lieu huit jours plus tard à Berlin où l'exigence d'un Conseil de femmes se heurte à l'opposition des chefs révolutionnaires. Cette ignorance des aspirations féminines ressort clairement des lettres que Rosa Luxemburg [3], à peine libérée d'une forteresse de Posnanie et installée à la rédaction du *Drapeau rouge* adresse à Clara Zetkin, devenue rédactrice de la chronique féminine de la *Volkszeitung* de Leipzig. *Écris quelque chose sur les femmes, c'est si important actuellement et ici aucun de nous n'y entend grand-chose,* dit une première missive du 18 novembre 1918. Six jours

1. D'après Dieter FRICKE, *Die deutsche Arbeiterbewegung 1869-1914,* Berlin (R.D.A.), 1976, p. 326 et 433, le nombre d'abonnées était passé de 28 700 en 1905 à 125 000 en 1914.
2. Lida G. HEYMANN et Anita AUGSPURG, *op. cit.*, p. 165.
3. Rosa LUXEMBURG, « J'étais, je suis, je serai! », *Correspondance 1914-1919,* vers. française, Paris, 1917.

plus tard : *Passons à la propagande parmi les femmes! Nous sommes convaincus de son importance et de son urgence. Au cours de la première séance de notre cercle, nous avons décidé, sur ma proposition, de publier aussi un journal féminin. Clara Zetkin, la seule « spécialiste », en serait chargée.*

Un troisième message du 29 novembre indique à la rédactrice en chef pressentie les rubriques et les collaboratrices souhaitées. Reprise dans les rouages de l'organisation, Rosa Luxemburg qui critiquait dans ses lettres de prison le sectarisme de son amie, lui conseille à présent d'écarter les femmes qu'elle estime parce qu'elles l'ont davantage soutenue que ses camarades dans la solitude de la détention, mais qu'elle ne juge pas *officiellement sur nos positions.*

En Bavière cependant, grâce à l'appui de Kurt Eisner, les féministes peuvent constituer une Union des femmes socialistes qui coopère avec des femmes catholiques dont la responsable, Ellen Amman, les sauvera de la répression en 1919 et restera leur amie jusqu'à sa mort en 1931. Attitude d'autant plus remarquable que l'Église catholique, majoritaire dans cette région à dominante rurale, y incarne une tradition monarchiste conservatrice. Leur volonté de mener une action autonome se heurte cependant à l'âpreté des rivalités politiques aussi vives à Munich qu'à Berlin.

Accueillie en deuxième position sur la liste des socialistes indépendants (U.S.P.D.) à la diète de Bavière, Lida Gustava Heymann prendra la parole à l'enterrement de Kurt Eisner assassiné, au nom des femmes conscientes d'avoir perdu en lui un défenseur sincère de leur émancipation. Lorsque son adjoint, Gustav Landauer, lui offre en cette circonstance de siéger au congrès des Conseils de Bavière, elle accepte avec l'intention d'enrayer la misère croissante et la violence qui se développe entre les camps en présence.

Entre février et avril 1919, un Service du droit des femmes est installé au palais Wittelsbach. Animé par Gertrud Baer, cette annexe du ministère des Affaires sociales se propose notamment de défendre les femmes renvoyées de leur emploi au profit d'hommes revenus de la guerre. D'autres féministes, membres du tribunal révolutionnaire, interviennent pour empêcher les condamnations à mort.

Le thème de la maîtrise des passions apparaît aussi dans un tract féministe de 1919, à propos des affrontements entre révolutionnaires et contre-révolutionnaires de Hambourg. *La révolution a donné la liberté aux hommes et aux femmes d'Allemagne. Nous devons apprendre à nous en servir en nous maîtrisant nous-mêmes car la liberté, c'est la responsabilité.* Cet appel à la raison est complété par un appel aux femmes, leur demandant de s'interposer dans les affrontements afin d'éviter l'effusion de sang.

Le spectacle de la haine et du plaisir qu'éprouvent les corps francs à écraser ce qui reste des conseils révolutionnaires suscite chez les féministes une horreur accrue de la violence et du militarisme. D'où leur demande de création d'un ministère de la Paix, qui contribuerait à l'entente nationale et internationale.

Tel n'est pas, on l'imagine, l'état d'esprit des responsables du B.D.F., qui voient au contraire dans la guerre l'occasion pour les femmes de prouver leur aptitude au statut de citoyennes, qui leur a été dénié jusqu'alors. En plus du Service national des femmes créé dès le début des hostilités, le B.D.F. réalise, en novembre 1916, un service auxiliaire féminin, placé sous la tutelle du ministère de la Guerre et confié à Marie Elisabeth Lüders.

Née en 1878 à Berlin, dans une famille de six enfants [1], elle a connu les mêmes difficultés que les autres intellectuelles allemandes à faire des études supérieures et à soutenir, en 1912, un doctorat en droit sur *La Formation des femmes et des jeunes filles dans l'artisanat et son fondement juridique.* Mais un milieu familial protégé, son père est conseiller du ministère prussien des Cultes, et la fréquentation de ce que l'on appelle alors le quartier des conseillers privés *(Geheimräteviertel)* la maintiennent dans le cercle des jeunes bourgeoises libérales comme Marianne Weber, Agnes von Zahn-Harnack, Dorothee von Velsen, qui se sentent parfaitement à l'aise dans l'équipe dirigeante du B.D.F.

Lorsque la guerre éclate, Marie Elisabeth Lüders et son amie Dorothee von Velsen se mettent spontanément au service de l'effort de guerre allemand. Toutes deux contribuent à l'organisation de l'administration civile et sociale de la Belgique occupée. Appelée à diriger le service auxiliaire féminin de l'armée impériale, Marie Elisabeth Lüders est la première Allemande à assister « illégalement » aux travaux de la Commission parlementaire de la population. Comme son aînée, Gertrud Bäumer, elle sera élue députée dès la première législature de la république de Weimar, en janvier 1919, sous la bannière du Parti démocratique allemand (D.D.P.) de Friedrich Naumann.

Par ce ralliement de raison au régime républicain, les libéraux entendent contribuer au rétablissement de l'ordre et de la sécurité sans abandonner pour autant l'orientation nationale et sociale qui avait été la leur sous l'Empire.

1. Marie Elisabeth LÜDERS, *Fürchte dich nicht,* Cologne, Opladen 1963.

Esprit de sacrifice et sens du devoir national

Au sein du B.D.F., cette orientation affermie durant la guerre se substitue définitivement à la charte féministe de 1907. Le nouveau programme adopté par l'assemblée générale de 1919 est centré sur l'esprit de sacrifice et le sens du devoir national. L'accent y est mis sur le rôle des Allemandes dans l'affirmation de l'identité nationale par-delà les antagonismes sociaux, culturels et politiques, sur leur responsabilité dans la renaissance d'une vie familiale saine et équilibrée, condition première du renouveau de la *Volksgemeinschaft*. Ce programme entérine officiellement la coupure, approfondie durant la guerre, entre la majorité du B.D.F. et les féministes « radicales » isolées dans leurs conceptions pacifistes et internationalistes.

Suivant l'exemple du parti démocratique (D.D.P.) auquel elles appartiennent pour la plupart – Helene Lange, l'une de ses fondatrices, en sera même nommée présidente d'honneur –, les responsables du B.D.F. condamnent le « diktat de Versailles » au nom de la « dignité nationale ». Elles refusent aussi tout concours à la Société des Nations tant que celle-ci n'aura pas reconnu les droits allemands et même le retour dans les associations féminines internationales comme l'I.C.W. ou l'Alliance pour le suffrage féminin, bien que celles-ci aient demandé, dès la fin des hostilités, que soit rendue à l'Allemagne sa place dans la communauté internationale.

Je trouverais, déclare à ce propos Paula Müller-Ottfried, *extrêmement pénible d'avoir, dans les circonstances présentes, la moindre relation avec les femmes de pays qui nous sont hostiles et je ne pourrais me décider que très difficilement à siéger dans une commission dirigée par une Française.*

Le suivisme que l'on constate chez ces femmes des classes moyennes par rapport à l'idéologie de leurs partis politiques, n'est pas moindre chez les femmes socialistes, divisées de surcroît, depuis la révolution d'octobre 1917, en adeptes ou adversaires de l'Internationale communiste.

Clara Zetkin, passée d'abord avec l'aile gauche de la S.P.D. au nouveau Parti socialiste indépendant (U.S.P.D.), rejoint ensuite le Parti communiste allemand (K.P.D.) qu'elle représente avec Paul Lévi au Reichstag de 1920. Constamment réélue jusqu'en 1933, c'est une femme usée et presque aveugle qui prononcera comme doyenne d'âge, en 1932, l'ultime appel aux forces républicaines dans un parlement déjà dominé par les chemises brunes.

En mars 1919, sa foi dans le triomphe de la révolution prolétarienne est encore intacte. Son journal *La Combattante*, devenu *La Communiste*, salue le congrès fondateur de la IIIe Internationale à Moscou, qui déclare :

La dictature du prolétariat ne peut être réalisée et affirmée qu'avec le concours dynamique et actif des femmes de la classe ouvrière [1].

Durant l'été 1920, elle assiste à la première conférence internationale des femmes communistes, qui décide la création d'un bureau auprès de l'exécutif de la IIIe Internationale dont elle devient un membre actif et respecté. Celui-ci la charge, l'année suivante, de se rendre clandestinement au congrès de Tours où elle s'adresse en français à ses anciens amis socialistes afin d'obtenir leur ralliement. Au milieu de l'activité débordante qui est alors la sienne, Clara Zetkin ne se rend pas encore compte que l'Internationale communiste pratique une intégration aussi inégalitaire de ses militantes que l'Internationale socialiste. Il est vrai que, pendant la phase léniniste durant laquelle elle assure le secrétariat de l'Internationale des femmes communistes, celle-ci dispose encore d'une relative autonomie d'expression. C'est encore l'époque où une Alexandra Kollontaï et même une Silvia Pankhurst écrivent librement dans le journal dirigé par Clara Zetkin alors que les militantes de la S.P.D. semblent enlisées dans la bureaucratie, ce qui explique leur désaffection : leur proportion dans le parti passe de 28,3 pour 100 en 1918 à 15,8 pour 100 en 1921 [2].

Quant à la poignée de féministes « radicales » qui subsiste après l'engagement de la plupart dans les partis politiques, elle tente de préserver son autonomie en se consacrant presque exclusivement aux associations féminines internationales. Vingt-sept d'entre elles assistent, en mai 1919 à Zurich, au Ier congrès de la W.I.L.P.F. qui réfute la thèse de la culpabilité exclusive de l'Allemagne dans le déclenchement de la guerre, critique les conditions de paix imposées à celle-ci et invite les associations des quinze pays membres à contribuer à la justice sociale et à la coopération internationale. L'émotion des assistantes est à son comble lorsque Lida Gustava Heymann s'avance vers la déléguée des Ardennes, qui vient de relater la détresse de sa

1. *Procès-verbal des débats de Moscou*, 2, 19-3-1919, publié à Hambourg, 1921, p. 194.

2. En 1921, les 192 485 adhérentes de la S.P.D. représentent 15,8 pour 100 du parti socialiste tandis que les 35 000 communistes allemandes représentent 11 à 12 pour 100 de la K.P.D. Cet engagement est important si on le compare aux 1 800 adhérentes soit 2 pour 100 du P.C.F. ou aux 400, soit 1,5 pour 100 du P.C.I. à la même époque.

région dévastée par la guerre, lui offre un bouquet de roses et lui demande d'unir leurs efforts afin de construire un pont entre Français et Allemands. Jeanne Mélin, bouleversée, ne peut que lui serrer les mains sous les applaudissements des déléguées, debout, qui jurent de travailler ensemble à éviter le déclenchement d'une nouvelle guerre.

Cet élan ne reste pas sans lendemain : en 1920, Gabrielle Duchêne vient parler publiquement en français à Stuttgart, suivie peu après par Marcelle Capy dont les conférences sont particulièrement appréciées des Allemandes. A leur tour, Gertrud Baer, secrétaire de la section allemande de la W.I.L.P.F., et Frida Perlen, l'animatrice du groupe de Stuttgart, se rendent en France pour une tournée de conférences. Le nouveau journal des féministes pacifistes, *Die Frau im Staat (La Femme dans l'État)*, lance aussi une souscription en faveur de la reconstruction du Nord et du Pas-de-Calais dont le produit est remis à la municipalité d'Arras.

Dans le même esprit de solidarité, les sections française et anglaise de la W.I.L.P.F. soutiennent le Comité de secours aux enfants européens, qui apporte son aide à la population de la Ruhr occupée par l'armée française. Tous ces gestes peuvent paraître anodins mais le sont-ils vraiment dans le climat d'incompréhension qui règne alors entre États et peuples adversaires de la veille ? Faute d'être appréciés par les associations féminines allemandes, ils sont au moins reconnus par le Cartel des organisations pacifistes allemandes qui élit Helene Stöcker à la vice-présidence, et par le IIe congrès de la W.I.L.P.F. réuni à Vienne sous les auspices de la pacifiste Bertha von Suttner.

Du côté du B.D.F., l'alignement sur la politique gouvernementale conduit, à partir de 1922, à une reprise des relations internationales. Gertrud Bäumer et Marie Elisabeth Lüders siègent à nouveau à l'exécutif de l'I.C.W., où elles retrouvent Alice Salomon qui avait préféré démissionner du B.D.F. plutôt que d'abandonner l'organisation internationale. Fidélité qui, nous le verrons plus tard, sera payée de retour lorsque les autorités nazies exigeront son renvoi de l'I.C.W. Il faudra encore trois ans de débats sur le problème de la responsabilité du conflit avant que les déléguées allemandes acceptent de revenir aux assemblées générales et congrès de l'I.C.W.

L'entente internationale exige selon elles, ou plutôt selon les partis politiques dont elles représentent la doctrine, la reconnaissance des intérêts de la *Volksgemeinschaft ;* la communauté ethnique, plutôt que la nation, voire l'humanité, étant à leurs yeux le critère ultime de toute politique de paix. Cette approche peut sembler plus réaliste que les vues supranationales des pacifistes, à condition de reconnaître une égale valeur aux intérêts des différents peuples et d'admettre à cette fin la nécessité d'une instance internationale de débats et d'arbitrage. Lors de l'assemblée générale de l'I.C.W. à Washington, en 1925, les déléguées du B.D.F. adoptent une attitude divergente : Gertrud Bäumer et ses amies du parti démocratique s'abstiennent, comme les déléguées membres du Parti populaire allemand (D.V.P.) de Stresemann, sur le désarmement progressif et contrôlé, en soulignant que leur abstention est motivée par le désarmement unilatéral imposé à leur patrie. Les conservatrices, membres ou proches du parti national (D.N.V.P.) persistent à mettre en doute l'utilité des rencontres internationales et estiment en particulier qu'il ne sert à rien d'y côtoyer une délégation française dont l'extrême courtoisie masque l'hostilité.

Ainsi, le droit d'expression et d'association politique concédé aux femmes en 1908, et plus encore le droit de vote actif et positif que leur reconnaît la Constitution de Weimar, semblent avoir transformé une vie en marge du pouvoir en subordination à celui-ci.

Un incident apparemment mineur survenu lors du Xe congrès de l'Alliance universelle pour le suffrage féminin, réuni à Paris en 1926, fournit un exemple tristement comique de cette subordination. En pénétrant dans le grand amphithéâtre de la Sorbonne où doit se dérouler une cérémonie officielle, Gertrud Bäumer et Marie Elisabeth Lüders constatent la présence du drapeau noir-blanc-rouge de l'Allemagne impériale. Elles s'empressent de le faire remplacer par le drapeau noir-rouge-or, symbole de la révolution de 1848, adopté, malgré l'opposition des partis de la droite au centre droit, par la république de Weimar. Une violente discussion s'ensuit entre déléguées allemandes au cours de laquelle Gertraud Wolf, membre de la D.N.V.P., accuse ses collègues libérales de renier le passé allemand. Celles-ci, gênées, se contentent de répondre qu'elles appliquent une décision du gouvernement et du parlement allemands.

Peu de temps après, les conservatrices trouvent une nouvelle occasion de se manifester lorsque Gertrud Bäumer et Marie Elisabeth Lüders acceptent de figurer dans la délégation allemande, qui siégera désormais à la Société des Nations. Rien, si ce n'est la subordination aveugle à la ligne du Parti national allemand, ne les aurait empêchées d'exprimer une opposition plus originale aux initiatives du ministre des Affaires étrangères, Gustav Stresemann. Même si elles partagent avec lui une hostilité foncière au suffrage féminin, elles auraient pu, par exemple, dénoncer la manière dont il traite les deux femmes désignées comme membres de la délégation allemande. Sans les consulter, il les affecte en effet d'office à la Commission des affaires sociales et humanitaires. Affectation acceptable pour Gertrud Bäumer qui s'occupe de ces questions depuis 1919 au ministère de l'Intérieur. Affectation manifestement discriminatoire à l'encontre de Marie Elisabeth Lüders qui souhaite poursuivre la tâche d'experte économique, qu'elle accomplit depuis cinq ans déjà dans les instances internationales, notamment au Bureau international du travail. Son désir sera satisfait, contre le gré du ministre, grâce au secrétariat général de la S.D.N. qui trouve là un moyen d'apaiser les protestations d'associations féministes contre l'absence de hauts fonctionnaires femmes.

Une émancipation théorique

En fait, la conviction qu'exprime, en février 1919, le député socialiste Marie Juchacz dans la première intervention d'une femme à la tribune du parlement allemand, à savoir que ses concitoyennes n'ont plus besoin désormais de défendre leurs droits hors du cadre normal des partis, s'avère aussi illusoire que dangereuse. Depuis l'instauration de la république, les Allemandes avaient certes obtenu le droit d'être électrices et éligibles, un droit que les Françaises n'obtiendront qu'en 1945 et les Suissesses en 1971. La proportion des élues nationales oscille entre 9,6 pour 100 en 1919 et 3,6 pour 100 en 1932 contre 2,1 pour 100 en Grande-Bretagne et 1,1 pour 100 aux États-Unis. Mais en quoi cette intégration politique change-t-elle fondamentalement le statut des femmes dans la société allemande?

Dépendantes, comme nous l'avons constaté, de leurs partis en politique internationale, elles ne parviennent pas davantage à s'affirmer en politique intérieure. Les lois élaborées et obtenues par les députés entre 1920 et 1928 ne couvrent que l'aide sociale à la jeunesse, aux travailleuses à domicile, la protection maternelle, l'extension de l'accès à la fonction publique et aux carrières juridiques encore fermées aux femmes. Malgré leur présence au parlement, 155 sièges dans les diètes régionales et 10 pour 100 de conseillères municipales, les élues ne réussissent pas à concrétiser dans la législation l'égalité entre hommes et femmes pourtant garantie dans tous les domaines de la vie publique et privée par les articles 109, 119 et 128 de la Constitution de Weimar.

En pratique, les femmes subissent toujours les dispositions misogynes des Codes civil et pénal ainsi que les discriminations dans l'emploi et la formation professionnelle. Ces discriminations sont d'autant plus sensibles que le nombre de femmes actives hors du foyer s'est accru de 3 millions entre 1907 et 1925 pour un accroissement global de population de 8 millions.

Sur 11,5 millions de femmes travaillant dans le secteur public et privé, on estime à 150 000 celles qui sont hautement qualifiées alors que près de la moitié des 4 255 000 employées de l'agriculture ne sont pas rémunérées et n'ont pas de statut. 38 pour 100 de ces femmes en activité sont mariées, 57,5 pour 100 d'entre elles ont au moins un enfant, près de 2 millions sont seules à subvenir à leurs besoins.

Dans l'opposition, les communistes préconisent l'amélioration des conditions de vie des « masses laborieuses » sans insister sur les problèmes spécifiques des femmes. Les socialistes sont longtemps paralysés par leur alliés de la coalition gouvernementale. Or, lorsqu'il s'agit des femmes, les catholiques du *Zentrum* parlent comme le parti populiste de Stresemann ou les conservateurs de la D.N.V.P. de « vocation naturelle » au foyer et à la maternité, considérant leur engagement professionnel comme un pis-aller circonstanciel. Quant au parti démocratique, auquel appartiennent la plupart des dirigeantes du B.D.F., son influence tombe de 18,6 pour 100 des suffrages en 1919 à 3,8 pour 100 en 1928.

Dans ces conditions, la seule voie possible serait celle d'un groupe de pression exerçant son influence par le biais d'associations puissantes, par le bulletin de vote ou par les deux combinés. Si le B.D.F. regroupe à présent 137 associations, sa structure sociologique a profondément changé depuis les années 1910. Délestée de la très conservatrice Union des femmes protestantes depuis 1918, à cause de l'hostilité de celle-ci au suffrage féminin, ce qui n'a pas empêché ses membres de rejoindre le Parti national allemand ou même de se faire élire députés, le B.D.F. a aussi perdu, à cause de son nationalisme, la quasi-totalité de ses théoriciennes libérales de gauche comme Camilla Jellinek ou Alice Salomon et féministes, « radicales », qui lui préfèrent les associations féminines internationales. Les rares militantes restées dans la fédération sont trop dispersées dans les partis politiques pour lancer des campagnes semblables à celles du début du siècle.

Aux yeux de l'opinion, le B.D.F. est une organisation de notables avec une base hétérogène de près de 600 000 membres dont la moyenne d'âge tourne autour de quarante ans. Pour près de la moitié, ces adhérentes viennent des fédérations urbaines et rurales de ménagères, un tiers est constitué d'employées et de fonctionnaires subalternes et un tiers appartient à des organisations aussi diverses que la Société pour une culture féminine allemande, l'Union des femmes juives, l'Union des citoyennes d'État ou celle de la Ligue coloniale. La plupart ne considèrent le B.D.F. que comme un canal de transmission de leurs intérêts propres en direction des pouvoirs publics.

Comme les adhérentes ne disposent d'aucun moyen important de formation et d'information susceptible de stimuler leur réflexion personnelle et leur capacité d'action il se développe un sentiment diffus de frustration qui va fournir un terrain idéal à la démagogie nationaliste.

Femmes allemandes, joignez-vous à nous! Hommes allemands, aidez-nous. La victoire nous appartient. Après quatre années, on commence à reconnaître que la gauche est la servante du capital juif. Nettoyons de fond en comble ces écuries d'Augias... afin que disparaissent les canailles qui encouragent cette perversion.

Ce texte date de 1923. Il émane de Guida Diehl, l'ancienne animatrice du B.D.F. de Francfort-sur-le-Main, installée depuis la fin de la guerre en Thuringe où son *Neulandbund* se propose de régénérer physiquement et spirituellement le peuple allemand. En 1923, ce dernier se préoccupe davantage de ses difficultés quotidiennes face à l'inflation galopante, à l'occupation de la Ruhr, à l'agitation des milices dont celles d'Hitler viennent de tenter un putsch à Munich. Deux ans plus tard, Guida Diehl n'est encore qu'une spectatrice parmi d'autres au milieu des fidèles accourus à Eisenach pour écouter Hitler à sa sortie de prison. En 1928, le congrès national-socialiste lui fournit l'occasion de rencontrer le « bon chrétien » Hans Schemm, chef des enseignants nazis et Wilhelm Frick, député nazi de la diète de Thuringe, qui lui promettent aide et appui pour sa Ligue de combat contre la dégénérescence.

L'aide lui vient aussi des associations protestantes éprises d'ordre moral, des milieux traditionalistes de la D.N.V.P., des groupes *völkisch* réunis dans la Ligue de combat contre l'émancipation des femmes que préside le comte zu Reventlow, de l'Ordre des Femmes de sang allemand, fondé vers 1923 par Elsbeth Zander. Les associations catholiques récusent, tout comme les responsables du B.D.F., le style violemment polémique et antisémite du mouvement de Guida Diehl. Elles se montrent néanmoins sensibles à la restauration des valeurs morales qu'il implique, notamment dans le domaine de la sexualité.

Dans son *Histoire du mouvement féminin*, qu'elle publie en 1928, Agnes von Zahn-Harnack, la dernière présidente du B.D.F. jusqu'en 1933, évoque avec nostalgie l'époque impériale, les luttes victorieuses contre la nouvelle morale d'Helene Stöcker, en déplorant le laxisme de l'après-guerre, qu'elle impute à l'effondrement du mode de vie traditionnel. Son aînée et amie, Gertrud Bäumer, qui avoue abhorrer jusqu'au mot « sexualité », partage cet avis tout en pensant qu'une action sociale énergique peut endiguer le mal.

Sur ce point, Clara Zetkin semble avoir été plus lucide. Bien qu'elle soit encore relativement attachée à la conception traditionnelle de la femme, épouse et mère, sa propre expérience lui permet de mieux percevoir les bouleversements que l'entrée massive des femmes dans la production d'abord, la guerre et ses conséquences ensuite, ont provoqués dans la vie des couples et des familles. Dès 1919, la crise sexuelle lui apparaît comme l'expression d'un malaise socio-culturel, sensible surtout chez les femmes qui s'interrogent sur la disparité entre leurs responsabilités et leurs droits, chez les jeunes qu'écrasent bien souvent l'incompréhension et l'autoritarisme des adultes. C'est pourquoi elle encourage les réunions de lecture et de libre discussion sur les problèmes sexuels à leur intention au sein du mouvement communiste allemand.

L'initiative irrite les responsables communistes, à commencer par Lénine qui la qualifie de *faute,* voire de *péché* au cours de deux entretiens mémorables qu'il eut à ce sujet, à la fin de 1920, avec Clara Zetkin qui les a relatés elle-même cinq ans plus tard [1]. Sa condamnation acceptée non sans objection par la militante disciplinée annonce dès cette époque le conflit, exacerbé durant l'ère stalinienne, entre « impératifs révolutionnaires » et libertés individuelles discréditées comme « bourgeoises ». Elle montre aussi, dans le fond et la forme, la persistance de craintes et de préjugés séculaires en matière de sexualité chez les pères du marxisme, ce qui provoquera, après la mort de Lénine, une lutte croissante contre *l'anarchie sexuelle,* c'est-à-dire la suppression des mesures libertaires introduites au début de la révolution russe, l'éviction de militantes comme Alexandra Kollontaï, la dissolution de la section féminine du P.C.U.S., mais aussi la mise à l'index de la psychanalyse et l'exclusion de théoriciens comme Wilhelm Reich du Parti communiste allemand.

Le désenchantement

Dans l'Allemagne des années 20, l'incompréhension de ce que Lénine appelle leur « roman personnel » détourne une partie importante de la jeunesse et des femmes du mouvement révolutionnaire dont la « morale » leur semble aussi indifférente à leurs aspirations spécifiques que la morale « bourgeoise ». Ceci explique sans doute les multiples formes de révolte individuelle perceptibles dans le foison-

1. *Cf.* Clara Zetkin, *Batailles pour les femmes,* traduction sous la responsabilité de Gilbert Badia, Paris, 1980, p. 110-124 et 181-192.

nement d'associations et de groupes culturels, mais aussi l'espoir de réformes que beaucoup de femmes attachent au droit de vote nouvellement acquis.

Les statistiques électorales par sexes, qui ne portent, il est vrai, que sur environ 20 pour 100 de l'électorat allemand parce que l'organisation d'un scrutin dissocié était laissé à la discrétion des autorités locales, permettent cependant de constater l'enthousiasme des électrices en 1919 [1]. Enthousiasme éphémère puisque leur participation devient, à partir de 1920, de 5 à 10 pour 100 inférieure à celle des électeurs. La différence atteint jusqu'à 20 pour 100 dans certaines communes rurales alors que les électrices représentent près de 53 pour 100 du corps électoral entre 1925 et 1933 [2]. La désaffectation est d'autant plus significative qu'elle émane en partie de jeunes électrices ayant atteint l'âge de voter entre 1920 et 1928.

Avec la crise économique de 1929, qui frappe plus durement que d'autres pays une Allemagne affaiblie par les conséquences de la défaite et l'incapacité de ses dirigeants à s'unir sur un programme de réformes démocratiques, les femmes se sentent encore moins défendues par les partis politiques. Contrairement à ce qui se passe de nos jours, le chômage, conséquence la plus dramatique de la crise, les atteint moins directement que les hommes : 1 salariée sur 10 contre 1 salarié sur 3. Les entreprises préfèrent en effet garder celles qu'elles peuvent, à travail égal, payer jusqu'à 30 pour 100 au-dessous du salaire masculin. Cette situation leur crée cependant des difficultés financières et morales. Elles doivent, dans bien des cas, subvenir aux besoins de la famille parce que le mari ou le compagnon est au chômage et subir, de surcroît, l'hostilité du monde ouvrier, comme lors des crises industrielles du XIXe siècle.

Or, sur ce point, les plus de sept millions de salariées n'ont rien à espérer du parlement et du gouvernement majoritairement conservateurs. Le chancelier Brüning et son ministre du Travail, Adam Stegerwald, qui appartiennent tous deux au *Zentrum* catholique, se sentent encouragés par l'encyclique *Quadragesimo Anno*, publiée en 1931, à activer leur projet de licenciement des femmes mariées dont le conjoint dispose d'un revenu suffisant pour l'entretien du foyer. La loi ne sera votée qu'en mai 1932 avec l'appui du centre, de la droite

1. Selon Hans BEYER, *Die Frauen in der politischen Entscheidung*, Stuttgart, 1932, leur participation est alors de 81 pour 100 contre 83,7 pour 100 de participation masculine.

2. *Cf.* Hans BEYER, *Die Frau in der politischen Entscheidung*, Stuttgart, 1932, et Heinrich ZURKUHLEN, « Wie wählen die Frauen? », in *Die Tat*, 24, 1932-33, p. 544-547.

traditionnelle et des nazis, mais elle a été précédée d'une importante campagne nationale contre le double salaire *(Doppelverdiener)* des ménages, campagne que critique même le responsable à l'organisation nazi, qui estime qu'elle a fait perdre les élection de 1932 à son parti [1]. Officiellement les partis et les syndicats s'y sont opposés en expliquant que seule l'égalité des salaires à travail égal peut éviter le retour à la situation du XIXe siècle. Était-ce suffisant pour endiguer la vieille hostilité du monde ouvrier contre les « voleuses d'emplois » en période de crise?

L'attitude du B.D.F. est encore plus critiquable : ses responsables n'ont ni mobilisé les femmes ni élevé la voix contre ce projet discriminatoire alors que deux d'entre elles, Klara Mende et Käte Gœbel, occupent des postes importants au ministère de l'Économie et à l'office central de l'emploi. Gertrud Bäumer se contente de justifier l'abstention de son parti, la *Deutsche Staatspartei,* lors du vote au Reichstag, ce qui ne peut que conforter les éléments conservateurs de la direction du B.D.F. où siègent à présent des membres de la droite nationaliste comme Anna von Gierke et Martha Zietz, la présidente de la puissante Fédération allemande des ménagères, voire une sympathisante national-socialiste comme Leonore Kuhn. La thèse officielle du B.D.F. depuis 1927, c'est-à-dire déjà avant la crise, est de refuser toute compétition avec les hommes dans les mêmes professions. La compétition, lorsqu'elle existe, doit être surmontée par une répartition sociale appropriée du travail selon les sexes. Ce point de vue est, comme nous aurons l'occasion de le voir, partagé par certains responsables du parti nazi.

Le glissement à droite du B.D.F. est déjà sensible lors des élections législatives de 1928 : alors que la fédération n'appuie aucune candidate communiste ou socialiste, elle apporte son soutien à 29 candidates du parti de Gertrud Bäumer, à une candidate du *Zentrum* catholique mais aussi à 53 candidates du centre droit (D.V.P.) et de la droite nationaliste (D.N.V.P.) qui avaient toujours manifesté leur hostilité aux droits des femmes. Dans son rapport final de 1932, Agnes von Zahn-Harnack ne voit d'autre solution à la crise que le remplacement du système parlementaire allemand par un État corporatif, du style de l'Italie fasciste, avec une représentation de la « corporation » des femmes. Inconscience d'autant plus surprenante que la même Agnes von Zahn-Harnack a coopéré entre 1930 et 1932 avec l'Union des femmes juives à une campagne de visites guidées de synagogues, de conférences et de réunions destinées à dissiper l'antisémitisme

1. *« Mitteilungen des Reichsorganisationsleiters Gregor Strasser »*, in *Staatsarchiv Hannover,* Dossier Hann, 310 f A 122 II.

croissant dans les milieux non juifs [1]. Sa devancière à la présidence, Emma Enders, met en garde contre les illusions : le national-socialisme est devenu puissant grâce à sa lutte contre les Juifs et les femmes, il faut le combattre pendant qu'il en est encore temps.

Dans un ultime sursaut, les libérales du B.D.F. acceptent au moins de se joindre aux catholiques et aux pacifistes pour la campagne internationale des femmes en faveur du désarmement, qui recueille huit millions de signatures à la veille de la conférence de Genève. Cette initiative et leur appui à un projet de loi pour appeler toutes les femmes « madame » suscitent la réprobation des deux fédérations de ménagères, soit la moitié des membres du B.D.F., qui invoquent leurs difficultés financières pour le quitter. Incapable d'attirer les jeunes ni même de retenir les anciennes, le B.D.F. n'est plus, comme le souligne Lida Gustava Heymann dans un article de septembre-octobre 1932 [2], qu'un vestige anachronique. Dans son aveuglement aux réalités du monde industriel, il a, contre l'avis des féministes « radicales », favorisé les mesures spécifiques de protection des salariées (régime spécial, travail à mi-temps), ce qui a justifié les différences de salaire entre hommes et femmes et contribué à la détérioration de la période de crise. De plus, en privilégiant constamment les revendications des femmes des classes moyennes, le B.D.F. a aggravé les divisions et renforcé les barrières entre ouvrières et bourgeoises érigées depuis la fin du XIXe siècle.

Est-ce à dire que la masse des femmes déçues se jette dans les bras du national-socialisme, qui leur devrait essentiellement ses succès électoraux et finalement sa victoire? Ce mythe, propagé en premier par Hitler lui-même [3], conforté jusqu'à nos jours par les images d'une hystérie collective attribuée surtout aux femmes et par les affirmations d'une lignée d'hommes [4] allant du conservateur Hermann Rauschning au philosophe marxiste Ernst Bloch en passant par la plupart des historiens du nazisme, ne tient aucun compte des statistiques électorales.

---

1. *Cf.* A. KAPLAN, *The Jewish Feminist Movement in Germany 1904-1938*, Westport, 1979.

2. Lida G. HEYMANN, « Befreiung der Frauen », in *Die Frau im Staat*, septembre-octobre 1932.

3. Selon Albert ZOLLER, *Hitler privat*, Düsseldorf, 1949, p. 106, le Führer aurait affirmé : *Le fait de ne pas prendre femme a constamment accru mon influence sur la partie féminine de la population. Je n'aurais pas pu m'offrir une perte de popularité chez la femme allemande car elle est d'une importance décisive dans les élections.*

4. *Cf.* Hermann RAUSCHNING, *Hitler m'a dit*, éd. fr. Paris, 1939, et Ernst BLOCH, « La Femme sous le IIIe Reich », *in* supplément à *Héritage de ce temps*, 1937, trad. fr. in *Change*, n° 37, Paris, 1978. Dans ce dernier texte, on notera la similitude de certaines formules sexistes avec celles de Lénine, comme par ex. : *les criailleries des petites bourgeoises trompées par leur mari*, à côté d'analyses justes sur l'héritage dévalué qu'est leur droit de vote ou leur dépendance économique. Attitude

ÉVOLUTION DES SUFFRAGES FÉMININS ET MASCULINS ACCORDÉS AUX PRINCIPAUX PARTIS AUX ÉLECTIONS LÉGISLATIVES DE 1928 ET 1930 *

1928	*Femmes*	*Hommes*	**Septembre 1930**	*Femmes*	*Hommes*
N.S.D.A.P. (nazis)	42,2 %	57,8 %	K.P.D.	45,2 %	54,8 %
K.P.D. (communistes)	44 %	56 %	N.S.D.A.P.	49,1 %	50,9 %
S.P.D. (socialistes)	49,6 %	50,4 %	S.P.D.	52,2 %	47,8 %
Démocrates (D.D.P. puis *Staatspartei*)	50,5 %	49,5 %	Démocrates	52,2 %	47,8 %
D.V.P. (centre droit)	53,2 %	46,8 %	D.V.P.	57,7 %	42,3 %
D.N.V.P. (droite nationaliste)	57,4 %	42,6 %	D.N.V.P.	60,4 %	39,6 %
Zentrum (catholique)	61,1 %	38,9 %	*Zentrum*	63,4 %	36,6 %

Échantillon : 1928 : 6 397 262 votants, soit 20,5 % de 31 167 245 votants du Reich.
1930 : 5 938 845 votants, soit 16,9 % de 35 226 657 votants du Reich.

* D'après *Statistik des deutschen Reichs*, vol. 372 et 382.

D'après ces calculs, effectués sur les statistiques officielles du Reich, on constate chez les électrices une fidélité plus grande aux partis conservateurs et même, en 1930, un soutien accentué aux socialistes alors qu'elles se montrent plus lentes à rallier les courants extrémistes. On notera cependant un renversement de la défiance envers ceux-ci au profit des nationaux-socialistes.

A propos de ces derniers, il est à noter que sur les 6 500 000 voix recueillies par la N.S.D.A.P. en 1930, 3 500 000 soit 16,3 pour 100 proviennent des électeurs contre 3 000 000 soit 12,8 pour 100 des électrices.

Par contre le maréchal Hindenburg, candidat issu de la droite

méprisante aussi du député S.P.D. Wilhelm HOEGNER : *Quand nous, sociaux-démocrates, critiquons le national-socialisme, nous ne nous adressons pas à ces femmes qui faiblissent à la vue d'un de ces héros du IIIe Reich forts en gueule. Celles-là méritent le fouet que le IIIe Reich tient en réserve à leur intention. (Die Frau im Dritten Reich*, Berlin, 1931.)

traditionnelle, doit son élection par deux fois, en 1925 et 1932, aux suffrages féminins. Une étude récente d'Herbert Tingsten [1] souligne le rôle des électrices dans la résistance du *Zentrum* catholique à la radicalisation de l'électorat allemand et son gain de 25 sièges aux élections législatives de 1930. Tingsten montre aussi, chiffres à l'appui, que le vote des femmes a freiné pour un temps les courants extrêmes, et camouflé la situation précaire du régime républicain après les succès communistes et nazis de 1930.

Il est à noter aussi que la crise semble avoir incité les femmes à retourner aux urnes puisque leur participation passe de 71,8 pour 100 en 1928 à 77,9 pour 100 en 1930 soit 6,1 points de plus alors que celle des hommes, qui était de 80,8 pour cent ne gagne que 3,4 points en montant à 84,2 pour cent [2].

Ce sursaut inutile, puisqu'il profite essentiellement à des partis conservateurs hostiles aux revendications féminines, illustre l'échec des militantes communistes, socialistes et libérales qui ont voulu entraîner les femmes dans une interprétation politique illusoire parce que sans formation préalable et sans groupe de pression autonome capable de faire admettre leurs revendications. Les élues du Reichstag en ont tardivement pris conscience et ont tenté d'y remédier en constituant, de 1930 à 1932, un intergroupe avec des représentantes de tous les partis hormis la *Wirtschaftspartei* et la N.S.D.A.P., qui n'acceptaient pas de femmes. Leur initiative échoue parce qu'elles sont prisonnières de leurs partis et des tensions qui opposent ceux-ci dans la phase ultime de la république de Weimar.

Le débat instauré dès 1924 au sein du B.D.F. sur la manière la plus efficace d'assurer la représentation des femmes était resté sans effet parce que les féministes « radicales », écartées du mouvement depuis 1914, ne croyaient plus qu'à une lutte menée dans un cadre international tandis que les autres étaient trop dépendantes des structures politiques existantes pour créer un parti féminin ou exiger au moins des modalités de scrutin susceptibles de leur assurer une place équitable. A l'optimisme suicidaire de la député socialiste Marie Juchacz, persuadée en 1919 que ses concitoyennes pourraient désormais défendre leurs revendications « dans le cadre normal des partis », répond, au milieu de la débâcle de 1932, la réflexion critique de sa collègue socialiste Alice Rühle-Gerstel.

1. Herbert TINGSTEN, *Political Behaviour*, New York, 1975. *Cf.* aussi Jürgen W. FALTER, « Wer verhalf der N.S.D.A.P. zum Sieg », in *Aus Politik u. Zeitgeschichte*, Bonn, 14-7-1979.
2. Les données complètes selon les sexes que j'ai pu réunir pour ce calcul ne représentent que 10 pour cent de l'électorat allemand de 1928 et 11 pour 100 de celui de 1930. Il est cependant représentatif et le pourcentage exprimé y rejoint très sensiblement celui de la moyenne nationale.

Un parti spécifique de femmes ne serait nullement utopique si un important groupe de femmes pouvait s'unir sur un programme de revendications féminines. Ce parti devrait notamment saboter les élections générales et décréter ses propres élections pour un Parlement de femmes... La femme devra s'assumer par rapport à sa classe et *à son sexe. Mais en assumant son sexe et le programme de sa libération, elle sera conduite à devoir s'opposer à sa classe* [1].

Sans souscrire à la lutte de classes ni même à un parti féministe qui lui paraît peu réaliste, Katharina von Kardorff, élue du parti populiste (D.V.P.) estime, elle aussi, que la dispersion dans les partis où la solidarité politique l'a emporté sur la solidarité féministe a gravement nui aux intérêts des femmes, qu'un groupe de pression efficace aurait mieux assurés.

Ces considérations paraissent vaines dans le contexte politique allemand des années 30. Mais comment pourrait-on reprocher à ces femmes démunies de moyens de n'avoir pas su prévenir le danger national-socialiste que les puissants partis et syndicats de la république de Weimar n'ont pas su ou voulu conjurer? Tout au plus peut-on leur faire grief d'avoir encouragé le suivisme politique des électrices qui se sont finalement ralliées à Hitler dans une proportion sensiblement égale à celle des électeurs.

Dans une thèse encore inédite sur l'évolution des élections sous la république de Weimar, un jeune historien allemand [2] utilise les données actuellement connues, et arrive à la conclusion que les électrices nazies dépassent de 2 à 3 pour 100 les électeurs de ce parti en novembre 1932 et mars 1933 dans les circonscriptions à dominante protestante, mais lui accordent 5 pour 100 de voix en moins que les hommes dans les circonscriptions à majorité catholique.

S'il ne s'agit pas, comme on l'a trop souvent prétendu, d'un ralliement déterminant pour le parti d'Adolf Hitler, cet appui est néanmoins plus grave que celui des électeurs puisqu'il entérine une conception rétrograde du rôle des femmes dans la société. Les droits acquis durant plus de huit décennies de luttes ont certes permis d'élever le niveau d'instruction des femmes, mais ils n'ont pas assuré leur égalité socio-culturelle et n'auront, en définitive, servi qu'à la promotion individuelle d'une minorité que le national-socialisme aura tôt fait de réduire au silence.

---

1. Alice RÜHLE-GERSTEL, *Das Frauenproblem der Gegenwart*, Leipzig, 1932, p. 397. Le *et* est souligné par elle.
2. Eberhard SCHANBACHER, *Parlamentarische Wahlen in der Weimarer Republik*. Dissertation, Universität Tübingen, 1979.

CHAPITRE II

L'ORDRE MASCULIN
(Der Männerbund)

Que les femmes se taisent dans les assemblées car il ne leur est pas permis d'y parler, mais qu'elles soient soumises selon que le dit aussi la loi.

PAUL, *Épître aux Corinthiens*, I, 14, 34.

Dans une civilisation masculine semblable à celle de la Grèce antique, les femmes ne seraient là que pour donner des enfants – à l'exclusion de toute autre chose; aucune relation intellectuelle avec elles ni même vraiment d'amour... Point d'autre tâche pour les femmes que de mettre au monde des corps beaux et vigoureux, animés par le caractère directement transmis par le père.

Friedrich NIETZSCHE, *Humain trop humain*, I, § 259, trad. fr. Geneviève Bianquis.

L'ordre des Chevaliers teutoniques, des Templiers, de la Maçonnerie, des Jésuites, l'Union des rabbins, les clubs anglais, les corporations d'étudiants, les corps francs allemands après 1918, la S.A., la N.S.D.A.P., etc. sont tous des exemples éloquents d'une réalité irréfutable, à savoir qu'un modèle étatique, racial, social ou ecclésial repose toujours presque exclusivement sur un ordre masculin et sa discipline.

Alfred ROSENBERG, *Le Mythe du XXe siècle*, 1930, éd. allemande Munich 1935, p. 493.

Culture et nature ou le mythe de la complémentarité

Unis par la camaraderie virile de la guerre, des corps francs et des brasseries, les nationaux-socialistes forment dès l'origine un ordre exclusivement masculin *(Männerbund)* éloigné de toute vie familiale et, bien souvent, de relations suivies avec des femmes. D'où une misogynie fondamentale, inscrite dans une longue tradition idéologique, qu'ils utilisent selon les objectifs de leur politique de domination raciale. Dans *Mein Kampf*[1], on ne trouve même pas le mot femme à l'index des thèmes traités. La femme, toujours appelée *Weib*, terme archaïque ou biologique, devenu plus ou moins péjoratif dans l'usage courant, par opposition au terme moderne de *Frau*, n'apparaît sous la plume d'Hitler que comme jeune fille à former dans l'esprit du racisme nazi et à marier le plus tôt possible pour la conduire à son destin maternel. Si l'auteur de *Mein Kampf* accorde en effet une large place à la « procréation aryenne » et à la lutte contre les fléaux qui la menacent : « souillure juive », prostitution, maladies vénériennes, il ne reconnaît pas automatiquement les droits civiques à la « gardienne de la race ».

Reprenant à son compte la thèse conservatrice, il estime que seul l'homme qui a porté les armes devient de ce fait citoyen d'État. La femme, ressortissante allemande par sa naissance, n'acquiert la citoyenneté que par mariage ou décision administrative. De la lecture de *Mein Kampf*, il ressort à l'évidence que l'État proposé par Hitler est un État exclusivement masculin dans lequel le rôle des femmes est réduit à celui de compagne et mère de guerriers. Il est d'ailleurs significatif que le programme du parti nazi ne mentionne celles-ci que dans son point 21, dans une perspective uniquement nataliste, conforme aux vues conservatrices :

L'État doit se charger d'assurer l'amélioration de la santé publique par la protection qu'il accorde à la mère et à l'enfant.

Dès sa première assemblée générale en 1921, la N.S.D.A.P. décide l'exclusion des femmes des instances dirigeantes du parti[2], décision approuvée par les quelques militantes présentes dont l'action prend l'appellation significative de Service du sacrifice *(Opferdienst)*. Pour Hitler, cette exclusion va de soi; il laisse le soin de la justifier aux « théoriciens » du parti.

La démonstration que Alfred Rosenberg développe dans *Le Mythe du XXe siècle*[3] reprend pêle-mêle les thèses évoquées depuis la plus haute Antiquité sur la bipolarité masculin-féminin, lumière-ténèbres, esprit-matière, raison-extase, et le pessimisme culturel d'une lignée de penseurs misogynes allant de Schopenhauer à Otto Weininger, en passant par Nietzsche, Wagner et Houston Chamberlain. Tout cela pour affirmer que l'histoire de l'humanité se résume en une

1. Adolf HITLER, *Mein Kampf*, éd. originales utilisées : Munich t. I 1933, t. II 1938. Le lecteur peut retrouver les textes traduits avec plus ou moins de précision dans la version française publiée aux Nouvelles Éditions latines, Paris.

2. *Cf.* Georg Franz WILLING, *Die Hitlerbewegung*, Munich-Hambourg-Berlin, 1962, p. 80.

3. Alfred ROSENBERG *Der Mythus des 20. Jahrhunderts*, 1930, éd. ult. 1935.

lutte perpétuelle entre renaissance et décadence. Lutte entre les forces créatrices, architectoniques du monde des pères, incarné par Apollon et la civilisation grecque, contre les forces du chaos orgiaque et destructeur du monde oriental des mères, incarné par Dionysos, dieu des éléments et de la mort. A l'intérieur de ce dernier, Rosenberg établit cependant une distinction : grâce à l'institution du mariage, Jason a canalisé le chaos des Amazones, des Hétaïres, des Erinyes, incarnation des forces telluriques de la vieille Asie, et *donné à la femme-mère un statut nouveau et honorable dans le cadre du principe nordique apollinien.*

La distinction n'est pas fortuite : l'idéologue nazi a du mal à concilier le pessimisme culturel d'un Schopenhauer, voire d'un Weininger, pour lesquels le retour à l'harmonie originelle suppose le retour à la chasteté, avec les impératifs natalistes de la domination germanique. Les chevaliers teutoniques, dont l'histoire lui est familière par ses origines baltes et qu'il aime à citer en exemple à la nouvelle chevalerie hitlérienne, ont causé leur propre perte en faisant vœu de chasteté : privés d'une progéniture à leur image, ils ont été incapables de consolider leur œuvre colonisatrice à l'Est et ont été submergés par le flot des Slaves prolifiques.

C'est pourquoi la femme, mère et gardienne de la race, est un élément indispensable au IIIe Reich millénaire, royaume de la complémentarité des sexes : l'homme sera l'architecte du macrocosme, la femme sera la préservatrice du microcosme.

Ce langage n'est guère accessible au commun des Allemands. *Le Mythe*, déjà vendu à plus de 400 000 exemplaires en 1935, ne semble pas avoir eu beaucoup de lecteurs. Hitler lui-même qui le trouvait illisible a dû, à sa manière d'autodidacte, transcrire, à l'usage du grand public, les idées utilisables, notamment cette idée de complémentarité qu'il expose aux militantes réunies le 8 septembre 1934, en marge du congrès de Nuremberg.

Si l'on dit que le monde de l'homme, c'est l'État, le monde de l'homme, c'est la lutte, la disponibilité pour la communauté, on peut sans doute dire que le monde de la femme est plus petit. Car son monde, c'est son mari, sa famille et ses enfants. Mais où serait le grand monde si personne ne voulait veiller au petit [1]?

L'écho féminin, par la voix de Guida Diehl, ne dit pas autre chose :

L'homme soutient la nation, la femme soutient la famille. L'égalité des droits pour la femme consiste à ce qu'à l'intérieur de la sphère délimitée pour elle par la Nature, elle jouisse de la plus

1. *Völkischer Beobachter*, 10.9.1934.

grande estime qui lui est due. La femme et l'homme représentent deux types d'êtres très différents. Chez l'homme c'est la raison qui domine. Il cherche, il découvre et bien souvent il ouvre de nouveaux royaumes incommensurables.

... Le sentiment est, par contre, beaucoup plus stable que la raison et la femme, qui est le sentiment, est par conséquent l'élément de stabilité [1].

La thèse de l'incompatibilité de l'émancipation féminine, qu'Hitler qualifie « d'invention juive », et de la maternité avait été largement développée au cours du XIXᵉ siècle. En Allemagne, outre les milieux chrétiens et nationalistes rassemblés par le comte Ernst zu Reventlow dans l'Union pour la lutte contre l'émancipation féminine, des médecins comme le gynécologue August Mayer, de l'université de Tübingen, ou le sexologue Max von Grüber s'insurgent contre ce *viol de la nature.*

L'Hygiène de la vie sexuelle de von Grüber, déjà diffusée à 325 000 exemplaires en 1927, condamne toute sexualité hors de la procréation et recommande de *veiller à la chasteté de la femme comme le bien national le plus précieux puisque c'est la seule vertu qui puisse nous garantir que nous sommes vraiment les pères de nos enfants.* L'émancipation sociale de la femme mariée doit être absolument exclue parce que *les devoirs qui en résultent s'opposent à la maternité qui en pâtit. Et dans le cas où il y a tout de même des enfants, ceux-ci sont la plupart du temps de constitution chétive.*

Gottfried Feder, l'obscur fondateur de ce qui est devenu la N.S.D.A.P., ne s'embarrasse pas d'une façade médicale : *Par les forces de la démocratie sexuelle, le Juif nous a volé la femme. Notre jeunesse doit se lever pour tuer le dragon afin que nous puissions de nouveau atteindre la chose la plus sacrée au monde, la femme comme vierge et servante* [2].

Combattre la « démocratie sexuelle », mais aussi celle de l'esprit, par la thèse de la complémentarité conçue par ceux qui l'avancent comme justification de l'inégalité.

Dans *Le mythe du XXᵉ siècle,* Rosenberg affirme ni plus ni moins que tous les penseurs sérieux reconnaissent la supériorité masculine dans la recherche, l'invention, la création.

Les discours de la Médée d'Euripide, les tirades de Mademoiselle Stöcker ou de Miss Pankhurst ne changent rien à la constatation d'Aristote : la femelle est femme par suite d'une certaine absence de

1. Guida DIEHL, *Die deutsche Frau u. der Nationalsozialismus,* Eisenach, 1932-33.
2. *Reichskorrezpondenz der bayrischen Volkspartei,* 4.4.1932.

capacité inhérente, selon lui, à l'élément végétal *(Pflanzenhaft)* et à la subjectivité de leur être... *Il manque à la femme de toute race et de toute époque le pouvoir tant intuitif qu'intellectuel de synthèse*[1].

Cette absence d'aptitude créatrice s'étend même, selon lui, à l'univers familial auquel il conteste, contrairement à la plupart des autres chefs nazis, la qualité de cellule de base de l'État. Dans sa logique, admettre ce point de vue, qui serait un produit de la subversion marxiste-démocratique, c'est reconnaître que l'État résulte, au moins dans ses cellules constitutives, de l'action conjointe de l'homme et de la femme. Hitler affirme dans son programme aux élections présidentielles en 1932 :

Tout en concédant à la femme un vaste champ d'activité, on ne devra jamais perdre de vue que le but ultime d'une évolution vraiment organique et logique est la formation d'une famille. Elle est l'unité la plus petite mais aussi la plus importante de la structure d'État.

Tel n'est pas l'avis de Rosenberg pour qui la cellule de base de tout État est la réunion des guerriers d'une tribu, la horde comme élément de défense, l'alliance militaire des hommes. La femme et la famille ne constituent que des annexes dont la capacité de sacrifice est utilisée au service de certaines structures. Ce fut, par exemple, le cas de la Rome ancienne où le père de famille disposait d'elles à sa guise pour le bien de la cité. Annexe donc, mais annexe indispensable puisque Rosenberg s'attaque à la « révolution érotique », et tout particulièrement à Anita Augspurg parce qu'elle pense qu'*une femme qui possède le respect d'elle-même ne peut contracter un mariage légal.* En se réclamant de *valeurs personnelles, de droit à l'autodétermination, ces femmes devenues folles abandonnent l'ultime protection de leur sexe, détruisent la seule structure qui leur assure ainsi qu'à leurs enfants la sécurité de leur vie.*

On mesure le cynisme de ce théoricien d'un régime qui autorisera le divorce-répudiation pour les géniteurs zélés et instaurera avec ses *Lebensborn* de véritables centres de procréation aryenne lorsqu'il ose reprocher aux féministes de transformer l'état en institution sociale à l'usage d'enfants issus d'une « sexualité débridée ». La cible en l'occurrence est « la dame du *Mutterschutz* » (Helene Stöcker), dont les tirades sur l'amour libre et l'avortement, sans parler du droit aux relations sexuelles, fût-ce avec des Nègres, des Juifs ou des Chinois, signifieraient en pratique la fin de tout *Volkstum.*

L'avant-goût de ce paradisiaque État féminin-féministe est déjà

1. Alfred ROSENBERG, *op. cit.*, p. 483.

donné aux Allemands par ces êtres maquillés, vêtus de mauve, chaussés d'escarpins vernis que l'on voit trottiner dans les grandes villes, *graine de bâtards, de crétins, qui peut, gonflée d'orgueil, se considérer comme membre nécessaire de la société humaine et revendiquer le droit à l'action et à l'égalité.* Si l'on veut éviter une nouvelle décadence à l'Europe, l'heure est venue de rassembler hommes et femmes, chacun dans son domaine déterminé, sur le triple mot d'ordre : protection de la race, force du peuple, discipline de l'État.

Il va sans dire que les revendications féministes d'émancipation sociale et politique ne sont pas plus acceptables que la liberté sexuelle. Toutes ces revendications, qu'elles émanent des femmes, des Juifs ou des marxistes, relèvent de *l'égalitarisme insensé de la Révolution française et de la Déclaration des droits de l'homme.* L'ennemi, c'est la revendication d'égalité, synonyme de respect de la personne dans ses aspirations individuelles, que Rosenberg dénonce comme *défoulement encouragé par la surindustrialisation et le développement des marchés mondiaux,* c'est-à-dire comme un produit détestable de la libre entreprise.

Dans cette perspective, la création, en 1902, de l'Alliance pour le suffrage féminin, assortie d'une volonté d'accès aux postes de responsabilité, signifiait ni plus ni moins qu'une tentative de mainmise sur l'État ce qui, dans la vision bipolaire chère à Rosenberg, annonçait évidemment une nouvelle période de chaos et de déclin : La preuve? Les féministes ont fait chorus avec les marxistes et les « judéo-démocrates » pour dénoncer « le militarisme prussien », c'est-à-dire la discipline qui fonde et structure tout État aussi longtemps qu'il y a des cultures, des peuples et des États.

En se plaignant d'une oppression séculaire, les femmes ne semblent pas se rendre compte qu'elles reconnaissent déjà leur incapacité à braver et à surmonter les obstacles comme l'ont toujours fait les génies masculins. Le génie féminin n'existe pas. La liberté accordée aux femmes de la Grèce antique, aux dames du Moyen Age ou de la Renaissance n'a produit aucune créatrice véritable, et l'irruption du mouvement féministe au XIXe siècle n'a apporté qu'un renfort aux éléments de décomposition que sont le mercantilisme, la démocratie, le marxisme et les systèmes parlementaires. Même la pauvre « Madame Curie » a perdu le génie lorsque son mari est mort des suites d'un accident de la circulation.

Il y a certes eu beaucoup de souveraines au cours de l'histoire, mais celles-ci ont toujours régné dans le cadre d'un État masculin. D'ailleurs, selon Rosenberg, un État ne peut être que masculin puisqu'il est toujours synonyme de pouvoir et que tout pouvoir émane d'un rapport de forces, de la lutte, donc d'une spécificité. Paradoxalement, ces responsables nazis aux yeux desquels la Révolution et l'Histoire françaises incarnent généralement l'exemple le plus détestable du chaos, n'hésitent pas à les utiliser dans leur démonstration antiféministe. A l'appui de sa thèse, Rosenberg rappelle qu'Olympe de Gouges et Théroigne de Méricourt, « ces femmes du demi-monde », n'ont pas joué le moindre rôle dans les événements révolutionnaires et que Napoléon a pu rétablir sans problème « l'ordre naturel » grâce à son Code qui écarte les femmes de toute influence dans la cité.

Du reste, observe-t-il, même la patrie du féminisme, les États-Unis, est un État masculin : la diplomatie, l'armée, l'esprit de compétition économique y relèvent d'une lutte d'hommes. Les femmes ne dominent que le secteur culturel, ce qui expliquerait, toujours selon Rosenberg, son très bas niveau. Un à un, l'auteur du *Mythe* réfute les « prétentions » féministes. L'égalité des droits? Elle suppose l'égalité devant le service armé. Celle-ci entraînerait un développement rapide des « maladies de femmes » et le déclin racial parce que *l'armée ne serait plus qu'un gigantesque bordel.* L'argument de la double morale : rien n'est permis aux femmes, tout est permis aux hommes, est rejeté par la réplique péremptoire que l'homme seul prend la responsabilité de créer la famille et d'en assurer l'entretien, même par-delà un éventuel divorce. En réalité, l'ordre masculin de la nouvelle chevalerie hitlérienne ne s'intéresse à la famille que comme instrument de procréation et de conquête mais fait fi de son existence comme en témoigne la définition du militant donnée par Robert Ley lorsqu'il était encore responsable de l'organisation politique :

En revêtant la chemise brune du parti, chacun de nous doit savoir et reconnaître qu'il ne perd pas seulement son emploi mais qu'il sera détruit lui, sa famille, sa femme et ses enfants. Telles sont les dures et inexorables lois d'un ordre. D'un côté, les êtres peuvent étendre la main jusqu'au ciel pour y chercher tout ce qu'un homme peut désirer, de l'autre s'ouvre l'abîme profond de l'anéantissement [1].

Il va de soi qu'à l'exemple du Zarathoustra de Nietzsche, l'ivresse mortelle exclut les femmes, vilement attachées à la matière, qui n'aspirent, comme les Juifs, qu'à vivre en parasites. Ainsi, l'Allemagne nouvelle devra combattre la gangrène d'un vieux monde féminisé en rétablissant l'autorité, la force formatrice de l'homme nouveau, la contrainte, l'autarcie, la protection de la race, la reconnaissance de l'éternelle bipolarité sexuelle génératrice de tensions.

Quant aux Allemandes, *gardiennes lyriques des forces obscures*

1. Konrad HEIDEN, *Adolf Hitler*, Zurich, 1936-37, t. II, p. 177.

du sang, leur devoir est de *s'émanciper de l'émancipation,* d'empêcher les *bâtards juifs* et leur *littérature de bordel d'inonder l'Europe de leur boue et de leur art nègre.* Elles doivent aussi refuser de reconnaître au *Syrien du Kurfürstendamm* [1] le titre de concitoyen et de mari potentiel. Si toutes les formes de culture physique et professionnelle doivent leur être accessibles, il leur faudra cependant laisser aux hommes l'exclusivité de l'armée, de la justice, de la direction de l'État, qui exigeront la plus grande dureté *lorsque l'atteinte à la race et au peuple sera punie de prison, voire de mort. Il faudra alors des nerfs d'acier et les forces les plus brutales jusqu'à ce que la chose considérée comme la plus « monstrueuse » passe pour allant de soi.* L'histoire a montré ce qu'il était advenu des prédications sur la répression la plus brutale acceptée comme allant de soi, prises à la légère par les lecteurs des années 30. Chez la majorité des femmes, le conditionnement et la sous-éducation étaient tels que ces 51,4 pour 100 de la population allemande se sont résignés, comme la minorité juive, à leur exclusion de la vie publique annoncée par Joseph Goebbels :

Le mouvement national-socialiste est, par nature, un mouvement masculin...

Si nous éliminons les femmes de la vie publique, ce n'est pas que nous désirions nous priver d'elles. C'est parce que nous voulons leur rendre leur honneur essentiel... La vocation la plus élevée de la femme, c'est toujours celle d'épouse et de mère, et si nous nous laissions détourner de ce point de vue, ce serait un malheur impensable [2].

Rosenberg ne s'embarrasse pas de précautions oratoires pour réduire la femme au rôle d'être végétatif, gardienne du sang; Goebbels, surtout à partir du moment où il devient ministre de la Propagande, emploie le plus souvent le langage du christianisme traditionnel, qu'il connaît par sa formation catholique. Il justifie l'exclusion des femmes par la noblesse de leur « vocation naturelle d'épouse et de mère » et reprend aussi la thèse très répandue de leur « avilissement » dans le monde brutal du travail et de la politique. Pour obtenir le retour au foyer, l'argument essentiel et convaincant, pour une majorité de femmes du peuple astreintes à la double journée d'un travail harassant, est celui de la restauration de leur « dignité ».

Or, s'il est évident qu'elles ont entendu les discours des dirigeants nazis largement diffusés par la radio, il est aussi évident qu'elles n'ont

1. C'est ainsi que Rosenberg qualifie les Juifs des Champs-Élysées berlinois.

2. Cf. Walther GEHL, *Die Jahre I-IV des Nationalsozialistischen Staates,* Breslau, 1937.

pas lu leurs livres, notamment ce qu'Hitler affirme à ce propos dans *Mein Kampf* au chapitre « Principes éducatifs de l'État raciste », sous la rubrique « Valeur du sport » :

L'État racial (völkisch) n'a pas pour rôle d'élever une colonie d'esthètes pacifistes et de dégénérés. Son idéal n'est ni l'honorable bourgeois ni la vieille fille vertueuse mais bien l'incarnation arrogante de la force virile et des femmes (Weiber) capables de mettre au monde de vrais hommes [1].

Pour ces conquérants des temps modernes, l'idéal éducatif est celui de la caserne, l'idéal féminin officiel, celui d'épouse et de mère de soldat. Sur ce point, leur conception rejoint celle du protestantisme prussien que le catholique Hitler et le protestant Rosenberg exaltent dans leurs écrits, par opposition au christianisme *mélangeur de races, soutien des faibles et des dégénérés.*

Dans le contexte allemand, cette distinction vise essentiellement les milieux catholiques favorables à la thèse de la « vocation naturelle » des femmes mais réservés, dans bien des cas, sur sa finalité raciste et guerrière. Quand la poétesse catholique Gertrud von Le Fort célèbre la femme éternelle : *La femme est toujours le plus profondément elle-même lorsqu'elle n'est pas elle-même, dans le dévouement aux autres, mais lorsqu'elle est dévouée, elle est aussi fiancée et mère* [2], elle rejoint la protestante Guida Diehl écrivant : *Tandis que l'homme devient un être humain par l'affirmation de lui-même, la femme le devient par le renoncement à elle-même* [3].

Mais, contrairement à celle-ci, Gertrud von Le Fort, pas plus que la députée du centre catholique Thusnelda Lang-Brumann [4], n'accepte de cautionner un régime qui exalte la force raciale, ce qui n'empêche pas le parti catholique de voter les pleins pouvoirs à Hitler.

Soumission – Opposition – Illusion des femmes

Le suivisme politique des femmes, déjà dénoncé par certaines à la fin de la république de Weimar, conduit aussi les militantes *völkisch* dans l'impasse d'une soumission totale. Avec plus d'habileté que

1. Adolf HITLER, *Mein Kampf*, éd. all., t. II, p. 455.
2. Gertrud VON LE FORT, *Die ewige Frau (La Femme éternelle)*, Munich, 1934, p. 18.
3. Guida DIEHL, *Die deutsche Frau u. der Nationalsozialismus*, Eisenach, 1932, p. 97.
4. BA. Coblence, Kleiner Erwerb, nº 65.

d'autres dirigeants nazis, Gregor Strasser convainc, dès juillet 1931, les responsables des groupes *völkisch* à fusionner en un seul mouvement : la *Nationalsozialistische Frauenschaft.* Celui qui passe pour le dauphin, voire le rival d'Hitler, plaide pour une adaptation progressive des femmes aux activités conformes *à leur nature particulière* et la reconnaissance de leurs droits *à la gestion autonome de leurs intérêts.* Grâce à son habileté tactique, Elsbeth Zander accepte, en octobre 1931, d'intégrer les deux organisations qu'elle a fondées, l'Ordre allemand des femmes et la Croix gammée rouge dans le nouvel ensemble, moyennant sa nomination à la direction comme « chargée des questions féminines » *(Sachbearbeiterin für Frauenfragen)* auprès de la direction N.S.D.A.P. du Reich. Celle-ci se réserve le droit de fixer l'orientation et les tâches du mouvement *en fonction de la situation du parti en lutte* [1]. Cette clause restrictive permet aux successeurs de Strasser, contraint à la démission en 1932 puis assassiné lors de la « Nuit des Longs Couteaux » en juin 1934, de limiter l'activité des militantes à l'*Opferdienst* (Service du sacrifice) des groupes initiaux de ménagères nazies, c'est-à-dire à une activité résumée en trois verbes : « couver » *(hegen),* « soigner » *(pflegen),* « préserver » *(erhalten).*

Les intellectuelles nazies de la première heure s'insurgent. Lydia Gottschewski [2], entrée au parti comme étudiante à vingt-trois ans, responsable nationale des Jeunes Filles hitlériennes (B.D.M.) accuse le théoricien raciste Hans F. K. Gunther d'emprunter au Juif *(sic)* Weininger [3] ses jugements de valeur sur les femmes et Alfred Rosenberg de diffuser des théories aussi fumeuses qu'invraisemblables sur l'homme nordique, seul créateur du couple.

Anna Hernersdorf [4], professeur de musique et responsable d'un groupe de femmes nazies dans la banlieue berlinoise, se plaint au conseiller ministériel Konopath de la désinvolture du parti. Si l'intégration des collectifs féminins signifie la fin du travail volontaire et autonome, la soumission aux chefs masculins, les militantes les plus dynamiques s'en iront. Or le parti a besoin des femmes douées qui ont souvent assumé des postes de responsabilités pendant la guerre. Il est stupide, ajoute-t-elle, d'ironiser à propos de celles qui siègent au

1. Elfriede EGGENER, *Die organische Eingliederung in den n.s. Staat,* Dissertation jur., Leipzig, 1938.
2. Lydia GOTTSCHEWSKI, « Familie u. Männerbund » in *Nordische Blätter,* 1931.
3. Otto Weininger, né en 1880 à Vienne, est en réalité un juif converti au protestantisme, dont l'unique ouvrage *Sexe et Caractère* fut publié en 1903, au lendemain de son suicide et connut la notoriété autant par la fin tragique de son auteur que par ses thèses provocantes sur le chaos judéo-féminin.
4. BA. Coblence, NS 26/254.

parlement et blessant d'ignorer les artistes féminines comme le fait le Dr Goebbels, lorsqu'il s'adresse aux créateurs de la scène, du film, de la musique et des arts plastiques.

D'après Sophie Philipps, une institutrice appartenant à la droite nationaliste (D.N.V.P.), des militantes *völkisch*, déçues par la place que leur assignait la N.S.D.A.P., auraient commencé à s'éloigner du parti dès la fin des années 1924-25. Tel est en particulier le cas de féministes comme Leonore Kuhn, membre de la direction du B.D.F. durant la dernière période de la république de Weimar. Tel est aussi le cas de Sophie Rogge-Börner [1] qui, avec quelques amies, s'adresse, en mars 1932 et en février 1933, à Hitler en revendiquant le droit à la critique proclamé dans *Mein Kampf*.

Pour cette fille et femme d'officier de carrière, qui appartient comme les féministes du B.D.F. à la génération des jeunes bourgeoises contraintes de lutter pour une instruction supérieure, la contestation vise essentiellement le monopole masculin du pouvoir. Née en 1878, Sophie Rogge-Börner n'a pu aborder l'action politique qu'à la fin de la guerre, à quarante et un ans. Adhérente de la D.N.V.P. en 1919, elle passe à l'éphémère *Nationalsozialistische Freiheitsbewegung* avant de se consacrer, entre 1925 et 1929, à la recherche et à la publication du passé nordique [2], et plus particulièrement des femmes nordiques. A ce titre, elle s'estime fondée à rappeler aux dirigeants nazis qu'une communauté de sang germanique ne peut être dirigée unilatéralement par les hommes, que l'ancienne communauté nordique partageait entre les deux sexes les travaux de la terre, de la pêche, du troc, que les couples pouvaient se séparer au gré de l'un ou de l'autre sans léser leurs intérêts respectifs. Dans la vie publique, le rôle spirituel des femmes était important : juges ou prêtresses, les plus lucides d'entre elles décidaient aussi de la guerre ou de la paix.

Or le national-socialisme tourne le dos à ces traditions nordiques en diffusant un culte romantique de la maternité emprunté aux conceptions orientales qu'Irmgard Reichenau qualifie de *civilisation de pacha*.

« *Le peuple,* écrit-elle dans l'adresse à Hitler, *a un droit inaliénable à la direction des meilleurs Allemands des deux sexes.* » Ce n'est pas parce qu'un Weininger a prétendu que *l'homme le plus vil reste infiniment supérieur à la femme la plus remarquable* que la

1. B.D.C., dossier Sophie Rogge-Börner, et *Deutsche Frauen an Adolf Hitler*, Leipzig, 3e éd., 1934.

2. Sophie Rogge-Börner a écrit de nombreux articles et ouvrages sur ce thème dont *Die Lebenden rufe ich* (1929), *Von nordischen Frauen, Königen u. Bauern* (1935), *Innere Gestalt der nordischen Frau* (1938), *Begegnung der Götter* (1940). Son journal, *Die deutsche Kämpferin*, jugé trop critique a été interdit en mai 1937.

masse de ceux-ci est plus apte aux fonctions dirigeantes qu'une masse de femmes. Seule une élite bisexuée peut assurer convenablement le service de l'État.

Pourquoi, dans ces conditions, freiner l'épanouissement intellectuel et professionnel des femmes, pourquoi aussi refuser toute éducation des hommes à leur rôle de père et d'époux?

Pourquoi invoquer la fragilité féminine quand il s'agit d'être médecin, intendant ou régisseur de domaine alors que ces métiers sont infiniment moins pénibles que ceux de ménagère, de blanchisseuse, d'infirmière, de paysanne que l'on prétend conformes à leur nature? Même leurs mouvements sont dirigés par des hommes qui feignent d'ignorer que la véritable différence n'est pas celle du sexe mais celle de la compétence.

Quant à l'argument selon lequel la majorité des femmes ne souhaite pas autre chose que son statut séculaire, il oublie, non sans mauvaise foi, les effets du conditionnement et d'une propagande omniprésente.

Dans son isolement, le sexe dominant se considère lui-même comme le sens de la vie et compose, à partir de sa volonté de puissance, le mythe de son infaillibilité et de son élection [1].

En s'arrogeant toutes les responsabilités de la cité, les nationaux-socialistes reprennent les exclusives misogynes de l'apôtre Paul, leur État n'est pas un État du peuple mais un État d'hommes dans lequel la famille est privée de toute sociabilité par un parti qui accapare entièrement ses membres. Même dans le domaine de l'éducation qu'ils prétendent confier partiellement aux mères, la relégation sociale enlève à celles-ci tout prestige aux yeux de leurs propres enfants et leur manque de culture les rend, dans la plupart des cas, inaptes à exercer une influence bénéfique. Contradiction suprême : alors qu'on les proclame gardiennes de la culture et des mœurs germaniques, on les accuse en même temps d'être un facteur de décadence et de chaos.

La première missive de contestation semble avoir eu pour seul effet d'inciter à la prudence les rédacteurs nazis de l'appel aux électrices, en juillet 1932 : les mères y sont rassurées sur l'avenir de leurs fils et filles, les veuves et retraitées sur la garantie de leur pension, les femmes exerçant une profession sur la sécurité de leur existence et de leurs droits civiques; garanties aussi de l'accès aux études et à toutes les professions sauf celles de l'armée et de la politique. La formulation de ces promesses reste suffisamment

1. Ottfried EBERZ, *Vom Aufgang u. Niedergang des Männlichen Weltalters*, 1930.

vague pour faciliter ultérieurement les interprétations restrictives.

Or bien des femmes de condition modeste sont sensibles à ces promesses de sécurité dans la société en crise. Ainsi, lorsque Luise Lorösch, épouse d'un contremaître de Hanau, a fondé un groupe de la *Nationalsozialistische Frauenschaft* en 1931, elles n'étaient que neuf adhérentes. Un an plus tard, elles sont cent trente à se rendre à la grande réunion électorale d'Hitler à la Festhalle de Francfort-sur-le-Main.

Pour la première fois, nous allons voir le Führer. Notre joie est indescriptible. Nous attendons ce jour dans la fièvre. Enfin nous y sommes. A 13 heures, nous arrivons à la Festhalle où les gens s'agglutinent comme un mur. Debout, nous attendons une, deux, trois, quatre heures. L'afflux est de plus en plus puissant, les portes s'ouvrent enfin. La foule ondoie, la police établit un barrage et nous laisse entrer par petits paquets. L'un court à la recherche de son lacet, un autre ne trouve plus son chapeau, une femme a perdu la poignée de son sac à main, une autre crie qu'on lui marche sur ses cors. Et nous attendons de nouveau durant des heures pendant que les fanfares de S.A. et de S.S. jouent pour nous faire patienter.

Tard le soir, le Führer, notre Führer paraît. Il est impossible d'exprimer ce qui se passe alors, il faut l'avoir vécu. Cette manifestation nous a beaucoup apporté pour notre route [1].

Ce rapport officiel d'une cheftaine locale évoque en détail l'attente de l'événement, les émotions ressenties, l'impression de puissance d'un peuple au coude à coude avec cependant quelques lueurs d'ironie sur les petites misères de la masse, le choc ressenti à l'arrivée du Führer. Il ne dit pas un mot du contenu du discours, des idées développées. L'effet produit est exactement celui qu'Hitler décrit dans *Mein Kampf* lorsqu'il parle de l'influence décisive des sentiments balayant dans l'auditoire les scrupules de la raison.

La grande masse d'un peuple se soumet toujours à la puissance de la parole. Tous les grands mouvements sont des mouvements populaires, des éruptions volcaniques de passions humaines et d'états d'âme, soulevées par la cruelle déesse de la misère ou par la torche de la parole jetée au sein des masses [2].

Mais l'enivrement de la présence et de la parole du chef n'est pas, comme l'affirment de nombreux historiens du nazisme, un phénomène essentiellement féminin. La plupart des récits et autobiographies de militants nazis font état de l'illumination qui les envahit dans une manifestation de ce genre au moment de leur conversion. Sous le

1. BA. Coblence, NS 26/254.
2. *Mein Kampf*, t. I, p. 116, trad. fr. p. 110.

prétexte de récompenser les plus beaux récits de conversion au nazisme, le sociologue américain Theodor Abel a pu réunir, en 1938, six cents témoignages de militants, qui évoquent exclusivement le choc émotionnel ressenti soit au premier spectacle d'un défilé viril, souvent de S.A., soit lors d'une première grande manifestation en présence du Führer ou de l'un de ses principaux adjoints. Joseph Goebbels lui-même décrit dans son essai *Michael* l'effet du discours hitlérien qui fond sur lui, le pénètre pour s'emparer de son âme ce qui, souligne-t-il, n'est pas possible dans un parlement, avec des partis divisés par des luttes d'intérêts. L'auditeur doit être saisi dans ses sens au lieu de se concentrer sur des paroles. C'est le regard du chef, la perception de son rayonnement, la chaleur du contact qui entraînent l'adhésion en faisant oublier les angoisses de la vie quotidienne.

Dans le camp opposé à ce déferlement de passions et de démagogie règne une résignation teintée d'amertume et d'illusions. Elsbeth Kötting, qui est aujourd'hui candidate écologiste à Berlin, avait dix-huit ans en 1933 [1]. Fille d'instituteur socialiste depuis 1918, elle habitait alors dans une cité des entreprises A.E.G., à majorité social-démocrate où l'on commémorait chaque année le souvenir de son fondateur Walter Rathenau, ministre libéral de la république de Weimar, assassiné par la droite en 1922. Très jeune, elle accompagne ses parents et son frère, membre du mouvement de défense républicaine, la Bannière d'Empire noir, rouge et or, aux manifestations de la S.P.D. Elle n'y perçoit que la résignation et la conviction qu'il est impossible de s'entendre avec les communistes. Son père lui a donné *Mein Kampf* en lui disant : *Lis ça, tout y est.* Mais son oncle, ingénieur en chômage depuis quatre ans, rejoint les nazis : *Plutôt une fin dans l'effroi qu'un effroi sans fin.* Son cousin adhère aussi et se met à chanter *Quand le sang juif coulera du couteau* « car, souligne-t-il, il faut dire " couler " et non " gicler " ». En 1932, lorsque Elsbeth participe à un défilé antifasciste, une femme lève le bras sur leur passage en criant *Heil Hitler! Nous avons tous ri. Nous ne prenions pas la situation trop au sérieux. Nous pensions que lorsque viendrait le tour du cauchemar nazi il passerait au moins aussi rapidement que les gouvernements précédents.* A l'origine du défilé : la mort d'un socialiste jeté par un nazi au bas d'un escalier.

Ces illusions existent aussi à la direction du B.D.F. soumise pourtant, depuis 1932, à une violente campagne des femmes nazies, qui l'accusent de manquer « d'instinct racial » et de contribuer, par leur collusion avec les Juifs et les marxistes, à la dégénérescence du peuple allemand. Dans ce contexte, Gertrud Bäumer assure, dans le

1. Jochen KÖHLER, *Klettern in der Grossstadt*, Berlin, 1979, p. 48-49.

journal *Die Frau*, que le régime de l'État importe peu s'il a la volonté d'intégrer les femmes, et se déclare persuadée que le fascisme allemand passera en la matière d'une attitude négative à des projets positifs. En novembre 1932, Marie Elisabeth Lüders adresse une lettre ouverte à Elsbeth Zander, responsable de la *Nationalsozialistische Frauenschaft*. Elle souligne les objectifs communs à leurs deux mouvements en rappelant que le B.D.F. a joué un rôle d'avant-garde en instaurant le service national féminin durant la Première Guerre mondiale, qu'il n'y a de sa part aucune réticence à subordonner les intérêts spécifiques des femmes à ceux de la collectivité, y compris s'il s'agit d'accepter *un destin professionnel conforme à l'être différent de la femme*. La présidente du B.D.F. est à peine plus réservée lorsqu'elle déclare vouloir collaborer avec *les meilleures femmes national-socialistes*.

En l'absence de véritables militantes, privé aussi de ses anciens appuis politiques et de moyens financiers, le B.D.F. se retranche en fait dans une attitude défensive : à l'usage de ses adhérentes, il diffuse les textes nazis hostiles aux femmes tout en observant une prudente réserve dans ses déclarations et publications officielles, avec l'espoir de sauver ainsi l'organisation.

La mise au pas

Cette bonne volonté ne suffit pas aux responsables nazis. A peine arrivés au pouvoir, ils s'en prennent d'abord aux organisations les plus engagées : les branches féminines des partis et associations de gauche et d'extrême gauche, mais aussi à ce qui reste du *Mutterschutz* d'Helene Stöcker et à la branche allemande de la Ligue des femmes pour la paix et la liberté [1]. Les publications de tous ces mouvements sont interdites, les responsables arrêtées ou, quand elles ont pu, comme Helene Stöcker, Anita Augspurg, Lida Gustava Heymann, Gertrud Baer, fuir à l'étranger, leurs biens sont confisqués, leur personne et leur action calomniées par une presse aux ordres.

Le sort du B.D.F. est un peu plus clément : dans un premier temps, on lui laisse, comme à la plupart des organisations non marxistes, le choix entre une soumission totale ou la dissolution. Sans

1. Hans-Jürgen ARENDT, « Die Gleichschaltung der bürgerlichen Frauenorganisation in Deutschland, 1933-34 » in *Zeitschrift f. Geschichtswissenschaft*, Berlin (R.D.A.), 1979, H. 7, p. 195-204.

attendre cette décision, la responsable féminine du pays de Bade, Gertrud Scholtz-Klink, adhérente de la N.S.D.A.P. depuis 1929, veuve à trente et un ans d'un instituteur nazi et mère de quatre enfants, s'empare de la direction régionale du B.D.F. et se charge de la « coordination » (*Gleichschaltung*). Son zèle et sa docilité envers les nouveaux maîtres du Reich lui vaudront de supplanter toutes les responsables nationales déjà en activité et d'être nommée, en 1934, *Reichsfrauenführerin.*

Pendant ce temps, les amies de Gertrud Bäumer, se croyant sans doute encore dans un État civilisé, demandent au nouveau ministre de l'Intérieur les motivations légales de Gertrud Scholtz-Klink. En guise de réponse, la cheftaine provisoire de la *Frauenfront,* qui n'est autre que la « contestataire » Lydia Gottschewski, leur signifie la dissolution du B.D.F. de Bade en vertu de l'article 276 et de la révolution national-socialiste, le reste du B.D.F. ayant jusqu'au 16 mai 1933 pour se soumettre inconditionnellement au Führer, expulser ses membres juifs, élire des national-socialistes à la direction et rejoindre la *Frauenfront,* ensemble des associations féminines « coordonnées ».

Durant l'ultime réunion de la commission administrative, Gertrud Bäumer plaide l'acceptation de ces conditions avec l'espoir d'influencer le nouveau régime à l'intérieur de ses structures. La majorité opte cependant pour la dissolution volontaire parce que l'insertion demandée lui paraît incompatible avec la neutralité politique inscrite dans les statuts. D'une organisation qui avait compté plus d'un demi-million de membres, il ne reste qu'un journal, *Die Frau,* qui poursuivra une existence discrète, avec un contenu national-chrétien, sous la direction de Gertrud Bäumer jusqu'en juin 1944.

La vague de mise au pas et de réduction au silence, qui frappe d'abord l'ensemble des organisations jugées hostiles ou insuffisamment favorables au national-socialisme, détruit aussi les organisations professionnelles autonomes. Elle n'épargne même pas des associations nationalistes comme l'Union Reine Louise, l'Union féminine D.N.V.P., la section féminine des Casques d'acier ou celle de l'Union pour la flotte. Tous ces mouvements, intégrés dans un premier temps à la *Frauenfront,* seront dissous respectivement en avril 1934, octobre 1935 et novembre 1936, sans que leurs dirigeantes reçoivent au moins, comme leurs homologues masculins, un poste ou une distinction en récompense de leurs années de lutte au service du *Volkstum.* Les seules à subsister sont les associations confessionnelles : les protestantes suivront les orientations fluctuantes, mais toujours loyales envers le régime, de leurs Églises; les catholiques se cantonnent dans l'activité charitable à l'ombre du Concordat, conclu en juillet 1933 entre Hitler et le Vatican. Quant à l'Union des femmes juives, reléguée dans une sorte de ghetto culturel jusqu'à sa dissolution au lendemain de la « Nuit de Cristal », en novembre 1938, ses quarante mille adhérentes se disperseront sur les voies solitaires de l'exil ou d'une survie précaire jusqu'à la déportation et la mort.

Pour l'ensemble des femmes, il est clair, dès l'avènement du national-socialisme, que les décisions concernant leur existence et leur activité dépendent désormais exclusivement d'instances masculines du parti et de l'État, les responsables féminines servant simplement de courroie de transmission lorsque leurs tuteurs, fort nombreux de surcroît, le jugent utile.

Toutes les lois concernant la famille, l'éducation, les rapports sexuels, le travail émanent désormais de l'entourage direct d'Hitler. Les nombreuses divergences, les conflits d'autorité entre ministres, responsables du parti, chancellerie du Reich, font l'objet d'interminables correspondances, de consultations d'experts en tout genre, de réunions de synthèse, de conférences de travail avec le Führer. On débat, dans un style pédant et souvent cocasse, des menstruations plus ou moins douloureuses selon la dureté du travail, de la manière d'endiguer la frivolité des jeunes filles, du mécontentement des ménagères ou de la manière d'utiliser les restes dans l'économie domestique sans qu'il vienne à l'idée de quiconque de consulter les intéressées, alors que la plupart des responsables disposent au moins d'une adjointe féminine. Si l'on se déchire à belles dents pour les sinécures et les privilèges, l'accord demeure au moins complet sur un point : le monopole du pouvoir doit rester à l'ordre masculin. A telle enseigne qu'Elsbeth Zander et Käthe Auerhahn, les deux pionnières des organisations féminines *völkisch* à l'époque où la N.S.D.A.P. ne comptait que 3 pour 100 de militantes, sont destituées de leurs fonctions dès 1933 parce qu'elles ont osé protester contre la décision d'Hitler, qui confie la tutelle des jeunes filles au chef des Jeunesses hitlériennes Baldur von Schirach plutôt qu'à la *Nationalsozialistische Frauenschaft* [1]. Par la suite, la nouvelle *Reichsfrauenführerin*, Gertrud Scholtz-Klink, obtiendra quelques concessions mineures : l'autorisation de former des groupes d'enfants des deux sexes de six à dix ans et la formation ménagère des groupes autonomes Foi et Beauté composés de jeunes filles de dix-huit à vingt et un ans, âge de leur entrée dans les organisations d'adultes. Mais le mouvement des femmes ne parviendra jamais, malgré de multiples tentatives, à intégrer la jeunesse féminine, d'autant plus que les responsables

1. *Cf.* Jill STEPHENSON, *The Nazi Organisation of Women*, New York, Londres 1981.

masculins se chargent d'attiser les préjugés et les rancœurs des jeunes contre leurs aînées.

Celles-ci ne sont pas mieux traitées lorsqu'il s'agit de leur propre organisation. Quand Paula Siber, une quadragénaire énergique, épouse d'un major de la Reichswehr, est chargée, en juin 1933, de préparer un plan de « coordination » pour l'ensemble des associations féminines du Reich [1], elle doit en référer à son supérieur, le ministre de l'Intérieur Frick, qui souhaite leur dépolitisation absolue afin de les mettre au service de l'État. Paula Siber projette alors un mouvement axé sur les domaines culturel, social et économique. Pour les deux premiers, elle doit consulter Baldur von Schirach qui entend garder la haute main sur les associations de jeunesse féminine et le Dr Krummacher, nommé par le parti chef de la *Frauenfront.* Le ministre de l'Économie estime quant à lui qu'*il faut éviter une politique économique autonome,* qu'il lui appartient en conséquence d'orienter et de contrôler la manière dont les ménagères dépensent 75 pour 100 de l'argent allemand qui passe entre leurs mains. Après une ultime consultation du secrétaire d'État à la chancellerie, le dossier est examiné par Wilhelm Frick et le Dr Krummacher qui signent, le 28 septembre, un compromis portant dissolution des deux organisations provisoires dont ils avaient la responsabilité et création du *Deutsches Frauenwerk.* Le siège social de celui-ci, destiné aux femmes d'au moins vingt et un ans, sera sous l'égide du ministre, représentant l'État, à Berlin. Sa direction, confiée au Dr Krummacher, représentant la N.S.D.A.P. à Munich. Paula Siber est informée de sa nomination comme directrice adjointe.

Deux mois plus tard, le Dr Krummacher, soutenu par Rudolf Hess, pense qu'il serait bon d'inviter quelques dirigeantes nazies à exposer les aspirations et l'action des femmes au Führer. Il demande au chef de la chancellerie d'obtenir une entrevue autour d'une tasse de café afin que ses protégées ne soient pas trop intimidées.

J'ai déjà choisi six femmes, pas seulement des responsables régionales (Gaufrauenschaftsleiterinnen) aussi des militantes d'échelons inférieurs qui incarnent, selon moi, le type de femmes à promouvoir à l'avenir dans la Nationalsozialistische Frauenschaft et je me permettrai, si vous avez la bonté d'organiser une réception dans un délai prévisible, de vous soumettre une brève description de chacune pour l'information du Führer [2].

Celui-ci ne manifeste guère d'enthousiasme : le 2 décembre, la chancellerie répond qu'il n'est pas possible d'envisager une entrevue

1. BA. Coblence, R 43 II 823 a.
2. BA. Coblence, R 43 II 823 a.

avant janvier 1934. Janvier passe sans nouvelle : le Dr Krummacher s'impatiente et rappelle sa requête. Le 8 février, il est prié d'envoyer son rapport sur les interlocutrices prévues. Les archives de la chancellerie ne disent pas si l'entretien-tasse de café eut effectivement lieu. Elles nous renseignent du moins sur l'idéal féminin du *Frauenführer* Krummacher d'après la liste des militantes proposées.

Pas un nom connu, pas une femme réputée pour ses réalisations sociales, culturelles ou techniques. Pas même une dirigeante nationale. Une baronne Truchsess – aristocratie oblige –, quatre responsables régionales, dont une seule d'un centre industriel important : Altona. Deux responsables de district et quatre cheftaines locales. Le choix semble avoir favorisé les Bavaroises qui obtiennent quatre places sur dix, ainsi que de gentilles militantes de villes moyennes comme Wurtzbourg, Oldenbourg, Legnica, de préférence aux grandes cités industrielles. Berlin, siège de toutes les administrations d'État, n'a droit qu'à une seule déléguée et la Prusse, qui n'a jamais été en odeur de sainteté chez les Bavarois, n'est représentée en tout et pour tout que par deux militantes, dont une obscure ménagère de Silésie.

Privées de toute organisation autonome, les femmes ne disposent même pas d'une porte-parole représentative. La *Reichsfrauenführerin* est « coiffée » par le chef des Services sociaux (N.S.V.) et dépend financièrement d'un trésorier du parti. Trois ans après sa nomination, le chef d'état-major du Führer est encore obligé d'intervenir, à sa demande, parce qu'elle est traitée en quantité négligeable dans les cérémonies officielles [1]. Dans une circulaire du 6 octobre 1937, Martin Bormann signale que *des incertitudes et des doutes surgissent fréquemment, lors de manifestations de la N.S.D.A.P. et de ses organisations, sur la position hiérarchique de la* Reichsfrauenführerin *et camarade Scholtz-Klink. Conformément à l'ordre du Führer, Frau Scholtz-Klink a rang de chef de service principal. Elle doit, en conséquence, être traitée lors d'invitations comme les autres* Hauptamtsleiter.

L'éviction des cadres féminins

L'exclusion est aussi brutale aux postes de responsabilités dans les différents secteurs de la vie publique. Si l'*Encyclopédie des*

1. B.D.C. – Dossier Scholtz-Klink.

personnalités du IIIᵉ Reich (Führerlexikon), publiée en 1934, mentionne, en plus des dirigeants nazis, une partie importante des anciennes élites, y compris les évêques, on y chercherait vainement un seul nom de femme [1].

L'épuration commence sous forme de suspension dès l'accession d'Hitler à la chancellerie, suspension transformée peu après en licenciement, en vertu du décret du 7 avril 1933 sur le rétablissement du fonctionnariat professionnel. L'ironie du sort veut que ce décret qui frappe indistinctement les femmes, les Juifs, les adversaires politiques du régime serve aussi au licenciement de Gertrud Bäumer [2]. L'ancienne présidente du B.D.F., responsable en grande partie de l'aveuglement nationaliste du mouvement féminin, perd le poste de conseillère qu'elle occupait depuis 1922 au ministère de l'Intérieur, à la suite des pleins pouvoirs accordés au nouveau chancelier par l'ensemble des partis non marxistes – dont le sien.

Contrairement à d'autres, sa révocation suscite cependant un important mouvement de protestations : plus d'une centaine de messages émanant d'organisations féminines chrétiennes, civiques, professionnelles ou culturelles, qui ne savent pas encore que leurs jours sont comptés, demandent au président du Reich, au chancelier, au ministre de l'Intérieur la réintégration immédiate de l'ancienne présidente du B.D.F., dont toutes soulignent le patriotisme et la compétence. Un grand nombre de signataires, notamment les fonctionnaires, les « citoyennes d'État », les assistantes sociales, manifestent aussi leur inquiétude quant à leur rôle futur dans les tâches d'organisation et d'éducation au sein du IIIᵉ Reich.

Le licenciement de Gertrud Bäumer ne sera pas annulé pour autant. Il est cependant intéressant de noter que les pressions exercées lors de rencontres ou de congrès, tant au niveau national qu'international, ont contraint les responsables nazies à intervenir en sa faveur à plusieurs reprises, entre 1935 et 1938, auprès du ministre de l'Intérieur et de l'adjoint du Führer, Martin Bormann. La première de ces démarches a trait à la garantie d'une retraite décente représentant 75 pour 100 du salaire moyen de l'ancienne conseillère ministérielle. La seconde insiste sur la nécessité d'expliquer son éviction aux amis de l'Allemagne, qui l'estiment arbitraire. La troisième demande la révision de son cas à l'occasion de son soixante-cinquième anniversaire et plaide la réhabilitation de celle que la *Reichsfrauenführerin* considère comme une pionnière de son mouvement. *Au cours des années*, écrit une de ses collaboratrices au ministre de l'Intérieur,

---

1. *Cf.* Daniel LERNER *The Nazi Elite*, Stanford, 1951.
2. BA. Coblence, R 18/7108.

Gertrud Scholtz-Klink a acquis la conviction que Mme Bäumer a réalisé durant son activité dans le mouvement des femmes, un précieux travail de pionnière dans de nombreux domaines pour les tâches des femmes d'aujourd'hui et qu'elle a aussi adopté une attitude juste dans son action politique de député sur tous les problèmes décisifs, notamment lors du référendum sur le plan Young [1]. *Elle fut la seule au sein de l'Assemblée nationale [de 1919] à exprimer sa gratitude à l'armée et elle a voté pour le maintien du drapeau noir-blanc-rouge.*

Les dirigeantes nazies ignorent manifestement l'incident qui opposa les nationalistes allemandes à Gertrud Bäumer et Marie-Elisabeth Lüders lorsque celles-ci avaient fait remplacer le drapeau impérial par celui de la république au congrès de 1926 à Paris. Leur plaidoyer n'a d'ailleurs pas la moindre importance : un conseiller ministériel se contente de leur répondre qu'un licenciement intervenu en 1933 ne constitue pas une diffamation politique, qu'il n'y a donc pas lieu de procéder à une réhabilitation, que la suspicion initiale qui pesait sur l'intéressée à cause de son passé « démocrate » et « pacifiste » est certainement dissipée sinon elle n'aurait pas l'autorisation de publier son journal *Die Frau.* Gertrud Bäumer s'accommode d'ailleurs fort bien de la situation. Grâce à un prestige international dont le ministère de la Propagande a parfaitement conscience, sans doute aussi grâce à sa réputation d'ardente nationaliste bien connue des milieux militaires, elle jouit d'une appréciable liberté de vie et d'action. Entre des voyages d'études et des conférences, elle écrit dans son domaine d'Obergiessmansdorf des livres très sages sur les femmes et leur histoire à travers les âges, reçoit ses anciens amis du parti démocrate, dont le futur président de la République fédérale Theodor Heuss et sa femme Elly Heuss-Knapp, ses amies du B.D.F., Marianne Weber et Emmy Beckmann, la féministe nationaliste Leonore Kuhn, ainsi que d'anciennes élèves des écoles féminines supérieures qu'elle a dirigées sous la république de Weimar. La publication de son journal implique aussi des réunions au ministère Goebbels. Bien qu'elle refuse d'évoquer l'œuvre d'Helene Lange dans le cadre d'une collection officielle d'héroïnes allemandes, elle défend contre leurs détracteurs les réalisations national-socialistes en faveur des femmes, même dans le domaine professionnel.

1. Le plan Young, du nom de son auteur président de la General Electric Company, fut signé en juin 1929 entre experts américains et allemands. Destiné à alléger les réparations imposées à l'Allemagne après 1918, il suscita une violente campagne de la droite nationaliste; animée par Hugenberg et Hitler, celle-ci organisa un référendum le 22 décembre qui n'empêcha pas l'adoption du plan au Reichstag, en mars 1930. Mais les 6 millions de voix recueillies par le front nationaliste révèlent la « résistible ascension » d'Hitler.

Attitude singulièrement masochiste dans son cas et quand on sait, par ailleurs, que même les nationalistes du *Ring nationaler Frauenbünde* protestent dès avril 1933 auprès d'Hitler parce que le nouveau régime remplace les femmes licenciées pour « manque de loyauté politique » par des hommes plutôt que par des militantes éprouvées.

Nous n'aspirons absolument pas à une égalité schématique des réalisations masculines et féminines aux postes de responsabilités. Nous pensons seulement que chaque sexe doit se voir assigner des domaines particuliers. Dans un État qui veut s'édifier sur la famille, on ne pourra pas se passer de la femme dans les domaines de la fonction publique conformes à sa spécificité, c'est-à-dire la culture, l'éducation, l'assistance sanitaire et sociale [1].

Le secrétaire d'État à la chancellerie leur répond d'une manière aussi courtoise qu'évasive :

Monsieur le chancelier du Reich a pris connaissance de votre lettre. Il apprécie la disponibilité des femmes nationales à coopérer au service de l'État et fera volontiers appel à cette coopération selon les possibilités [1].

Ce genre de doléances semble avoir été fréquent : le ministre Wilhelm Frick y fait lui-même allusion dans une circulaire du 5 octobre 1933 sur la « Réduction des fonctionnaires, enseignantes et employées » qu'il adresse aux autorités suprêmes du Reich et au gouvernement de Prusse. Conseil leur est donné d'utiliser à bon escient la législation du Reich dans le but de rétrograder ou de mettre à la retraite le personnel féminin, « selon les intérêts du service ».

J'estime fondamentalement juste, poursuit le ministre, *de donner, à capacités égales, la préférence au candidat sur la candidate dans les emplois des services publics. Mais je dois souligner que les besoins du service exigent par ailleurs l'utilisation des femmes dans des domaines déterminés comme l'assistance aux jeunes et l'enseignement.*

Dans ce cas, comme dans beaucoup d'autres, on constate une divergence entre Hitler qui ne veut, sauf cas exceptionnels, aucune femme aux postes de responsabilités et certains ministres « techniciens », plus sensibles aux besoins de l'économie. Le ministre de l'Intérieur se veut, quant à lui, dans la continuité de la loi Brüning de mai-juin 1932 sur le renvoi des fonctionnaires mariées. Il prend même la peine de rappeler que ce renvoi ne peut pas intervenir s'il n'y a pas de conjoint capable d'assurer en permanence l'entretien de l'intéressée et de la famille. Il n'insiste cependant pas sur le fait que la nouvelle

1. BA. Coblence, R 43 II 427.

version de la loi, publiée en juin 1933, contient cinq aggravations importantes par rapport à l'ancienne :

1. aucune fonctionnaire ne peut être titularisée avant trente-cinq ans;

2. la possibilité de licenciement est étendue aux fonctionnaires des Länder et des communes, ce qui touche toutes les enseignantes du primaire et du secondaire, qui dépendent encore de ces instances au début du IIIe Reich;

3. le préavis de licenciement est réduit de trois à un mois;

4. l'indemnité de départ est diminuée pour les services de longue durée;

5. la clause d'un éventuel réemploi est laissée à l'appréciation des services concernés et non, comme précédemment, à une commission paritaire d'arbitrage.

Ces mesures sont la conséquence logique de la volonté d'exclure les femmes de toute responsabilité politique, militaire et juridique. Elles provoquent néanmoins un affrontement public entre Sophie Rogge-Börner, la théoricienne de la société nordique, et une militante de l'Association des ménagères réunie le 19 mars 1933 à Furstenwald. Dans une lettre au *Gauleiter* Wilhelm Kube, Käthe Ruppin se plaint de la manière provocante dont la conférencière a exigé l'instruction militaire et l'armement des femmes, leur accès aux professions juridiques, l'exercice d'une influence déterminante dans la politique intérieure et extérieure. Lorsqu'elle lui avait répondu que, pour le national-socialisme, ces professions doivent être et rester celles des hommes mais qu'il voit dans l'enfant le porteur de l'histoire allemande du futur, cette « saboteuse » a rétorqué : *Votre Führer, et une grande partie de son entourage ne reconnaissent pas cette doctrine puisqu'ils ne mettent pas d'enfant au monde.*

Kube prend la délation au sérieux : le 23 mars, il suggère à son collègue Daluege, du ministère prussien de l'Intérieur, de mettre cette dame et son cercle monarchiste sous surveillance afin de la neutraliser.

Ces escarmouches n'entravent pas l'éviction. Le problème ne se pose pas dans le domaine militaire où il n'y avait aucune femme sous la république de Weimar. La « mise au pas » des politiques intervient à partir de février-mars 1933 : les fonctionnaires « incertaines », les élues au parlement, aux diètes régionales et aux assemblées municipales sont suspendues ou mises à la retraite, lorsqu'il s'agit d'adversaires politiques arrêtées ou contraintes de fuir.

La procédure est un peu plus longue pour les professions juridiques : des collaborateurs zélés du nouveau régime annulent d'abord la loi de 1922 autorisant les femmes à siéger dans les tribunaux. Celles qui avaient été nommées juges à vie sont reléguées sans juridiction dans une administration à condition d'être aryennes et favorables au IIIe Reich. Un sort analogue attend les avocates qu'une loi de décembre 1935 prive du droit de plaider ou d'avoir un cabinet tandis que l'accès au barreau est définitivement fermé aux étudiantes en droit. Plus d'un an après, le ministre de la Justice s'avisera de demander par circulaire à ses collègues d'accueillir dans leurs services les juristes ainsi exclues par décision personnelle du Führer [1]. L'éviction s'étend même à des bénévoles comme Camilla Jellinek. Nommée trois ans auparavant, à soixante-dix ans, docteur *honoris causa* de l'université de Heidelberg, cette autodidacte en droit, mondialement connue pour ses « Centres de protection juridique des femmes », en est chassée par une adjointe, plutôt gênée, de Gertrud Scholtz-Klink. Ses causeries radiophoniques sont également supprimées : les femmes n'ont plus besoin de conseils juridiques.

La misogynie du régime dépasse rapidement les secteurs initialement prévus : à partir de mai 1934, le libre exercice de la médecine est interdit aux femmes, la dentisterie suit en février 1935. L'Église protestante se met, elle aussi, à invoquer le « principe du chef » *(Führerprinzip)* pour rétrograder ses rares théologiennes.

La situation est plus confuse dans l'enseignement. Si l'enseignement supérieur reste presque entièrement déféminisé durant tout le IIIe Reich, la situation est fluctuante dans les enseignements primaire et secondaire : selon les nécessités du moment, trouver des postes aux intellectuels en chômage, appliquer l'éducation distincte selon les sexes, combler les lacunes en personnel dues à l'économie de guerre, on débauche ou on embauche. Durant les quatre premières années du régime, la priorité va au placement des chômeurs nombreux surtout parmi les enseignants de Prusse. D'où l'éviction des enseignantes mariées, y compris des institutrices : dans la seule ville de Hambourg, cent trois titulaires et soixante-huit stagiaires sont renvoyées à leur foyer dès la fin de l'année scolaire 1933 [2]. Ces mesures précèdent de six mois la nomination de Bernhard Rust comme ministre de l'Éducation. En guise de bienvenue, celui-ci déclare vouloir ramener la proportion des enseignantes de cinq à deux pour trois hommes dans les écoles de filles prussiennes sauf pour la biologie et l'éducation physique, matières qui, selon la conception national-socialiste des sexes, relèvent d'une formation spécifique. Les enseignantes catholiques, protégées par le Concordat, échappent à l'épuration jusqu'en octobre 1937, époque à laquelle la dégradation des rapports entre le

---

1. BA. Coblence, R 43 II/427.
2. *Frankfurter Zeitung* 4. 8. 1933, ainsi que Ursel HOCHMUTH et Gertrud MEYER, *Streiflichter aus dem Hamburger Widerstand 1933-1945*, p. 265.

IIIe Reich et le Vatican conduira un grand nombre d'entre elles à subir un sort encore moins enviable que celui de leurs collègues laïques. Ces dernières n'ont même plus la possibilité de recourir à une défense syndicale : leurs organisations professionnelles ont été dissoutes au profit de l'Union national-socialiste des enseignants que dirigent deux nazis inconditionnels : le ministre des Cultes de Bavière, Hans Schemm, et son adjointe Auguste Reber-Gruber.

Cependant la réintroduction du service militaire obligatoire en mars 1935 suivie, à l'automne 1936, du Plan de quatre ans destiné à préparer l'économie allemande à la guerre, drainent une telle masse de cadres moyens vers l'armée et les industries d'armement que le gouvernement est contraint de réembaucher le personnel féminin des échelons inférieurs et moyens de la fonction publique.

Il n'en va pas de même aux échelons supérieurs où les nazis peuvent d'ailleurs s'appuyer sur une longue tradition d'ostracisme commune à la plupart des pays industrialisés. Sous la république de Weimar, malgré l'action des associations féminines en faveur de la promotion culturelle, le nombre de femmes professeurs et maîtres de conférences atteignit un maximum de 74 en 1932 sur les quelque 7 000 enseignants et chercheurs à ce niveau. La plupart d'entre elles avaient forcé les barrages grâce à des compétences exceptionnelles, surtout dans le domaine scientifique : la biologiste Martha von Wrangell avait obtenu en 1923 la première chaire accordée à une femme, dans une École supérieure d'agronomie; Caroline Herschel était astronome, Amalie Dietrich exploratrice.

En médecine, Paula Hertwig occupait une chaire de génétique à la faculté et à l'institut Kaiser Wilhelm de Berlin. La fondatrice de l'Association des femmes professeurs d'université, qui ne datait que de 1927, Rhoda Erdmann, dirigeait un service de cancérologie à la célèbre Charité berlinoise. Après les mises à la retraite anticipée et la première vague d'émigration en 1933, il ne reste que trente enseignantes au niveau des maîtres de conférences. La plupart, à l'exception de Hanna Jursch, spécialiste d'archéologie chrétienne, sont dans des écoles supérieures techniques où elles vont végéter pendant les quatre premières années du national-socialisme. L'Association des femmes diplômées d'université *(Akademikerinnenbund)* est dissoute malgré le renvoi de ses membres juifs et le remplacement de Marie Elisabeth Lüders par une présidente nazie, en novembre 1935. Selon le procédé habituel, une annexe national-socialiste, avec des cadres dociles, la remplace.

Il semble cependant que, parmi ces servantes du régime, certaines aient réussi, à force de ruse et de patience, à se ménager, à partir de 1937, une petite place dans la forteresse masculine. Une Leni

Riefensthal n'a certes pas besoin d'attendre aussi longtemps parce que ses films servent directement la propagande dont le IIIe Reich a besoin pour accréditer, dans la population et à l'étranger, le mythe de sa force et de son rayonnement. Pour elle, comme pour l'aviatrice Hanna Reitsch [1], le traitement de faveur est limité à un rôle conçu à leur intention par leurs maîtres respectifs Goebbels et Goering.

La marge d'autonomie est à peine plus grande lorsque la juriste Ilse Eben-Servaes, adjointe à la *Reichsfrauenführerin*, obtient en 1937 l'autorisation de créer un département du « travail scientifique ». Le problème de la réinsertion d'une élite féminine est débattu au plus haut niveau à cette époque où le régime, une fois le chômage résorbé grâce aux mesures d'épuration et à la mise en route d'une économie de guerre, a besoin de main-d'œuvre qualifiée.

Le 4 mai 1937, l'adjoint de Bormann à la Maison brune s'adresse au secrétaire d'État Lammers et l'interroge à propos de la nomination de femmes à des postes supérieurs de la fonction publique. La réponse qu'il reçoit le 8 juin montre clairement qu'Hitler n'est pas disposé à infléchir sa position : par principe, l'accès à ces postes doit rester réservé aux hommes. Quelques exceptions seront consenties, essentiellement dans le domaine social. Dix jours plus tard, une note du secrétaire d'État à l'Intérieur ajoute au service social ceux de la santé et de l'éducation. Ce n'est que le 17 décembre 1937, soit six mois après le début des tractations, que Wilhelm Frick demande à la chancellerie l'autorisation d'en communiquer le résultat, c'est-à-dire une ordonnance du 24 août, à la *Reichsfrauenführerin.* Celle-ci va utiliser la mince concession faite aux femmes pour créer l'Union national-socialiste des femmes maîtres de conférences *(N.S. Dozentinnenbund).* Pour que le projet passe plus facilement, la première réunion se déroule, en janvier 1938, dans le cadre éminemment symbolique de l'École des mères du Reich à Berlin. Quatre jours de débats, entrecoupés de séances musicales et de projections sur le service du travail féminin et la politique raciale, aboutissent à un singulier mélange d'affirmations de principe, en contradiction manifeste avec les conceptions de l'ordre masculin, et de concessions d'ordre pratique propres à sauvegarder un champ d'action à une « élite » féminine.

Les vingt-deux participantes à ce congrès concluent en effet que la recherche résulte de *dons naturels sans distinction de sexe,* qu'il n'existe pas de méthodes spécifiquement féminines en la matière, qu'il

1. Les deux, souvent à l'honneur dans les manifestations officielles, ne semblent pas avoir joué un rôle quelconque dans l'esprit des femmes du IIIe Reich, qui préféraient manifestement les vedettes de cinéma et les héros masculins (*cf.* chapitre sur « l'Idéal féminin »).

est par conséquent absurde de cantonner les chercheuses dans des secteurs dit spécifiques.

Elles constatent aussi, sans en analyser les raisons, que les femmes se sont jusqu'alors davantage exprimées dans les sciences humaines et la recherche appliquée, mais elles ne prétendent pas ériger cette constatation en règle générale. Pour ces raisons, la formation supérieure doit rester commune aux deux sexes même s'il est admis – c'est ici qu'intervient la concession majeure – que l'on opère une disjonction au niveau de l'orientation professionnelle. Les chercheuses se spécialiseront dans l'ethnologie, la philosophie, la psychologie des femmes, l'histoire de la culture et de l'artisanat féminin, l'économie populaire et domestique, le droit familial, la périnatalité et la pédiatrie, la formation physique, artistique et idéologique des jeunes filles. L'ensemble de ces recherches devra constituer une sorte de fondement théorique aux activités pratiques des Allemandes du IIIe Reich. Quant à celles qui veulent s'aventurer hors de ce périmètre balisé elles ne peuvent espérer qu'un poste d'auxiliaire ou une nomination à titre exceptionnel. Le cas se présente très rapidement lorsque Margarete Gussow, docteur ès sciences, qui travaille depuis seize ans aux côtés du directeur de l'observatoire de Berlin-Babelsberg pose sa candidature à un poste de titulaire déclaré vacant à partir du 1er janvier 1938. Le ministre compétent ne réagit pas. Deux experts invoqués se retranchent derrière la décision du Führer. Malgré le soutien chaleureux du directeur et l'absence de candidat masculin, la candidature est rejetée.

Pour nous, écrit la *Reichsfrauenführerin* le 24 janvier à Martin Bormann, *ce cas constitue un précédent, à savoir qu'une femme ne reçoit pas un poste parce qu'elle est une femme bien que ses aptitudes et ses travaux la qualifient à l'occuper.*

Lorsqu'elle exprime cette vertueuse indignation, Gertrud Scholtz-Klink connaît au moins depuis plusieurs semaines l'ordonnance confidentielle d'Hitler confirmant que les emplois supérieurs de la fonction publique doivent, sauf cas exceptionnels, être réservés aux hommes. Sa mise en scène vise sans doute à calmer l'irritation de ses intellectuelles. Peut-être aussi, comme le suggère la fin de sa lettre, à conforter quelque peu sa crédibilité en suggérant une entrevue à ce sujet avec le Führer. *La tendance à bloquer l'avancement des femmes hautement douées et compétentes, à ne pas stimuler leurs réalisations uniquement parce qu'elles émanent d'une femme ayant augmenté ces derniers temps, il me paraît absolument nécessaire d'exposer une fois cette question d'un point de vue féminin au Führer.*

La requête ne semble pas avoir été entendue mais Margarete Gussow obtient sa nomination, le 21 février, *à titre individuel et exceptionnel.* Concession mineure utile au prestige de la *Reichsfrauenführerin,* qui n'entrave en rien le monopole masculin du pouvoir resté pratiquement intangible même lorsque la guerre provoquera une grave pénurie de cadres supérieurs. Il y aura, au fil des ans, quelques nominations exceptionnelles : Maria Lipp, à la chaire de chimie de l'Institut technique d'Aix-la-Chapelle, Maria Kösters, en section dentaire de la faculté de médecine à Munich, la statisticienne Charlotte Lorenz, au Département des sciences économiques et politiques de l'université de Berlin. Mais, en février 1942, la chancellerie du Reich opposera encore un refus catégorique à une nouvelle intervention de la *Reichsfrauenführerin* en faveur d'Ilse Esdorn, professeur en pharmacie et botanique. Celle-ci dirige un département de l'Institut d'économie forestière étrangère et coloniale à Rheinbeck près de Hambourg et souhaiterait y être promue conseillère scientifique.

La motivation du refus donnée par la chancellerie : *le poste ne convenant pas pour une femme, une pénurie de candidats masculins n'intervient pas dans la décision,* exprime nettement son caractère discriminatoire.

Une femme peut, en cas de pénurie, diriger une équipe de laboratoire, elle ne saurait en aucun cas assumer l'orientation scientifique d'un institut.

Le numerus clausus dans l'enseignement supérieur

En vertu de cette conception, il était logique que les chefs nazis, qui avaient éliminé les femmes dès 1921 de toute responsabilité au sein de leur mouvement, aient songé très tôt à les écarter des études supérieures. La relégation, trois ans avant leur arrivée au pouvoir, des étudiantes national-socialistes au sein de l'organisation de Baldur von Schirach et leur remplacement, sur son ordre, accepté sans protestation, par des membres masculins dans les instances universitaires (A.S.T.A.), préfigure leur éviction décrétée en vertu de la loi du 25 avril 1933, complétée par une ordonnance du 28 décembre sur « l'engorgement des écoles et de l'enseignement supérieur ».

S'il ne s'agit pas d'une éviction aussi totale que celle des adultes de la fonction publique, le numerus clausus, qui limite à 15 000 le nombre total d'étudiants désormais admis chaque année dans les universités allemandes, frappe là aussi les exclus du pouvoir, en priorité les Juifs, les femmes, les enfants de démocrates suspects d'insoumission au régime. Devant ces évictions, ce fut la plupart du temps le silence, bien souvent aussi la servilité de hauts fonctionnaires, d'intellectuels plus prompts à justifier l'arbitraire du IIIe Reich qu'ils ne l'avaient été à soutenir la démocratie chancelante de la république de Weimar. Les préjugés antidémocratiques, antisémites et sexistes n'étaient certes pas un monopole allemand. Mais ce pays si riche en « penseurs » s'avérait particulièrement pauvre en consciences.

Sans doute fallait-il la « virilité [1] » de l'intellectuelle conservatrice Ricarda Huch, se retirant en 1933 de l'Académie prussienne des arts au nom de la liberté d'expression bafouée, ou celle d'une Anna Siemsen, ex-députée socialiste, chassée de sa chaire et contrainte à l'exil après sa protestation contre le licenciement d'un collègue à l'université d'Iéna. Pour un Thomas Mann préférant l'exil à l'abaissement, combien d'écrivains comme Ernst Jünger, de philosophes comme Martin Heidegger, que leur célébrité préservait des foudres du régime, restés indifférents à cet ostracisme culturel, sans parler des autres formes de persécution. Si l'on peut admettre que des esprits aussi distingués n'avaient pas jugé utile de lire *Mein Kampf* ou *Le Mythe du XXe siècle*, il est peu vraisemblable qu'ils aient ignoré les thèses autoritaires sur l'éducation et la culture d'un Ernst Krieck ou *l'Ordre masculin et la science* d'un Alfred Bäumler, dont la publication en 1934 coïncide avec l'application du numerus clausus dans l'enseignement supérieur.

Sur les 10 000 bachelières de l'année, 1 500 peuvent occuper les 10 pour 100 de places réservées à leur intention avec, de surcroît, une orientation très sélective. Le barrage est particulièrement sévère dans les sciences exactes où la proportion d'étudiantes diminue de 52,5 pour 100, en droit et sciences humaines avec une chute de 47,9 pour 100 alors que les sections dentaire et médicale ne perdent que 25 et 22 pour 100 de leurs effectifs féminins et qu'une partie croissante d'étudiantes est dirigée vers l'étude des langues ou l'éducation physique. Les Écoles normales sont elles aussi touchées dans un premier temps : le nombre des élèves enseignantes y passe de 30 pour 100 en 1932 à 12 pour 100 en 1935. Le régime assouplira sa position sur la formation de ces cadres moyens dès 1937, en raison de l'emploi des enseignants masculins dans l'économie de guerre.

D'une manière générale, la priorité de la formation physique et idéologique sur la formation intellectuelle, déjà énoncée dans *Mein Kampf*, réduit de moitié le nombre total d'étudiants durant les quatre premières années du IIIe Reich et se stabilise autour de 52 500, dont

1. Ce terme figure sur la jaquette de la documentation réunie par Hildegard Brenner sur l'Académie prussienne des arts à partir de 1933, Stuttgart 1972.

environ 6 000 étudiantes. Selon l'annuaire de la *Nationalsozialistische Frauenschaft*, celles-ci dépassent les 10 pour 100 autorisés avec 11,2 pour 100 des effectifs en 1938-39. Sans que disparaisse pour autant leur faible représentation dans les disciplines principales, à l'exception de la pharmacie où leur nombre a augmenté de 10 pour 100. Signe de leur adaptation aux conditions nouvelles : beaucoup s'orientent vers des études de journalisme, mais surtout vers l'éducation physique où la croissance est de 29,4 pour 100.

La guerre et la mobilisation immédiate de 18 000 étudiants vont bouleverser les proportions antérieures. A partir de 1940, le nombre total d'étudiants oscille entre 36 000 et 48 000 dont 12 639 étudiantes, c'est-à-dire autant qu'à l'instauration du numerus clausus, et représente 26,4 pour 100 des effectifs. Ce pourcentage aurait atteint près de 50 pour 100 lorsqu'il ne reste que 25 000 étudiants allemands en 1943-44 [1]. Peut-on en déduire pour autant, comme le fait Jill Stephenson dans une étude par ailleurs bien documentée [2], que le Reich victorieux aurait probablement accordé une certaine autonomie à ses citoyennes parce qu'il ne pouvait se passer d'une élite féminine?

La supposition paraît doublement hasardeuse. L'histoire récente fournit suffisamment d'exemples de militantes frustrées, une fois la victoire acquise, des droits qu'elles croyaient avoir mérités en choisissant de s'engager dans la révolution ou la guerre de « libération ». Peut-on, d'autre part, parler « d'élite féminine » si « élite » il y a, dans le cas de l'Allemagne hitlérienne, alors que les militantes sont sélectionnées et conditionnées aux fins de l'ordre masculin, alors que même des militantes national-socialistes, effectivement élitaires comme Sophie Rogge-Börner ou Leonore Kuhn, ont été écartées de toute responsabilité parce qu'elles revendiquaient un minimum d'autonomie et le droit à la critique?

Il est d'ailleurs significatif que même une Lydia Gottschewski, ancienne cheftaine nationale des Jeunes Filles hitlériennes, utilisée par ses maîtres dans la mise au pas des associations féminines, soit tombée en disgrâce après avoir manifesté quelques velléités d'indépendance et publié en 1934 *l'Ordre masculin et la question féminine*. Admise d'abord à la Chambre des écrivains, cette ultime possibilité d'expression publique lui est retirée peu avant la guerre sous le prétexte que sa « profession principale » est désormais celle d'épouse [3].

Il est certain, par contre, que les principaux chefs nazis rêvaient

1. Richard GRUNBERGER, *Das zwölfjährige Reich*, Vienne, 1971, p. 271.
2. Jill STEPHENSON, *Women in Nazi Society*, Londres, 1975.
3. B.D.C.-dossier Lydia Ganzer-Gottschewski.

de former des « dames » du Reich *(hohe Frauen)* initiées au rôle de maîtresse de maison, au tir au pistolet et à la politique étrangère afin de remplacer les braves ménagères de l'époque héroïque aux côtés des futurs seigneurs du monde ou de veiller à la flamme de la pure germanité comme les vestales de l'Empire romain [1].

Ce rêve connut même un début de réalisation avec le projet d'instituts nationaux politiques de jeunes filles. Jusqu'en 1939, les *Nationalpolitische Anstalten,* couramment appelés *Napola,* formaient exclusivement les cadres masculins de l'État tandis que les *Ordensburgen* formaient les cadres du parti. La demande de transformer un ancien internat d'État près de Vienne (Autriche) en *Napola* de filles suscite les réticences de l'aristocratique ministre des Finances Schwerin von Krosigk et de ses non moins aristocratiques conseillers. S'ils acceptent d'accorder les crédits, c'est à la condition qu'il s'agisse d'un cas exceptionnel.

L'affaire paraît réglée et classée lorsque le ministre apprend, deux ans plus tard, que le général S.S. August Heissmeyer, inspecteur des *Napola,* devenu depuis peu le troisième mari de la *Reichsfrauenführerin,* s'avise d'installer une deuxième *Napola* de filles au château de Kolmarberg, résidence d'été de la grande-duchesse de Luxembourg chassée par les troupes allemandes.

Cette fois, le comte Schwerin von Krosigk se fâche. Il s'adresse au ministère de l'Éducation qui soutient l'*Obergruppenführer S.S.* et laisse traîner les choses. Excédé par ce silence, il écrit, le 5 juin 1942, au gouverneur allemand du Luxembourg et lui signifie son refus d'ouvrir une seconde école de ce type. Si l'on veut affecter le château à un établissement de filles, ce ne peut être qu'un collège avec internat *(Heimschule).*

La réponse qu'il reçoit le 18 juin est plutôt embarrassée. La décision d'installer une *Napola* de filles, explique le gouverneur Sieckmeier, remonte à septembre 1940 lorsque l'*Obergruppenführer* Heissmeyer est venu, en compagnie du *Reichsleiter* Himmler, voir si l'on pouvait transformer le château en *Napola.* Ces messieurs avaient estimé que les chaussures cloutées et les exigences de la formation prémilitaire de garçons risquaient de mettre à mal les sols de marbre couverts de tapis précieux, les meubles d'époque, les objets d'art et les tentures. D'où l'idée d'y installer une *Napola* de filles, approuvée par le *Reichsleiter* Himmler. Ces messieurs ne connaissaient certainement pas l'objection de Monsieur le ministre des Finances; lorsqu'ils l'ont connue, il était trop tard : les lieux étaient déjà prêts à recevoir leur

1. J. C. FEST, *Gesicht des 3. Reichs,* Munich, 1963, p. 370.

premier contingent d'élèves. Pourquoi, dans ces conditions, ne pas reporter une décision définitive sur l'affectation du château jusqu'à l'intégration du Luxembourg au Reich?

Dépité mais nullement résigné, le ministre charge l'un de ses conseillers d'expliquer au ministre de l'Éducation que les *Napola* doivent former des chefs, en particulier des officiers, à l'esprit communautaire de défense, formation inappropriée à l'éducation de jeunes filles pour lesquelles il existe des internats *(Heimschulen).* Pas du tout, réplique le 3 septembre 1942 l'*Obergruppenführer* Heissmeyer que son ministre de tutelle a chargé, non sans malice, de la réponse. L'objectif des *Napola* est *politique* [1], l'éducation communautaire en constitue une partie essentielle pour les garçons mais *au moins* [2] autant pour les filles.

Les *Heimschulen,* explique l'*Obergruppenführer* à ce hobereau qui n'a rien compris à la révolution national-socialiste, sont nées de la volonté sociale du Führer de souder la communauté allemande. Mais il leur manque le principe fondamental de la sélection, l'exigence de la performance maximale indispensable à la formation des cadres, qui sont justement des caractéristiques des *Napola.* Or le Reich a besoin de cadres féminins.

L'histoire m'a appris à quel point l'attitude des femmes peut être parfois décisive pour l'issue d'un combat ou pour le maintien de la pureté de notre espèce. Je crois que la femme contribuera plus que jamais maintenant et dans un proche avenir à la décision quant à la vie éternelle de notre peuple. Dans la mesure où l'influence destructrice d'une Église internationalement politisée sera écartée de notre peuple, la femme recevra la place de gardienne de l'espèce et de gardienne des mœurs, qui devrait être celle de la femme de patrimoine sanguin germanique.

Cette leçon de doctrine himmlérienne n'est pas du goût de l'ancien officier de la Reichswehr resté, comme Goering, attaché à l'Église protestante. Le 2 octobre 1942, l'*Obergruppenführer* Heissmeyer est sèchement informé par un conseiller du ministre que les Finances demeurent non seulement sur leur position de principe concernant la finalité des *Napola* mais qu'elles demandent aussi la transformation immédiate des *Napola* féminines de Vienne et de Kolmarberg en *Heimschulen.*

La polémique continue bien que le crayon rouge antérieur – sans doute celui du ministre – ait inscrit un « que ça cesse » en latin sur la

1. Le terme est souligné par Heissmeyer.
2. L'expression est soulignée en crayon rouge et assortie d'un point d'exclamation – rageur ou sarcastique – par le récipiendaire de la lettre.

copie de cette lettre. Une nouvelle missive de novembre 1942 entend démontrer au conseiller du ministre de l'Éducation que l'inspecteur Heissmeyer connaissait depuis longtemps l'opposition des Finances à la création de *Napola* féminines, que le ministre lui avait même déclaré personnellement qu'il ne donnerait pas son aval sans un ordre écrit du Führer. *Je suis d'avis,* ajoute le conseiller ministériel, *que l'internat secondaire est suffisant pour des filles. Je crois même que la création de* Napola *féminines amoindrirait le caractère et le prestige des* Napola.

Entre militants nazis et cadres conservateurs l'entente sur ce point paraît difficile. Heissmeyer tente à nouveau sa chance, cette fois auprès du secrétaire d'État aux Finances Reinhardt. L'entrevue ne donne aucun résultat. Au début de 1943, l'inspecteur Heissmeyer adresse une nouvelle lettre à son dernier interlocuteur. Il fait état d'une conférence de responsables à l'éducation, organisée en novembre 1942 par la chancellerie du parti, au cours de laquelle aurait été décidée l'ouverture d'écoles Adolf-Hitler de filles dans toutes les régions du Reich *(Gaue).* S'il n'y a pas d'objection à la formation de cadres féminins du parti, pourquoi y en aurait-il à celle des *Napola* féminines?

Le *Reichsleiter* Bormann a nié l'existence d'une telle décision, répond le secrétaire d'État Reinhardt, le 24 mars 1943, le ministère des Finances maintient son point de vue. Le 18 juin, le comte Schwerin von Krosigk informe le gouverneur du Luxembourg que le budget du château de Kolmarberg ne sera autorisé qu'après la transformation de l'établissement en internat secondaire *(Heimoberschule).*

L'idéal féminin de l'ancien officier de la Reichswehr l'a-t-il emporté sur celui de l'Ordre noir? La S.S. est devenue trop puissante à cette époque pour accepter la moindre défaite idéologique. Six jours après la notification du ministre des Finances, le *Reichsleiter* Bormann informe celui-ci qu'après avoir entendu un exposé du *Reichsführer S.S.*, le Führer le prie d'accorder l'installation de trois *Napola* féminines. L'histoire de ce conflit, qui aura duré quatre ans, s'achève, comme la plupart des conflits de ce genre, par l'arbitrage du chef suprême sans que les femmes, que ce projet concerne directement, aient été informées ou consultées une seule fois. Peut-être la *Reichsfrauenführerin* a-t-elle reçu quelques confidences de son second mari, l'*Obergruppenführer* Heissmeyer. Peut-être a-t-elle même été invitée à fêter sa victoire sur l'aristocratique ministre des Finances?

A la Reichsfrauenführerin Scholtz-Klink

Avec les autres sœurs, je viens aujourd'hui
Te remercier pour cette année d'activité,
Te remercier de nous avoir, avec sagesse,
Intégrées dans l'œuvre qui nous unit
Dans la maison que le Führer, en père, nous a construite,
Que toi, femme, tu as rendue habitable pour les femmes,
Havre pour toutes, bénédiction pour chacune.
Sans ségrégation d'âge, tu as rassemblé les jeunes
Avec les aînées, tu as surmonté le plus difficile,
Rassemblé celles qui n'avaient jamais été unies ainsi
Pour qu'elles servent avec joie la grande idée
Dont ta vie est l'exemple. Il est facile d'apprendre
Quand le respect nous guide. La joie est profonde
De savoir comment tu honores la tâche silencieuse de la mère
Et lui as rendu la dignité première qu'elle possédait autrefois.
Mais je te sais gré aussi, avec mes semblables
Les disciples de l'art, qui tissent la poésie et les tapis,
Les sœurs de la réflexion, de la sagesse et de la guérison,
D'avoir, toi mère, senti que nous sommes aussi des mères,
Brûlant de vivre pour la vie du peuple,
De rayonner, de servir avec joie
Au sein de l'œuvre que tu as édifiée pour nous toutes.

Agnes MIEGEL,
in *Frauenkultur im Deutschen Frauenwerk,*
Berlin, mars 1939.

CHAPITRE III

LE SERVICE MATERNEL

La reproduction raciale : démographie négative et positive

La négation de toute autonomie de pensée et d'action des femmes dans les affaires de l'État national-socialiste s'accompagne pour ses maîtres de la volonté d'asservir leur corps aux desseins du Reich millénaire. L'État qu'Hitler esquisse dans la deuxième partie de *Mein Kampf*, publiée en 1927, considère en effet la reproduction et la régénérescence de la race germanique comme le pivot central de sa politique de conquête et de domination du monde. Cet eugénisme racial dont dépend entièrement l'avenir de la *Volksgemeinschaft* relève de sa seule compétence.

En la matière, l'État doit intervenir comme dépositaire d'un avenir millénaire en face duquel le désir et l'égoïsme de l'individu ne représentent rien et doivent s'incliner. Il doit utiliser les ressources les plus modernes de la médecine au service de cette conviction. Il doit déclarer que tout être notoirement malade ou atteint de maladie héréditaire, donc susceptible de la trcnsmettre à sa progéniture est inapte à la reproduction et l'empêcher pratiquement de procréer. Inversement, il doit veiller à ce que la fécondité de la femme saine ne soit pas limitée par l'infecte politique financière d'un gouvernement qui transforme ce don du ciel qu'est une nombreuse postérité en malédiction pour les parents. Il doit mettre un terme à l'indifférence paresseuse et même criminelle avec laquelle on considère aujourd'hui les préalables sociaux nécessaires à une famille nombreuse et se sentir le protecteur suprême de cette bénédiction la plus appréciable pour un peuple. Son attention doit se porter davantage sur l'enfant que sur l'adulte [1].

1. *Mein Kampf*, éd. originale, II, p. 446-447.

L'idée de régénérer la puissance allemande en s'appuyant sur un potentiel humain de qualité n'est pas nouvelle. Elle était déjà, on s'en souvient, largement répandue sous l'Empire allemand par les adeptes du darwinisme social, dont les uns souhaitaient favoriser une natatilé qualitative alors que la majorité nationaliste voulait une démographie quantitative, à partir de laquelle la « lutte pour la vie » sélectionnerait les meilleurs. Si la fondation Krupp avait, en 1900, distingué, parmi d'autres, l'ouvrage, du Dr Wilhelm Schallmayer intitulé *Hérédité et sélection dans la vie des peuples*, c'est que cet ouvrage, que son auteur qualifiait d'Étude de science politique fondée sur la biologie moderne, avait le mérite de concilier les besoins quantitatifs de l'économie allemande avec les impératifs qualitatifs de la politique impériale d'expansion [1]. *L'hygiène raciale et son contrôle dans l'intérêt de la patrie* qu'il préconise à cet effet esquisse déjà les grandes lignes de la biopolitique du IIIe Reich. Que dit en substance le médecin bavarois?

Pour la démographie quantitative, il suffit de bons géniteurs – les soldats revenant du front sont souvent les meilleurs – et de femmes disponibles pour la maternité. A cette fin, il faut donner à la jeunesse la conscience qu'il n'existe pas de profession supérieure pour une femme à celle d'épouse et de mère. Le culte de la famille, d'une famille nombreuse grâce au mariage précoce, doit être restauré en même temps que l'on endiguera le travail féminin en dehors du foyer. Ainsi, grâce aux moyens conjugués de l'éducation, de l'incitation et de la coercition, les femmes, puisqu'il est manifestement plus facile de trouver des géniteurs que des mères de famille nombreuse, retrouveront le goût et la pratique de la maternité. Cette démographie quantitative devra cependant être revue et corrigée par *un contrôle eugénique permanent de la population allemande.* Grâce à un fichier et des livrets de famille d'hérédité biologique, les médecins qui seront tenus au secret professionnel, sauf envers l'État dont ils sont les délégués en la matière, pourront favoriser la procréation d'éléments racialement valables et interdire, voire stériliser celles des *variantes les plus défavorables.* A ceux qui auraient le mauvais goût d'invoquer les droits de l'individu, le Dr Schallmayer répond : *La vie sexuelle n'est pas une affaire privée, elle doit être une chose sacrée vouée à des fins supérieures.*

Ces fins dites supérieures ont toujours été opposées dans le cours de l'Histoire à « l'égoïsme » de l'être humain. Qu'elle soit d'ordre religieux, économique ou ethnique, l'idéologie nataliste sacralise ses exigences et culpabilise l'individu dont le libre choix est présenté comme un désir pécheur et malsain ou comme une attitude irrespon-

1. *Cf.* Marc HILLEL, *Au nom de la race*, Paris, 1975, p. 36-38.

sable. Ce qui change simplement selon les époques et les pays, c'est l'institution qui s'arroge le droit d'orienter et de contrôler la sexualité.

Dans le cas du lauréat de la fondation Krupp, comme dans celui de ses émules nationaux-socialistes, ce droit ne revient ni à l'Église ni même à l'État qui n'est qu'un instrument de l'ordre masculin détenteur des pouvoirs économiques, juridiques et culturels. Dans les deux cas, le recours au discours scientifique et moralisant permet d'aseptiser la contrainte avec toutefois un mépris plus brutal du matériau humain chez les nationaux-socialistes. Ceux-ci dépassent en effet le cadre socio-médical de l'eugénisme conseillé par le Dr Schallmayer en réduisant la sélection de l'espèce germanique à l'amélioration des espèces animales.

Il appartient à la Weltanschauung *raciste, mise en œuvre par l'État raciste, de promouvoir cet âge plus noble dans lequel les hommes ne s'attacheront plus à l'amélioration des espèces canines, chevalines ou félines mais à celle de l'être humain lui-même, un âge où l'un, en connaissance de cause, renoncera en silence tandis que l'autre se sacrifiera et donnera avec joie*[1].

Goebbels, qui a un sens lyrique plus développé, préfère puiser ses comparaisons zoologiques dans la vie des oiseaux :

La femme a le devoir d'être belle et d'enfanter. Cela est moins rude et moins démodé qu'il y paraît. La femelle de l'oiseau se pare pour son mâle et couve les œufs pour lui[2].

Dans une telle perspective, il est logique de nommer des zootechniciens comme responsables de la reproduction raciale de l'État allemand. Heinrich Himmler, élève en agronomie de l'Institut technique supérieur de Bavière, va transférer son expérience de l'aviculture à l'élevage d'une caste de guerriers *(Wehrstand)* tandis que son ami, Richard Walther Darré, familiarisé depuis son enfance dans la colonie allemande d'Argentine avec l'élevage de la race chevaline, conçoit une *Aristocratie du sang et du sol*[3] *(Nährstand)* qu'il préfigure, à partir de 1924, dans l'ordre des Artamans. L'élargissement de celle-ci à *La Paysannerie comme source de vie nordique* en 1929 correspond à son adhésion au national-socialisme qu'il rejoint, sans doute sous la pression de la crise économique, après des années de réticences envers un mouvement jugé insuffisamment élitaire.

1. *Mein Kampf*, éd. originale, II, p. 449.
2. Joseph GOEBBELS, *Michael, ein deutsches Schicksal in Tagebuchblättern*, Munich, 1929, p. 41.
3. Ce livre de R.W. DARRÉ n'est publié qu'en 1930, mais ces conceptions élitaires constituent déjà le fondement idéologique de l'*Artamanenbund*.

Ce différend n'a pas empêché le théoricien des Artamans et son adepte Himmler de communier dans le rêve d'une restauration de l'Empire germanique lié à la terre et au sang. De sorte que, lorsque Darré rejoint le cénacle national-socialiste, Heinrich Himmler qui vient d'être promu commandant des trois cents hommes des *Schutzstaffeln* (S.S) pour prix de sa fidélité depuis le putsch de 1923 où il faisait office de porte-drapeau, peut lui offrir un terrain réduit mais réel d'expérimentation.

Avec l'aide de son ami, ce petit-fils de gendarme, formé par le catholicisme rigoureux d'un père précepteur des princes de Bavière, élève pédant et minutieux du lycée impérial de Munich puis de l'institut d'agronomie, édifie méthodiquement à partir de son modeste Ordre noir le système de reproduction et d'élimination appelé à servir de modèle à l'ensemble du futur Reich.

L'Office central pour la race et le peuplement *(Rasse-und Siedlungshauptamt ou RuSHA)* qu'il crée le 31 décembre 1931, se préoccupe d'abord des critères génétiques pour le recrutement des S.S. Ayant manifestement retenu les recommandations du Dr Schallmayer, ses « experts » décrètent l'obligation faite à chaque membre de la garde prétorienne d'Hitler, destinée à devenir le fer de lance de l'État raciste, de posséder un livret d'hérédité biologique.

Celui-ci comporte une nomenclature dûment vérifiée de ses traits aryens, dont le modèle avait été fourni dès 1922 par la *Science raciale du peuple allemand* de Hans F.K. Günther, ainsi que les attestations d'une ascendance exclusivement aryenne depuis 1750, établies d'après les registres de baptême et d'état civil.

Parallèlement à la mise en place de ces services, le chef S.S. charge son ami Darré d'une étude sur l'avenir de la race germanique. Exposées lors d'une réunion, sous la présidence d'Hitler, des principaux chefs du mouvement à la Maison brune de Munich durant l'été 1932, les thèses de Darré prévoient les principes de sélection et de dressage de la nouvelle race dont la double tâche consistera à conquérir l'espace oriental puis à le coloniser en substituant ses propres éléments aux populations autochtones considérées comme étant « de races inférieures [1] ».

Dans ce projet, conformément aux vues exprimées par Hitler et Rosenberg, le rôle de « la » femme est purement passif.

Chaque S.S., déclarent les cahiers d'instruction de l'Ordre noir, *devra se choisir une femme de valeur raciale au moins égale, si possible même supérieure.*

1. *Cf.* Hermann RAUSCHNING *Hitler m'a dit*, vers. fr., Paris, 1939, p. 49-50.

Le choix du conjoint et la création de la famille incombent à l'homme. Afin que nul doute ne subsiste à ce sujet, les manuels de biologie en usage dans les écoles de filles sous le IIIe Reich préciseront que les S.S. furent dès avant 1933 la seule organisation du parti suffisamment consciente pour imposer à ses membres le choix d'une épouse racialement irrécusable et leur rappeler, constamment, l'obligation d'engendrer une nombreuse progéniture.

En janvier 1932, Himmler avait déjà imposé à ses hommes l'obligation de demander une autorisation de fiançailles et de mariage. Celle-ci n'était accordée qu'après l'établissement d'un rapport fondé sur les réponses au questionnaire du RuSHA et des expertises médicales, rapport soumis au *Reichsführer S.S.* qui classait les éventuelles épouses en trois catégories : 1. conforme à la sélection S.S., 2. bonne moyenne, 3. ne correspond pas [1].

Pendant ce temps, les *Cahiers du National-socialisme* [2] publient la prose de porte-plume féminins qui adjurent les Allemands de tourner le dos à l'émancipation négatrice du mariage hors de la protection duquel elles seraient transformées en propriété sexuelle collective. Ce fantasme, couramment incarné dans la propagande anticommuniste de l'époque par « le bolchevique », deviendra, comme nous le verrons, une réalité de la société nazie.

La mise en garde de Florentine Hamm est assortie d'un vibrant éloge du national-socialisme, restaurateur de la famille et de la dignité maternelle ainsi que d'une condamnation sans appel de l'avortement. Le deuxième porte-plume signe « Emma Witte » un article sur « La Femme dans l'espace vital de l'homme » : des travaux sur *la permanence des différences sexuelles anthropologiques* sont censés démontrer que, les hommes étant intellectuellement supérieurs, il y a d'autant moins lieu pour les femmes d'entreprendre des études que celles-ci risquent de nuire à leur fécondité. De ces thèses nullement originales, le porte-plume Emma Witte déduit la nocivité de l'éducation mixte et les conséquences funestes pour les Américains qui l'ont poussée jusqu'à ses ultimes limites et qui finiront par n'avoir que des hommes masochistes et des femmes sadiques.

L'inverse semble par contre parfaitement admis par un troisième porte-plume, Marie Baltzer. Toutes les filles devraient recevoir jusqu'à quatorze ou quinze ans une formation de base *(Grundschule)* à leurs tâches de ménagère et de mère. Au-delà, on pourrait prévoir pour les plus douées la poursuite pendant quatre ans de la formation initiale

---

1. Ce type de classification cher à Himmler semble avoir été emprunté à Sir Francis Galton (1822-1911), l'un des pères de l'eugénisme et de l'anthropométrie qui divisait l'espèce humaine en « *désirables* », « *passables* » et « *indésirables* » et préconisait la stérilisation de ces derniers.

2. *Cf. Nationalsozialistische Monatshefte*, janvier 1932.

dans les écoles féminines *(Frauenschulen)* comportant l'enseignement ménager, la puériculture, l'instruction civique et, éventuellement, l'apprentissage des langues et des matières artistiques.

Cette préparation psychologique des femmes à leur fixation au foyer est suivie, après l'accession d'Hitler au pouvoir, d'une véritable mobilisation au service maternel, dont Hitler donne le ton au congrès de Nuremberg, en 1934.

Si les mouvements libéraux « intellectualistes » de femmes avaient jadis à leur programme beaucoup, beaucoup de points déterminés par ce qu'on appelle « l'esprit », le programme de notre mouvement national-socialiste de femmes n'en comporte en fait qu'un seul et ce point s'appelle : l'enfant, ce petit être qui doit croître et se développer afin que toute notre lutte pour la vie ait vraiment un sens [1].

Il va sans dire, mais Hitler le dit tout de même, que le service maternel doit être accompli dans la perspective raciale : *Chaque enfant qu'elle* (la femme) *met au monde est une bataille gagnée pour l'être ou le non-être de son peuple* [1].

La « lutte pour la vie », la « bataille pour l'existence du peuple » appartiennent au vocabulaire militaro-darwiniste qu'affectionnaient déjà les idéologues nationalistes de la fin du XIXe siècle. Sous la république de Weimar, les hommes de la révolution conservatrice évoquaient, eux aussi, un Reich régénéré, capable de prendre la relève des *inférieurs* [2], grâce à la *mobilisation* des femmes, à leur *service pour la communauté du peuple (Dienst an der Volksgemeinschaft).*

L'amour, la conception, la naissance constituaient, selon eux, *des sommets héroïques de la vie féminine (héroïsche Höhepunkte des weiblichen Lebens),* le refus de la maternité équivalait par contre à une *désertion (Fahnenflucht).*

Qu'il s'agisse de la génération des fondateurs de l'Empire, dont Heinrich Mann esquissait en 1911 la caricature saisissante avec *Le Sujet (Der Untertan)* qui, pendant sa nuit de noces, proclame « pour la patrie et pour l'empereur » avant de gagner le lit conjugal, ou de la génération de son effondrement, celle d'Hitler et de ses compagnons, tous ces hommes ont survécu à une guerre. Tous cherchent à compenser la perte en vies humaines, dilapidées dans l'effort économique et militaire, par une politique nataliste censée stimuler

1. Max DOMARUS, *Hitler Reden u Proklamationen,* Wurtzbourg, 1962, t. I, p. 451-452.
2. *Cf.* en particulier les livres de SCHWABACH, *Die Revolutionierung der Frau,* Leipzig, 1928, et d'Edgar JUNG, *Die Herrschaft der Minderwertigen u. ihreAblösung durch ein neues Reich,* Berlin, 1930.

la productivité intérieure et l'agressivité nécessaire à la compétition internationale.

Est-ce parce que les temps ont changé qu'il tient davantage compte de la psychologie de celles qui sont appelées à porter le poids majeur des sacrifices demandés? Toujours est-il qu'Hitler juge nécessaire d'ajouter à l'adresse des femmes qu'il s'engage, en compensation, à leur former *de vrais hommes convenables, courageux, ayant le sens de l'honneur.*

La mobilisation nataliste avant et après un conflit est un phénomène commun à tous les nationalismes. Les Françaises lui doivent d'avoir subi pendant plus d'un demi-siècle la législation répressive de la contraception et de l'avortement, votée en 1920 par la Chambre bleu horizon. Les femmes du tiers monde lui doivent jusqu'à nos jours la volonté, masquée par la tradition religieuse, d'une procréation jugée indispensable à l'indépendance des hommes.

Car la procréation est une affaire d'hommes, comme le prouve l'histoire de Henny von Bastineller [1].

Henny a vingt-six ans lorsqu'elle rencontre, en 1930, dans la petite ville de Nordhausen-en-Thuringe, Kurt Goldschmidt avec lequel elle envisage de « refaire sa vie » après son divorce. Les années passent et la charmante petite ville commence à vivre, comme le reste du Reich, au rythme des décrets et des ordonnances de l'administration nazie. En avril 1933, on boycotte les magasins juifs, les cafés; les lieux publics voient fleurir des pancartes *Juifs indésirables.* Henny et Kurt ne se sentent pas directement concernés, ils évitent les lieux et les gens susceptibles de leur attirer des ennuis mais commencent tout de même à s'interroger sur la possibilité de leur mariage.

Deux ans plus tard, les autorités se chargent de mettre un point final à leur interrogation. Dans la nuit du 31 décembre 1935, les policiers de Nordhausen se présentent au domicile de Kurt Goldschmidt et arrêtent les deux fiancés qui s'apprêtaient à fêter l'an nouveau. Le maire, qui fait fonction d'officier de police, leur apprend qu'ils ont contrevenu à la loi du 15 septembre 1935 « pour la protection du sang allemand et de l'honneur allemand » ainsi qu'à celle du 18 octobre 1935 sur « la santé du couple », interdisant des rapports sexuels contraires à l'eugénisme racial. Avec deux grands-parents juifs sur quatre, Kurt Goldschmidt est considéré comme demi-juif par la législation raciale. Mais comme il était encore membre d'une communauté israélite lors de sa promulgation, son cas est encore plus grave puisque cette appartenance en fait un

1. BA. Coblence, NS 10/487.

« Juif complet » *(Volljude)* dans le sens de l'article 5 de la loi [1].

Voilà pourquoi, conclut sentencieusement l'*Oberbürgermeister*, la Gestapo d'Erfurt m'a ordonné de vous arrêter pour *atteinte à l'honneur racial (Rassenschande).*

Kurt, affublé désormais du prénom distinctif d'Israël qu'il doit à l'imagination de l'auteur des décrets d'application de la législation raciale, le juriste Hans Globke, futur secrétaire d'État du chancelier Adenauer, doit répondre de son « délit » devant un tribunal. Car le législateur nazi considère l'homme comme seul responsable des rapports sexuels, la femme n'étant, selon la formule de *Mein Kampf*, que *l'élément passif.* Condamné à neuf mois de prison, il disparaît du monde aryen. Quant à celle que le langage administratif appelle *la* Bastineller, dix-huit jours de détention préventive doivent lui apprendre qu'une Allemande digne de ce nom n'accepte pas les avances d'un Juif. Par bonheur pour elle, Nordhausen n'est pas Nuremberg où le *Gauleiter* Julius Streicher, l'inquisiteur de la perversion sexuelle, fait fouetter les délinquantes que l'on promène ensuite dans les rues, munies d'une pancarte *Je suis une truie à Juifs.*

Dans la petite ville de Thuringe, on lit cependant, comme dans toutes les localités du Reich, son journal *Der Stürmer* régulièrement affiché dans les vitrines du parti, qui décrit à longueur de colonnes les ravages causés par la sexualité débridée des fils de Jérusalem. Des pancartes, des affiches proclament *Femmes, jeunes filles, prenez garde au souilleur de race, au Juif.* C'est pourquoi, dès sa sortie de prison, Henny juge plus prudent de s'installer à Berlin où, pense-t-elle, il est plus facile de disparaître dans la masse.

En 1937, elle épouse un employé d'assurances, nommé Schneider, irréprochable quant à l'ascendance aryenne mais incapable, avec ses deux cents marks par mois, d'assurer la subsistance du ménage. Les Schneider pourraient, comme les 700 000 jeunes couples qui ont déjà bénéficié de la loi de juin 1933, obtenir un prêt de mille marks avec un taux d'intérêt de 1 pour 100 si l'homme est seul salarié, de 3 pour 100 si les deux conjoints ont un emploi. Ce prêt est transformé pour un quart en don à la naissance du premier enfant et en cadeau à la naissance du quatrième comme récompense aux géniteurs conscients de la norme optimale de natalité.

L'État, soucieux du bien des familles, leur aurait de surcroît accordé des facilités de logement et des allégements fiscaux payés par les célibataires. Mais Henny a peur des questionnaires, des enquêtes nombreuses et minutieuses de l'administration sur les antécédents et

1. J'ai montré dans *Dix Leçons sur le nazisme*, Paris, 1976, p. 209-210, la contradiction entre la doctrine nazie d'une « race juive » et la pratique consistant à définir les Juifs par l'appartenance à une communauté religieuse.

la moralité des demandeurs. Elle préfère reprendre un emploi, compenser par son salaire les avantages financiers associés pour elle à une humiliation, voire à des brimades.

A son niveau d'employée de bureau qualifiée – ses certificats de travail sont tous élogieux –, les emplois ne manquent pas dans une économie stimulée par la remilitarisation et les grands travaux d'infrastructure. Une grande entreprise qui travaille pour l'armée l'engage. Peu de temps après, son chef l'appelle.

– Frau Schneider, je suis très content de vos services, mais je ne peux pas vous garder.

– Pourquoi, monsieur?

– C'est comme ça. Je ne peux rien vous dire de plus.

Le même scénario se reproduit chaque fois qu'elle trouve un nouvel emploi. De guerre lasse, elle se plaint aux services du ministère du Travail : son dossier va de bureau en bureau, elle n'obtient que des réponses évasives. Rassemblant tout son courage, elle demande audience à la Maison militaire du Führer, s'imaginant sans doute que l'armée se montrera plus clémente que le parti. On l'écoute poliment : une enquête est ordonnée. Le 21 mars 1939, les services de la sécurité (S.D.) demandent à la police de Nordhausen des précisions d'ordre politique et pénal sur la personne de *la* Schneider, ex-Schouchoen, née Bastineller, qui a perdu dans la procédure sa particule nobiliaire définitivement remplacée, semble-t-il, par l'article défini. Le dossier ne dit mot sur la suite. Si l'on admet, dans la meilleure des hypothèses, que les services du Führer donnèrent l'ordre d'éviter à l'avenir toute sanction à l'encontre d'une Allemande utile à l'effort de guerre, qui s'était rachetée de surcroît en épousant un bon Aryen, il n'en reste pas moins que cette femme a subi pendant quatre ans l'opprobre de la collectivité, la détention, les brimades de toutes sortes uniquement parce qu'elle était coupable non pas d'avoir aimé mais de s'être laissé aimer par un homme que l'ordre masculin jugeait indigne d'elle.

Les mésaventures de Henny von Bastineller sont cependant bénignes comparées à celles de femmes enceintes d'un géniteur reconnu biologiquement ou « racialement inférieur », ou lorsque la future mère elle-même ne présente pas les qualités génétiques requises. Depuis juillet 1933, la loi « sur la prévention de la progéniture atteinte de maladie congénitale » autorise la stérilisation *par amour du prochain et dans l'intérêt de la génération future.* De plus, les champions du natalisme, qui s'étaient empressés de fermer tous les centres de planification familiale et avaient réintroduit les peines d'emprisonnement pour toute aide à l'avortement, le préconisent au contraire quand il s'agit « d'hygiène raciale ». Appelée, en mars 1934, à statuer sur un cas d'avortement, la cour de Hambourg avait estimé qu'il n'y avait aucun délit puisque l'interruption de grossesse était justifiée par des *indications d'ordre eugénique.* Dans le même esprit, le Dr Grosz préconise devant des militantes du parti *l'exclusion du processus génétique de tous les porteurs de gènes indésirables.* Exclusion qui serait obtenue soit par l'internement à vie des plus atteints soit par stérilisation forcée des autres [1]. Les femmes juives seront, quant à elles, officiellement informées, en mars 1939, que la répression de l'avortement ne les concerne pas, que toute interruption de grossesse de leur part est au contraire éminemment souhaitable dans l'intérêt du peuple allemand.

Jusqu'en 1938, l'eugénisme racial du IIIe Reich se propose essentiellement d'éliminer les éléments de « pollution génétique », tout en s'efforçant de combler le déficit des naissances estimé à 14 millions entre 1915 et 1933, par rapport aux dix-huit années antérieures. A ce propos, les démographes nazis constatent avec amertume que les 37 millions d'Allemands de 1885 avaient produit autant d'enfants que les 65 millions du début des années 30. Comme leurs devanciers conservateurs, à moins qu'il s'agisse des mêmes passés au service du nouveau régime, ils accusent le déclin de la famille et le laxisme des mœurs. En réalité, la commission parlementaire pour les problèmes démographiques, réunie en 1930 par le ministre de l'Intérieur, avait montré que la perte en hommes consécutive à la guerre de 1914-1918, les difficultés économiques nées de l'inflation, des crises et du chômage étaient à l'origine du recul du nombre des mariages [2]. Les progrès de la médecine et de l'information sexuelle avaient par ailleurs aidé les couples à avoir les enfants qu'ils souhaitaient effectivement. La commission avait aussi souligné que la diminution de la mortalité infantile [3], due à une meilleure hygiène péri et post-natale ainsi qu'un système d'aide sociale et financière aux mères et aux enfants pourraient compenser la tendance des couples, constatée dans la plupart des pays industrialisés à vouloir moins d'enfants.

Selon les « experts » du IIIe Reich, une démographie qualitative tenant compte du libre choix des couples est « criminelle » parce qu'elle affaiblit la force vitale du *Volkstum.* Chiffres à l'appui, ils ne cessent de rappeler la chute du taux de natalité, tombé de 3,6 pour 100

---

1. Dr GROSZ, *Weltanschauung u. Rassenhygiene-Rede an die deutschen Frauen,* Munich, 1934, p. 13 et 15.
2. « Reichsausschuss f. Bevölkerungsfragen » in *Archiv f. Bevölkerungspolitik,* 1931, p. 62-65.
3. D'après les statistiques officielles, la mortalité infantile était passée de 20 pour 100 en 1905 à 15 pour cent en 1920 et 8,5 pour 100 en 1930.

en 1900 à 3,03 pour 100 en 1920 et à 1,47 pour 100 en 1933. Les multiples avantages accordés aux jeunes couples par le national-socialisme dès son arrivée au pouvoir : facilités de logement, prêts d'installation transformés en dons progressifs en cas de naissances rapprochées, dégrèvements fiscaux, allocations d'entretien et de scolarité pour les enfants, multiplication des auxiliaires familiales, ont certes permis d'atteindre en 1938 un taux de natalité de 1,97 pour 100, qui dépasse celui de la France (1,46 pour 100) ou de la Grande-Bretagne (1,51 pour 100). Mais l'Italie devance le Reich avec 2,36 pour 100 et la « menace » des Slaves prolifiques persiste avec, à ses frontières, les Polonais dont le taux moyen de natalité se maintient à 3,28 pour 100 [1]. *Des berceaux vides menacent nos emplois, des berceaux vides chez nous, pleins chez nos voisins,* écrit le Dr Hannes Schmalfuss dans le *Völkischer Beobachter* du 28 décembre 1936.

En réalité, la contrainte imposée aux fonctionnaires de se marier ou de justifier leur retard à fonder une famille sous peine de non-titularisation ou de blocage d'avancement, le renvoi au foyer d'un nombre important de femmes mariées, les mesures d'incitation au mariage, assorties jusqu'en 1937 de l'obligation pour la conjointe de renoncer à son emploi, ont provoqué entre 1932 et 1939 un accroissement de 840 000 mariages par rapport aux sept années antérieures et une modification sensible du modèle de la famille allemande.

ÉVOLUTION DE LA FAMILLE ALLEMANDE ENTRE 1932 ET 1939 *

	Sans enfant	*1 enfant*	*2 enfants*	*3 enfants*	*4 enfants et plus*
1932-33	33 %	14 %	20 %	24 %	9 %
1939	20,6 %	24,6 %	20,8 %	12,4 %	21,7 %

* D'après *Völkischer Wille 1939,* nº 18 p. 2 (BA. Coblence NSD 64/4).

L'impressionnante augmentation des familles nombreuses ne satisfait pas les démographes : ils constatent en effet que les incitations financières ont surtout favorisé les milieux les moins « valables » génétiquement. Les trois quarts des familles allemandes, généralement d'un niveau de vie et de culture plus élevé, persistent à

1. *RassenpolitischeAuslandkorrespondenz,* Nr. 10, Berlin, octobre 1939. Pour la Pologne : I. f. Z. Munich, MA 423/4885.

refuser le modèle d'au moins quatre enfants proclamé indispensable à l'équilibre démographique d'un État qui veut éliminer la « procréation inférieure ».

Or si l'on s'en tient au taux de fécondité des femmes [1], meilleur critère de mesures démographiques, on note, certes, sur 1 000 femmes en âge de procréer, une progression de 59 enfants vivants en 1933 à 85 en 1939. Mais le IIIe Reich n'atteint pas les 90 naissances de 1922 et encore moins les 128 de 1910-1911. De plus, si les multiples incitations matérielles ont donné des résultats non négligeables – une femme sur cinq a plus de quatre enfants –, l'État ne peut soutenir indéfiniment son effort financier sous peine d'entraver sérieusement le réarmement. D'où l'utilisation de plus en plus fréquente d'incitations psychologiques, tantôt répressives, tantôt gratifiantes.

Parmi les premières, on trouve les mises en garde des démographes chargés d'impressionner les mauvaises citoyennes. Afin de leur faire prendre conscience de leur culpabilité, ils classent les familles en trois catégories :

– les « vouées à l'extinction » présentées sur un fond jaune infamant;

– celles qui « contribuent à la mort du peuple » végètent dans la grisaille d'un trop petit nombre d'enfants (jusqu'à trois);

– celles dont la « volonté de vie » s'épanouit sur le fond vert de l'espérance avec au moins quatre enfants [2].

Quant aux mesures « gratifiantes » qui ne coûtent pas cher, il y a les places gratuites aux spectacles, la priorité dans les centres de vacances de « La Force par la joie », la transformation de la fête des Mères en fête nationale, en 1935. Trois ans plus tard, le gouvernement ajoute l'attribution de médailles frappées de la devise *L'enfant ennoblit la mère*. Médaille de bronze aux mères de quatre ou cinq enfants, médaille d'argent lorsqu'elles en ont six ou sept, médaille d'or pour huit enfants et plus. Trois millions de ces médailles sont attribuées en un an et décernées en grande pompe le 30 août 1938, jour anniversaire de la mère d'Hitler. Une enthousiaste du culte maternel, comme Agnes Gröhe, va jusqu'à envoyer tous les ans, du fond de la Silésie, un poème de sa composition sur ce thème : *Au Führer ardemment aimé*. Elle, au moins, a compris l'objectif visé :

Avec une confiance illimitée
Nous donnons au Führer les fils
Qui érigent le blindage de sang et d'acier

1. *Statistisches Jahrbuch f. das Deutsche Reich 1932*, p. 29, 1941-1942, p. 77.
2. BA. Coblence, NSD 64/4.

Autour des frontières de l'Allemagne.
Pas une mère n'oublie la parole
De fer du Führer qui dit :
« Vous êtes les représentants
De l'honneur et des devoirs allemands! »

Pas une qui, les ayant entendues en tremblant,
Puisse jamais oublier ces paroles
Parce que l'homme qui les a martelées
A brisé la malédiction de Versailles,
Qu'il est lui-même le garant suprême,
Le représentant le plus fier de l'honneur allemand[1].

La chancellerie du Reich ne semble pas avoir été submergée de témoignages d'une aussi ardente abnégation puisque je n'en ai pas trouvé d'autres du même style. J'ai découvert, par contre, des missives maternelles moins édifiantes, comme cette correspondance d'Anna Gries qui supplie le Führer de lui accorder, à l'occasion du nouvel an 1938, les allocations et primes auxquelles elle devrait avoir droit. Âgée de trente-deux ans, cette mère de trois enfants de dix, neuf, huit ans, de deux bébés de vingt et huit mois, qui attend son sixième enfant, n'a pas perçu la moindre aide de l'État.

Croyez-vous, écrit-elle au chancelier, *que je peux donner une éducation national-socialiste à mes enfants si on me traite ainsi?*

Une enquête est immédiatement ordonnée. Le chef de la police de Saint-Ingbert (Sarre) où habitent les Gries souligne dans son rapport l'extrême pauvreté de la famille et sa grande propreté bien qu'elle ne dispose que d'un deux-pièces-cuisine avec deux lits et un berceau pour sept personnes qui seront bientôt huit. Les allocations et primes prévues par la loi seraient d'autant plus nécessaires que le chef de famille n'a pas d'emploi stable depuis sept ans. Si l'aide de l'État a été refusée jusque-là, c'est à cause de l'attitude politique des Gries.

Conclusion confirmée par la section locale national-socialiste. Anna Gries a été jusqu'à écrire qu'elle avait besoin d'argent pour habiller correctement les siens avant la communion de l'aîné. De plus, cette famille catholique a appartenu au Secours rouge, l'organisation d'aide sociale proche des communistes. Elle était contre le rattachement de la Sarre au Reich lors du référendum de 1935. Depuis, ni le mari ni la femme n'ont rejoint une des organisations de la N.S.D.A.P. Leur absence de bonne volonté envers le régime justifie pleinement le refus

1. BA. Coblence, R 43 II/889.

des aides sociales dues aux vraies familles allemandes. Eux méritent tout au plus un secours unique de 25 à 30 marks. C'est encore trop, décide la chancellerie qui rejette, le 8 mars, la requête de la mère de famille nombreuse mais « indigne ».

En dépit des différences de régime, la France de cette époque est, elle aussi, plus prodigue d'honneurs gratuits ou peu coûteux que de droits et d'aide accordés aux femmes. Dans un style qui n'a rien à envier à celui du IIIe Reich, le journal *Minerva* du 10 juin 1934 écrit :

Que les vraies mères soient encensées à juste titre et fassent rempart contre les quelques brebis galeuses qui hantent leur troupeau magnifique. Tant que les familles de France perpétueront les devoirs et les vertus de notre race et que les mamans en demeureront les gardiennes, la société de demain n'aura rien à redouter.

Si l'idée d'honorer la mère de famille nombreuse avait déjà été émise par la Convention, la fête des Mères actuelle est en France un produit de la Première Guerre mondiale. Proposée par Anna Jarvis, une institutrice américaine célibataire inconsolable d'avoir perdu la sienne, elle fut instaurée dès 1912 en Grande-Bretagne, en 1914 aux États-Unis, et introduite en 1917 par le général Pershing comme Journée des mères dans l'armée française. Ce n'est sans doute pas un hasard si un décret du secrétaire d'État Oberkirch l'officialisa en cette même année 1920 qui vit la Chambre bleu horizon voter dans sa majorité la répression de l'avortement et de la contraception à propos de laquelle Léon Daudet déclarait qu'elle était propagée grâce à « l'argent des boches ». Durant près de six ans, elle semble n'avoir été célébrée que dans quelques grandes villes dont Paris, Lyon et Nantes, à tel point qu'une circulaire du ministère de l'Intérieur et du Travail du 20 avril 1926 dut rappeler qu'il convenait de consacrer le dernier dimanche de mai à la fête des Mères.

Initiative encore insuffisante puisque le Conseil supérieur de la natalité émet, en mai 1928, un vœu en faveur de la célébration annuelle de la fête des Mères *analogue à celle qui existe depuis des années en Amérique et dans presque tous les pays d'Europe pour le rapprochement entre mères pauvres et riches.*

La date retenue serait le 3 juin, les enseignants devraient prévoir des causeries, des lectures, des chants appropriés. La réactivation du culte maternel coïncide en France avec la baisse de la démographie et une campagne nataliste qui dénonce la croissance inquiétante de la population allemande à partir de 1934 et le danger de guerre qu'elle implique pour un pays pauvre en ressources humaines.

En 1935, Alphonse Carré, membre du Conseil supérieur de la natalité, exalte la fête des Mères comme *un remède moral à la crise de la dénatalité*[1]. En septembre de la même année, Edmond Labbé, commissaire général à l'Exposition universelle de 1937, prend l'initiative d'un comité auquel il associe le ministre de l'Éducation nationale Mario Roustan afin de préparer un hommage *aux mères sublimes.* A défaut d'un ministère de la Maternité, dont la création avait été envisagée pour 1937, le président de la République, Albert Lebrun, inaugurera le 23 octobre 1938, boulevard Kellermann à Paris, un monument « Aux mères sublimes, la patrie reconnaissante ». La Ligue du droit des femmes y déposera une gerbe portant l'inscription *Hommage aux mères françaises, sublimes mais non électrices* que la police se hâte d'enlever. Mais *le Journal des femmes* revient à la charge en demandant de *rendre justice aux revendications des femmes plutôt que de leur élever un monument*[2], en rappelant qu'elles *continueront à être traitées en mineures, que beaucoup manqueront du nécessaire, toutes seront, comme par le passé, marquées de cette infériorité qui, en France, s'attache à la qualité de femme.*

Si les Françaises, contrairement aux Allemandes, n'ont pas le droit de vote, elles peuvent du moins tenter de manifester et s'exprimer dans les publications qui acceptent de leur donner la parole. Dans le IIIe Reich, ce droit n'existe que pour les tenants du natalisme d'État et leur propagande qui exalte, par tous les moyens à sa disposition, la politique d'expansion démographique.

Les adversaires ne peuvent que se réfugier dans le silence ou certaines formes d'humour propagées dans l'anonymat. C'est ainsi, par exemple, que la rumeur publique a baptisé *médaille des lapins (Kaninchenorden)* la croix des mères de familles nombreuses que la jeunesse hitlérienne doit saluer réglementairement[3]. Himmler rêve pour elles des honneurs militaires[4], mais ses propres officiers ne sont pas les derniers à se gausser de cet enthousiasme. Dans le *Schwarze Korps,* l'organe officiel des S.S., Michael Mumm a même l'audace de railler l'avis de naissance suivant : *Nous nous sommes accrus et sommes passés de trois à quatre. Avec leur joie sincère. Hermann Löcker et sa femme,* par un poème intitulé *La Joie des lapins :*

Quel peut bien être ce petit couple
Qui déclare sans ambages
S'être accru, être passé de trois à quatre?

1. *Paris-Midi,* mai 1935.
2. S. FÉRON in *Journal des femmes,* octobre 1938.
3. BA. Coblence, NS D 17/RAK.
4. Felix KERSTEN, *Totenkopf u. Treue,* Hambourg, s.d., p. 54.

Je suppose qu'il s'agit
D'êtres vivants
Que le Brehm mentionne
À la rubrique « mammifères ».

C'est pourquoi ce cas
Qui parle d' « accroissement »
M'apparaît comme joie... dans le clapier
Car des êtres humains *ne font pas cela*[1].

En apprenant la chose, l'*Ortsgruppenführer* Löcker, ulcéré, écrit aussitôt à la *Reichsfrauenführerin.* Comment peut-on *comparer à un clapier mon union sacrée, fondée en Dieu. Il est vraiment inconcevable qu'une publication national-socialiste reconnue compare une mère allemande à un* mammifère *lorsque, pour donner un contenu à son existence terrestre, elle offre des enfants à l'État. Cet avilissement était possible sous la domination des Juifs, à l'époque du système*[2]. *Mais je ne comprends pas qu'aujourd'hui dans notre IIIe Reich de la propreté, ce soit justement la publication des S.S. qui, à ma connaissance, entend donner l'exemple en matière d'éducation raciale, puisse se prêter à des saletés pareilles.*

Non content d'exprimer sa colère, l'*Ortsgruppenführer* annonce des représailles : *C'est avec joie que ma femme a, jusqu'à présent, offert des enfants à l'État, mais elle refuse d'enfanter encore une fois comme* mammifère. *Pour ma part, je comprends pleinement la torture psychique de ma femme et saurai en tenir compte à l'avenir.*

Cette grève de la procréation inquiète Gertrud Scholtz-Klink. Elle informe Himmler qui interdit aussitôt toute publication au coupable, écrit personnellement au chef de famille outragé pour lui présenter des excuses et l'assurer de ses vues *naturellement positives* comme de celles de la S.S. concernant *le problème sacré* de la maternité et de la famille nombreuse.

Problème sacré ou impératif démographique au point d'inciter les jeunes « unis par un même idéal » à vivre un « mariage biologique »? Cette version éphémère de l'union libre est recommandée par la direction de la Jeunesse du Reich *(Reichsjugendführung)* dans une circulaire du 28 octobre 1935. Les cheftaines répercutent les

1. Texte du 23.6.1938, cité par Martin BROSZAT in *Miscellana-Festschrift f. Helmut Krausnick*, Stuttgart, 1980, p. 87. Les mots soulignés le sont par l'auteur S.S.

2. Appellation péjorative couramment employée par les adversaires de la république de Weimar.

instructions à leurs groupes de filles : *Vous ne pouvez pas toutes avoir un mari, mais vous pouvez toutes être mères.*

Peu de temps après, une lettre ouverte au Dr Goebbels, signée Michael Germanicus, circule dans le Reich : elle dénonce la destruction physique et psychique de filles de seize ans, parfois même de quatorze ans, après des « mariages biologiques » dans des camps de jeunesse. A l'automne 1936, près de mille jeunes filles reviennent enceintes du congrès du Parti à Nuremberg.

Dans un pays qui est encore très fortement imprégné de morale chrétienne, les relations sexuelles prénuptiales restent largement taboues à tel point que la maternité « illégitime », condamnée comme l'incarnation du vice par les conservateurs, est encore décriée dans une publication du Front du travail de 1934 comme un égarement de psychopathe, nuisible à l'équilibre de la mère et de l'enfant [1]. Conscient de cet état d'esprit, le régime se contente au début d'étendre aux mères célibataires et aux personnes adoptant un enfant les avantages accordés aux couples mariés. En 1936, le renvoi d'une mère célibataire par l'administration des Postes provoque encore une controverse entre le ministre qui le justifie par le discrédit que le comportement de cette fonctionnaire jette sur le service et le représentant du Führer, Rudolf Hess, qui exige son maintien dans l'emploi. Le différend paraît suffisamment sérieux au ministre de l'Intérieur pour qu'il convoque neuf ministres et secrétaires d'État [2] afin de clarifier la position du gouvernement.

Après deux réunions infructueuses auxquelles n'assiste pas la moindre femme, fût-ce la *Reichsfrauenführerin* Scholtz-Klink, une commission de dix-huit experts du parti et de l'État est chargée d'étudier la question et de proposer une solution [3]. En attendant, Rudolf Hess obtient l'assurance d'être consulté avant toute sanction contre une mère célibataire employée dans la fonction publique. Cette concession, après les avantages matériels accordés au début du régime, annonce un relâchement de la prudence initiale. En fin d'année 1936, un an après la recommandation du « mariage biologique », le *Journal des médecins du Reich* estime que les relations sexuelles avant mariage oscillent entre 51 pour 100 en Saxe et 90 pour 100 à Munich, ce qui laisse prévoir un accroissement du nombre des mères célibataires.

Dans cette perspective, les ministres de l'Intérieur et de la Justice

1. *Der Deutsche*, 11.8.1934.
2. Circulaire du secrétaire d'État Pfundtner du 13.10.1936, BA. Coblence, R 43/443.
3. Lettre du même, du 31.5.1937, BA. Coblence, R 43 II/1523.

publient, en mai 1937, une ordonnance autorisant toute femme à se faire appeler « madame », y compris par l'administration, à condition de déclarer, s'il y a lieu, son statut de célibataire lors des enquêtes statistiques officielles. La mesure semble insuffisamment rassurante aux mères célibataires puisque l'on voit apparaître dans la presse des annonces de mères non mariées cherchant « compagnon pour la vie », tandis que l'administration fait savoir aux pères mineurs qu'ils peuvent demander leur émancipation à partir de dix-huit ans s'ils ont l'intention de se marier sans l'autorisation de leurs parents. Les légistes nazis attendent cependant encore trois ans avant d'introduire un statut des mères célibataires dans le Code civil [1] et, en juillet 1942, un proche collaborateur d'Himmler se verra encore obligé de rappeler aux administrations que les mères célibataires doivent être traitées convenablement [2].

Cette réprobation persistante préoccupe et irrite le chef de l'Ordre noir parce qu'elle atteint l'œuvre de « régénérescence raciale » qu'il a créée, en décembre 1935, sous le nom poétique de « Source de vie » *(Lebensborn)*, en vue d'accueillir les épouses, fiancées ou amies enceintes des S.S. et des policiers relevant de ses services.

L'idée de ce genre d'institution n'est pourtant pas nouvelle. Si Himmler n'en a certainement pas cherché l'inspiration dans le *Mutterschutz* d'Helene Stöcker, trop entaché d'individualisme libéral, il a manifestement connu, par son ami Darré et l'*Artamanenbund*, le « Jardin humain » *(Mittgart)* [3] créé à l'initiative du Dr Wilibald Hentschel, disciple d'Ernst Häckel, le vulgarisateur de Darwin en Allemagne. Fondé en 1906, en Westphalie, ce centre se proposait de contribuer à la régénérescence raciale par l'installation de villages modèles dirigés par un sénat d'anciens, garant d'une justice médiévale au service d'une procréation réalisée dans des conditions rigoureusement prescrites. Selon les vues de Hentschel, la décision du « mariage » revenait au directoire. Il prenait fin avec la grossesse de la femme. L'homme était remarié aussitôt, tandis que sa compagne provisoire soignait le nouveau-né pendant deux ans avant de contracter une nouvelle union. Entre deux et seize ans, les enfants recevaient une formation de base, soins du ménage ou éducation militaire, selon le sexe, avant d'être transférés à des associations prenant en charge leur avenir au service du *Volkstum*.

1. I. f. Z., Munich, Fa 202, lettre de la direction du *Lebensborn* à Himmler du 15.2.1940.
2. I. f. Z., Munich, MA 306/2902.
3. *Cf.* Hedwig CONRAD-MARTIUS *Utopien der Menschenzüchtung München*, 1955, et Georges L. MOSSE *The Crisis of German Ideology*, Londres, 1966, p. 108-125.

A l'époque, ce mouvement et la Ligue allemande de régénération, fondée en 1902, semblent avoir trouvé des adeptes dans les provinces rurales puisqu'on dénombrait par exemple près de trois mille naissances illégitimes par an en Thuringe. Dans un roman sur le Schleswig-Holstein de l'après 1918 [1], le pasteur-écrivain Gustav Frenssen, prisé de la petite bourgeoisie pour ses idylles rurales à forte tonalité germanique, plaide une liberté sexuelle capable de régénérer le pays affaibli par des années de guerre et de famine consécutives. Lorsque son héros, le pasteur Adam Barfood, doit répondre devant son supérieur de ses propos sur les mères célibataires, sur la manière aussi dont il a jeté sa propre fille, une célibataire de trente ans, dans la conception illégitime avec un médecin de campagne marié, père de quatre enfants, l'accusé plaide le réalisme :

Dans les dix maisons les plus proches de la mienne vivent six grandes et saines jeunes filles qui attendent vainement un mari et des enfants. Après la mortalité foudroyante sur les champs de bataille, une mortalité aussi vaste mais plus lente atteint d'innombrables foyers mais personne n'en parle. Moi je ne pouvais pas l'accepter dans ma maison.

Le pasteur, qui s'en tire avec une admonestation paternelle, n'en traite pas moins son supérieur d'irréaliste parce que, comme beaucoup de prêtres et d'intellectuels, celui-ci ne sait pas voir les aspirations naturelles des êtres comme un paysan. *Quand donc sera-t-il enfin possible qu'une femme mûre – et cet enfant est d'une femme mûre puisqu'il est bien constitué – puisse recevoir et enfanter sans encourir le mépris?* En réalité, ce que le pasteur Frenssen ose exprimer ouvertement dans ce roman n'est qu'une partie des rêves d'hygiène raciale qu'il confie à son journal personnel après la lecture du sexologue anglais Havelock Ellis et du juge américain Benjamin B. Lindsay, spécialiste de la délinquance juvénile :

Tout ce qui vient de la nature ne doit pas être apprécié selon des critères moraux, mais selon des critères biologiques. Un homme ne doit pas être jugé, puni, condamné, il doit être dressé, surveillé (éventuellement placé en détention perpétuelle), stérilisé ou tué pour des motifs d'ordre biologique afin d'obtenir lentement et progressivement une purification, un affinement, une élévation du niveau du genre humain. Toute la morale bourgeoise et religieuse traditionnelle et les lois répressives qui en découlent disparaîtront comme les bûchers des hérétiques et des sorcières. Quand on constate chez un homme une maladie sociale, il faut d'abord le castrer, puis le mettre

1. Gustav FRENSSEN, *Der Pastor von Poggsee*, Berlin, 1921.

en détention préventive, non pas pour le punir, mais pour protéger la collectivité[1].

Ces réflexions sur la « protection de la collectivité » qui se veulent à l'avant-garde du progrès scientifique seront publiées en 1928, c'est-à-dire cinq ans avant la fin de la république de Weimar, fin à laquelle le pasteur en retraite Gustav Frenssen contribue, en compagnie de la majorité des paysans du Schleswig-Holstein, en adhérant au national-socialisme dès 1930. Ernst Bergmann, théoricien de l'Église nationale allemande et de la « sociosophie des sexes », l'un des rares philosophes de renom que Frenssen déclare comprendre et approuver, exprime encore plus clairement que son admirateur ses idées sur la fécondation de toutes les femmes désireuses d'être mères et condamne le mariage en tant que frein à l'ardeur procréatrice. *Il se trouve suffisamment d'hommes et de jeunes gens actifs et volontaires pour féconder les femmes et les jeunes filles disponibles. Fort heureusement,* constate ce digne professeur de l'université de Leipzig, *un gaillard plein d'allant suffit pour dix à vingt jeunes filles qui – mais en existe-t-il encore? – n'ont pas tué en elles la volonté d'enfanter. Si seulement il n'y avait pas ce non-sens culturel, contraire à la nature qu'est le mariage monogamique durable*[2].

Jusqu'à l'avènement du IIIe Reich, ces thèses, primées comme on l'a vu par la fondation Krupp, émises par un pasteur « libéral », des professeurs d'universités, des médecins dans des revues et des ouvrages diffusés dans tout le Reich relèvent du domaine de la spéculation dans la mesure où des expériences éphémères comme le *Mittgart,* voire l'existence d'un nombre important de mères célibataires, ne découlent pas d'une politique délibérée de l'État et de ses lois. Barrière fragile lorsque la majorité d'un peuple s'en détourne ou se résigne à la violence d'une minorité. Barrière non négligeable en temps ordinaire, comme le prouve l'histoire des « 500 bâtards rhénans », nés des suites de l'occupation française de la Ruhr en 1923[3].

A l'exception de la petite fraction des socialistes de l'U.S.P.D. tous les partis politiques de la république de Weimar, avec en tête le ministre social-démocrate de la Défense Gustav Noske, le ministre-président catholique de Bavière Gustav von Kahr, et même le « brave » président Ebert, dénonçaient alors à l'envi *l'emploi de soldats de couleur du niveau culturel le plus bas pour contrôler une population du niveau intellectuel et de l'importance économique des Rhénans. (...) Pour les femmes et les enfants allemands*, ajoutaient-

1. *Möwen u. Maüse*, t. II du *Journal* de Frenssen 1921-1927, Berlin, 1928.
2. Ernst BERGMANN, *Erkenntnisgeist u. Muttergeist*, Breslau, 1932.
3. Reiner POMMERIN, *Sterilisierung der Rheinlandbastarde*, Düsseldorf, 1979.

ils, *pour les hommes et les jeunes garçons, ces sauvages constituent un effroyable danger.*

Un certain Jolas, commissaire du Palatinat, alla plus loin : dans une note de 1927 au service de santé du Reich, il demanda *si l'on ne pouvait pas faire quelque chose dans le territoire occupé pour préserver la pureté raciale du sang* coloré, *envisager une mesure appropriée à cette fin.* Par crainte de n'être pas compris, Jolas expliquait à ses interlocuteurs que *l'on pouvait obtenir la stérilisation des métis par une intervention tout à fait indolore.* Et d'ajouter avec regret qu'il avait conscience *que ce genre d'intervention n'était pas admis en l'état présent de la législation.*

Quelques mois plus tard, le ministre du Reich pour les territoires occupés confirme les craintes du zélé commissaire en déclarant que des mesures contre les métis étaient *légalement exclues* puisqu'ils étaient des *ressortissants allemands du Reich.*

La stérilisation préconisée intervient durant l'été 1937, soit quatre ans après la loi nazie « sur la prévention de la progéniture atteinte de maladie congénitale », parce qu'il avait fallu vaincre au préalable les réticences des Affaires étrangères qui craignaient encore les réactions internationales, et « convaincre », avec l'aide de la Gestapo, les mères de ces enfants des « bienfaits » de cette intervention.

Dans une interview au *Berliner Lokalanzeiger* de février 1937, la journaliste française Renée Duc, interrogée sur l'attitude de ses compatriotes devant la maternité, révèle inconsciemment les liens entre l'existence d'une vie démocratique et l'émancipation des femmes lorsqu'elle déclare :

Il n'y a rejet du mariage et des enfants que chez les femmes d'organisations et de partis de gauche en France et dans les organisations qui, sous prétexte d'aider la femme dans sa lutte et ses droits, cherchent à détruire les caractères féminins et les vertus les plus précieuses de la race. Il n'y a pas beaucoup d'enfants parce qu'on veut jouir de la vie. Seul un changement de régime peut améliorer la situation démographique de la France.

Or, ce que le pasteur Frenssen appelait encore pudiquement une *régulation des mœurs* devient, à mesure que le IIIe Reich consolide son assise nationale et internationale, un système de dirigisme sexuel, élaboré par les rouages multiformes de l'État et du parti.

Dans ce domaine, comme dans tous les autres, les responsables du régime agissent de façon pragmatique, en tenant compte des obstacles sans perdre de vue l'objectif, en l'occurrence : doter le Reich de 120 millions d'Aryens d'ici 1980.

L'obsession nataliste

L'Allemagne de 1937-1938, pourtant dûment mise au pas, ne semble pas encore mûre pour la procréation dirigée selon les conceptions des experts : Himmler et ses « Cahiers d'instruction » en sont encore à convaincre les S.S. qu'ils doivent préférer des femmes « nordiques » même si elles sont « moins attrayantes sexuellement », et Rudolf Hess estime encore qu'une directive générale concernant le statut des mères célibataires *n'est ni nécessaire ni opportune* [1].

En attendant le moment propice, les réformateurs concentrent leurs efforts sur l'assainissement et l'accroissement des familles traditionnelles. Un rapport du 7 février 1938 [2] du lieutenant S.S. Wengemann attire l'attention de ses supérieurs sur le « caractère petit-bourgeois » de l'Union des familles nombreuses *(Reichsbund der Kinderreichen).* Du temps de la république de Weimar, cette association fondée dans les années 20 faisait piètre figure avec ses 5000 adhérents et sympathisants, en comparaison des 70 000 membres des organisations favorables au contrôle des naissances. Celles-ci avaient obtenu, en 1930, l'ouverture du premier centre officiel de planning familial à Berlin et, l'année suivante, celle d'un Office central de contrôle des naissances.

Dès le début du IIIe Reich, la situation est inversée : les institutions de planification familiale, accusées de collusion avec les communistes, sont fermées en vertu de la loi du 28 février 1933 « Sur la protection du peuple et de l'État », l'avortement est interdit tandis que les discours, la propagande, les mesures incitatives de toute nature conditionnent la population aryenne à une politique résolument nataliste. Les réalisations de la « nouvelle Allemagne » semblent avoir tellement impressionné les délégués au Congrès international de la protection de l'enfance, réunis à Paris en août 1937, qu'ils choisissent l'obscur Wilhelm Stüwe, responsable du *Reichsbund der Kinderreichen* comme président et le chargent d'organiser le prochain congrès, en 1938, à Francfort-sur-le-Main.

Ces « spécialistes » de la vie et de la famille, parmi lesquels on trouve un général belge et un général autrichien, semblent avoir été plus attentifs aux 25 000 centres de prévention maternelle et infantile, aux 10 millions de consultations gynécologiques du Reich

1. Lettre du secrétaire d'État Pfündtner, du 13.12.1938, BA. Coblence, R 43 11/427, aux autorités suprêmes du Reich.
2. I.f.Z., Munich, MA 3061/2990.

qu'à ses critères d'hygiène raciale, qui dictent le soutien ou le refus de soutien, voire la stérilisation des procréateurs.

Il est vrai que l'Union des familles nombreuses, qui représente encore l'Allemagne aux congrès de 1937 et 1938, se contente de défendre, comme elle le fait depuis 1930, la thèse d'une procréation qualitative, ce qui permet d'éluder le délicat problème des critères de sélection, mais suscite l'irritation des « experts » nazis présents au congrès de 1938.

Selon l'inspecteur S.S. Wengemann, l'Union des familles nombreuses du Reich ne devrait s'occuper que des enfants *de patrimoine génétique valable*, à l'exclusion aussi bien de celles « de sang racialement inférieur » que de celles de procréateurs atteints de maladies héréditaires ou chroniques, ou même des personnes qualifiées d' « asociales » pour des motifs d'ordre économique, juridique ou politique [1]. Le rapport préconise la prise en charge de la descendance sélectionnée dès le berceau dans des Écoles de mères du Reich que l'on pourra installer à la place des institutions confessionnelles nationalisées, fonctionnant sur le modèle du *Lebensborn.* Après ces « écoles », le relai matériel et idéologique serait assuré par les instances de l'État et du parti.

Ces conceptions sont reprises deux mois plus tard par le *Reichsleiter* de la N.S.D.A.P., Martin Bormann [2], qui suggère le remplacement du président Wilhelm Stüwe par une direction bicéphale composée d'un médecin chargé des questions techniques et d'un officier supérieur S.S., responsable à l'organisation et à l'orientation du *Bund der Kinderreichen.* La tutelle du mouvement, assurée jusque-là par le ministère de l'Intérieur et le Service de politique raciale, serait transférée aux services d'Himmler afin de regrouper les familles nombreuses aptes à la procréation dans l'esprit national-socialiste, de mieux propager la politique démographique et familiale, d'obtenir que la famille nombreuse exemplaire devienne la forme de vie normale dans l'Allemagne hitlérienne. Un organigramme de 1938 prévoyait même le regroupement de l'Union des familles nombreuses avec le *Lebensborn* sous la présidence de Heinrich Himmler. Un conseil d'administration de cinq officiers supérieurs S.S. chargés respectivement du contrôle général des affaires médicales, des affaires juridiques, de l'administration et des finances devait être complété par un comité exécutif de cinq experts, dont la *Reichsfrauenführerin* Scholtz-Klink, les représentants du parti, des services sociaux du Reich, des services raciaux et démographiques.

1. *Cf.* plus haut, le traitement de la famille Gries.
2. I.f.Z., Munich, MA 306/2990, lettre du 4.4.1938.

Pourquoi n'a-t-il pas été mis en pratique? Là aussi, des raisons d'opportunité semblent avoir joué : la réorganisation de l'Union des familles nombreuses n'intervient qu'en 1939. Selon les suggestions de l'inspecteur S.S. et du *Reichsleiter* Bormann, elle s'appellera désormais Union de la famille allemande du Reich *(Reichsbund deutsche Familie* [1]) avec le sous-titre explicite d'Union de combat pour une descendance nombreuse des procréateurs génétiquement valables. Effectivement dirigée par un médecin et un officier S.S., elle reprend dans ses « directives de sélection » le classement en catégories cher à Himmler, c'est-à-dire : 1. hérédité valable, 2. valeur biologique douteuse, 3. hérédité non valable – cette dernière sera assortie de la mention *éliminer (ausmerzen).*

Parallèlement à cette reprise en main des familles nombreuses, les autorités publient le 6 juillet 1938, sous le prétexte d'harmoniser les lois de l'Autriche annexée et celles de l'ancien Reich, une nouvelle législation concernant le mariage et le divorce. Rappelant les diverses lois de « protection raciale » ainsi que l'invalidité de tout mariage d'un Aryen contracté hors des frontières nationales, elle introduit, sans doute pour légaliser les « mariages biologiques » décriés dans la population, le droit au mariage à partir de seize ans pour les filles, et de vingt et un ans, avec dérogation possible à partir de dix-huit ans, pour les garçons qui doivent, dans l'esprit du législateur, pouvoir assurer leur rôle de chef de famille.

La partie la plus novatrice de la législation a trait au divorce. Si l'adultère reste un motif reconnu, une clause permet désormais au tribunal de ne pas en tenir compte « s'il a été accepté, rendu possible ou facilité » par le ou la plaignante. Les articles 48 et 53 prévoient, outre les cas de maladies héréditaires chroniques ou « susceptibles d'inspirer le dégoût », le refus de procréation ou la stérilité. Selon l'article 48 : *Un conjoint peut demander le divorce quand l'autre refuse, sans motif plausible, de concevoir ou de recevoir une descendance ou s'il emploie ou laisse employer des moyens illégaux pour empêcher la naissance.*

L'article 53 prévoit le divorce *si l'un des conjoints est devenu prématurément stérile.* Mais il ne l'obtiendra pas *s'il existe déjà une progéniture génétiquement saine* ou en cas d'adoption de celle-ci.

L'intention nataliste du législateur est encore plus évidente lorsqu'il ajoute que le divorce ne sera pas autorisé *si le demandeur est également stérile ou ne serait pas autorisé, pour des raisons de santé, à contracter un nouveau mariage.* La clause la plus révolutionnaire est celle de l'article 55 qui prévoit la séparation des conjoints sans vie

1. I.f.Z. Munich, MA 423/4779-82.

commune depuis au moins trois ans. Réclamée au nom de la liberté individuelle, dans les années 20, par les progressistes, elle doit, dans l'optique nazie, favoriser la dissolution d'unions stériles ou devenues stériles au profit de remariages entre partenaires féconds.

Si le nombre de divorces n'augmente que de quelques milliers dans les deux années consécutives à la loi, ce qui est peu par rapport à l'accroissement de la population, il est significatif que 19 pour 100 de ceux-ci sont prononcés en vertu de l'article 55.

D'une manière générale, il est aussi significatif que, malgré l'introduction de la clause de dureté, 80 pour 100 des bénéficiaires de la nouvelle loi sur le divorce sont des hommes qui « refont leur vie », souvent après vingt ans ou plus de mariage. La préoccupation nataliste est aussi évidente quand le législateur prévoit que la pension alimentaire due par le ou la « coupable » est sujette à révision, voire à annulation définitive en fonction des nouvelles responsabilités familiales du conjoint condamné.

Prévue pour les deux sexes, la mesure atteint beaucoup plus durement les femmes puisque trois sur cinq des 89 600 divorcées contre leur gré ont plus de quarante-cinq ans et ne peuvent, dans le contexte idéologique du IIIe Reich, que trouver un travail subalterne, donc mal rémunéré.

Avec le début de la guerre, la restauration de la famille et de la dignité des femmes tant exaltée par le national-socialisme avant son arrivée au pouvoir s'efface encore davantage devant la *bataille des naissances* qui devient une priorité aussi absolue que la victoire militaire. Celle-ci doit, aux dires d'Himmler [1], *transcender les limites, peut-être nécessaires d'ordinaire, des lois et des coutumes bourgeoises, afin que des femmes et des jeunes filles allemandes de bon sang puissent, non par légèreté mais avec une profonde conscience morale, devenir mères des enfants de soldats partant au combat, soldats dont seul le destin sait s'ils reviendront ou tomberont pour l'Allemagne. Car toute guerre est une ponction du meilleur sang. Bien des victoires militaires ont été pour un peuple une défaite ruineuse de sa force vitale et de son sang, dont la mort malheureusement nécessaire, pour regrettable qu'elle soit, n'est pas le pire. Bien pire est le manque d'enfants qui ne sont pas engendrés par les vivants pendant la guerre et par les morts après celle-ci.*

A cette obsession de la « mort du peuple » répond l'angoisse de femmes seules devant leur grossesse. La correspondance du *Lebensborn* [2] fait état de dépressions et même de suicides de mères

1. Ordre du jour aux S.S. et à la police du 28.10.1939.
2. Cf. dossier n° 45 des archives d'Arolsen, cité par Marc HILLEL, in *Au nom de la race.*

célibataires. Des médecins S.S. se plaignent amèrement de l'incompréhension de la population, mais aussi de la « psychose de l'avortement » chez des fiancées de soldats exposés ou tués au front, ou chez des ouvrières et des paysannes exténuées par le travail qu'elles doivent accomplir dans leur état en l'absence des hommes mobilisés [1]. Cette situation, ajoutée au fait que le volume annuel des avortements, officiellement qualifiés de « fausses couches », revienne progressivement à près de 600 000 par an, soit pratiquement autant que sous la république de Weimar, incite Himmler à élargir le champ d'action du *Lebensborn* au-delà des épouses, compagnes ou fiancées de S.S. En 1939, cinq foyers d'accueil sont déjà installés en bordure de forêt, dans des villas ayant appartenu à des Juifs dans différentes régions du Reich, surmontés du drapeau noir frappé du sigle S.S., gardés par des sentinelles en armes, qui empêchent l'accès aux curieux et aux indésirables. Leur administration est confiée à Max Sollmann, un ami d'Himmler, revenu en 1937 de Colombie, et au médecin-major Gregor Ebner qui fut le condisciple du *Reichsführer S.S.* L'équipe comprend aussi des juristes, chargés notamment des questions d'état civil, des infirmières recrutées pour leur ardeur nataliste ou parmi les pensionnaires des centres. Après l'extension de ses activités aux territoires occupés, elle sera complétée par Inge Viermetz, et son siège social sera, par un raffinement de sadisme, établi dans l'ancien centre communautaire juif et dans le logement de l'écrivain exilé Thomas Mann, à Munich.

Himmler veille personnellement aux rentrées de fonds prélevées sous forme de cotisations indexées sur la solde de ses hommes, recueillis auprès de milieux industriels et de personnalités soucieuses de se ménager les bonnes grâces des S.S. L'essentiel provient cependant des biens juifs confisqués ou volés. Si l'argent ne manque pas, l'ordre ne semble pas avoir régné dans ces centres.

Confrontés à l'hostilité de la population environnante qu'irrite la présence de ces « lieux de débauche » et aux rivalités d'un monde clos et hétérogène, les responsables ne parviennent pas à établir un minimum de discipline et d'hygiène. Outre les femmes d'officier, qui refusent le tutoiement, l'appellation par leur prénom, la participation aux travaux ménagers imposés pour effacer les disparités sociales, des lettres de « pensionnaires » font état de clous dans la purée, de pots pas vidés, de confusion de leur bébé quand elles veulent le garder. Beaucoup se plaignent de la rudesse et de l'incompétence du personnel. Au foyer près de Vienne, certaines s'enfuient lorsqu'elles s'aperçoivent que l'assistant accoucheur est un ancien dentiste. Le

1. BA. Coblence, R 58/146.

caractère particulier de ces « haras S.S. », qui auraient, si l'on ajoute foi aux dépositions de Max Sollmann lors du procès du service racial S.S. et du *Lebensborn* en 1947-1948, « produit » 12 000 bébés, ne doit pas masquer l'obsession nataliste, accrue à partir de la guerre, de l'ensemble des ministres et responsables du IIIe Reich. C'est Rudolf Hess, le représentant personnel du Führer qui adresse, dans le *Völkischer Beobachter* de Noël 1939, une lettre ouverte à une mère célibataire la conjurant, dans le même style qu'Himmler, de garder *l'enfant racialement irrécusable* de l'homme parti au front tout en l'assurant *qu'on veillera à la conservation de ce précieux bien national.* Peu auparavant, le 15 décembre, Alfred Rosenberg, le Dr Ley et la *Reichsfrauenführerin* Scholtz-Klink inaugurent en grande pompe l'exposition « La Femme et la Mère, Source de Vie » au Kaiser Friedrich Museum de Berlin [1]. Wilhelm Frick presse quant à lui le secrétaire d'État à la chancellerie de convoquer une réunion sur l'aide à apporter aux fiancées de guerre en détresse [2].

Beaucoup de discours, abondamment repris par les autorités régionales et locales, ne remplacent pas l'aide financière que l'on accorde aussi parcimonieusement aux mères célibataires qu'aux jeunes couples choyés pendant les premières années du régime puis de plus en plus délaissés en raison des impératifs budgétaires de l'armée. Or, si Himmler veut bien doter ses protégés du *Lebensborn* d'un chandelier et d'un livret de caisse d'épargne alimenté jusqu'à la vingt et unième année, il fait savoir à la Wehrmacht que c'est à elle de financer la progéniture de ses membres réticents ou incapables d'assumer les charges de la paternité [3].

Afin de rationaliser la reproduction nécessaire au futur Empire allemand, le Dr Conti, chef des services de santé du Reich et sa femme Nana, présidente de l'Union national-socialiste des sages-femmes, suggèrent de créer des « instituts de mariage » contrôlés par le parti où l'on pallierait le déficit en hommes décimés par la guerre en recourant à l'insémination artificielle. Le projet est évoqué en présence d'Hitler le 16 juillet 1941 : Himmler accepte l'idée de centres de procréation contrôlés comme ceux du *Lebensborn* ou le Centre des mères qu'il fera installer encore au printemps 1944. Mais il ne veut pas entendre parler de ces *badigeonnages vaginaux* expérimentés aux États-Unis. Ces procédés lui paraissent *immoraux* parce que *contre nature.* Ne respectant pas *les particularités physiques et psychiques de l'acte sexuel, ils risquent d'entraîner,* pense-t-il, *l'impuissance, la stéri-*

1. BA. Coblence, NS 10/67.
2. BA. Coblence, R 43 II 1286.
3. Lettre de Himmler à Keitel, juillet 1940. I.f.Z., Munich, Fa 202.

lité, peut-être même la dégénérescence du matériel génétique.

Deux ans plus tard, le sujet le préoccupe encore au point de s'en ouvrir au directeur du département de biologie animale de l'Institut technique de Munich où il a fait ses études : *Tous les Indo-Germains connaissaient dans leurs lois le problème de la stérilité masculine. Leurs connaissances étaient certainement assez avancées pour savoir que l'on peut féconder une femme en introduisant artificiellement la semence. Mais en raison de leur morale élevée, ils ont ancré dans leurs fondements juridiques le recours à l'auxiliaire naturel de procréation comme les Doriens et beaucoup de tribus et de peuplades germaniques dont nous connaissons les traditions et les codes* [1]...

Il va sans dire que cette politique démographique, qui réalise jusqu'à ses ultimes conséquences les théories du darwinisme social, suscite les protestations des milieux chrétiens ralliés au national-socialisme parce qu'ils avaient cru trouver en lui un allié contre l' « avilissement moral » de la république de Weimar.

Déjà, lors de la publication de la nouvelle législation sur le mariage et le divorce, le Vatican avait convoqué l'ambassadeur du Reich, et *l'Osservatore romano,* sa publication officieuse, avait nommément critiqué les ouvrages racistes des Prs Hans F.K. Günther, Fritz Lenz et du Dr Ludwig Ferdinand Clauss [2]. Dans le Reich, les cardinaux et évêques, qui s'étaient élevés contre la loi sur la stérilisation critiquent, à l'occasion d'une lettre pastorale pour la fête de la Sainte-Famille, les positions de Hess et de Himmler sur la procréation extra-conjugale [3].

Du côté protestant, la réprobation est plus discrète. Dorothee von Velsen, l'ancienne responsable du B.D.F., exprime à son amie Gertrud Bäumer sa colère impuissante devant la campagne de l'hebdomadaire S.S. *Das Schwarze Korps* en faveur de la « maternité de guerre », déplorant que leur lutte pour un statut des mères célibataires soit à présent pervertie en procréation sauvage [4]. Même une Guida Diehl, qui n'avait pas ménagé ses efforts bien avant l'avènement du national-socialisme dans la lutte contre *la dépravation judéo-bolchevique,* qui avait assuré, après la prise du pouvoir, la formation idéologique des femmes à la maternité charnelle ou spirituelle, dénonce, à partir de la guerre, la *procréation animale* et *l'atteinte aux lois sacrées du mariage* raillées dans le *Schwarze Korps* comme *morale de vieilles tantes.*

1. Lettre d'Himmler au Pr Heinz Henseler, du 31.3.1943, MA 50/3649-51.
2. I.f.Z., Munich, MA 47/5269.
3. I.f.Z., Munich, MA 441/1 – 0508, et BA. Coblence, R 58/147.
4. BA. Coblence, Kl. Erwerb n° 296-1.

Cela ne signifie rien d'autre qu'une procréation animale du peuple, les jeunes filles et les femmes allemandes devant indistinctement servir de poulinières [1].

Elle en arrive à déplorer l'obéissance aveugle des militantes national-socialistes, l'absence d'*honneur germanique* et de *conscience chrétienne.* L'article qu'elle publie, le 15 janvier 1940, dans son *Neulandblatt,* intitulé « L'Inviolabilité des lois divines », passe d'abord inaperçu. Six mois plus tard, la Gestapo lui interdit toute publication en vertu de l'ordonnance du 28 février 1933 « Pour la protection du peuple et de l'État ». C'en est trop pour cette militante de la première heure : elle télégraphie à Hitler, écrit à Goebbels en rappelant ses écrits contre la dissolution des mœurs. En guise de réponse, le président de la Chambre des écrivains lui notifie son exclusion, ce qui signifie l'impossibilité absolue pour elle de publier désormais quoi que ce soit dans le Reich. Lorsqu'elle parvient finalement à se faire recevoir par Hans Fritzsche, au ministère de la Propagande, puis par un représentant des S.S., elle s'entend conseiller de se faire oublier dans sa maison de Thuringe sans même fêter le vingt-cinquième anniversaire de son mouvement, le *Neulandbund,* qui n'a plus aucune raison d'être.

Dans la mobilisation totale de la population au service de la guerre, l'emprise du parti est devenue telle qu'il régente et contrôle jusqu'aux moindres détails de la vie personnelle, y compris des dignitaires du régime, dans le sens de la procréation raciale. Goebbels, dont les liaisons défraient la chronique, se voit interdire le divorce afin de préserver l'exemple, unique au sommet de la hiérarchie, d'une famille de six enfants qu'il n'hésitera pas à empoisonner en sacrifice ultime à son Führer. Martin Bormann, Erich Hilgenfeldt peuvent au contraire abandonner leur épouse au profit de jeunes femmes « fécondables », de même que Heinrich Himmler, auquel son « petit lapin de secrétaire » donne deux filles, cependant qu'il envoie son propre neveu, pour homosexualité, au camp de Dachau où il aurait été liquidé [2].

Depuis l'assassinat d'Ernst Roehm et des principaux chefs S.A. en 1934, l'homosexualité masculine, la seule qui entrave la procréation, constitue un délit pour tout Aryen. Délit pour lequel les S.S. peuvent encourir la peine de mort, prévue par l'ordonnance du 15 novembre 1941, à condition qu'il ne s'agisse ni de simulateurs, cherchant à échapper à leur affectation militaire, ni d'innocents signalés par des délateurs en quête de vengeance. Les autres, qualifiés

1. Guida DIEHL, *op. cit.*, p. 259.
2. Eugen KOGON, *Der S.S.-Staat,* Francfort-sur-le-Main, 1946, p. 356.

d'*êtres pathologiques*, de *crapules irrécupérables*, seront éventuellement *rééduqués* dans des camps spéciaux une fois la paix revenue; en temps de guerre ils doivent être condamnés à mort et exécutés même si, comme le prétend un membre de l'état-major S.S., ils font merveille comme espions au service des Anglais [1].

Cette rigueur n'est pas de mise lorsqu'on a besoin de massacreurs de civils dans les territoires occupés de l'Est. Ainsi, un compatriote et ami de l'*Obergruppenführer* Berger, adjoint direct du chef de l'Ordre noir, le Dr Oskar Dirlewanger, condamné en 1934 à deux ans de prison pour « délit sexuel », est promu lieutenant de S.S., et autorisé à sélectionner huit cents volontaires de *Sonderkommando* parmi les « asociaux » et les « droits communs » aryens des camps de concentration [2].

Par contre, le *Gauleiter* et ancien commissaire aux Prix, Joseph Wagner, est déchu de ses fonctions pour avoir toléré *l'influence néfaste de sa femme catholique* et permis que ses enfants soient éduqués dans un couvent de Breslau, qu'il a osé qualifier de « meilleure école de la ville ». Le tribunal du parti, qui s'était d'abord montré clément au regard de ses états de service, n'hésite pas à exclure les deux époux de la N.S.D.A.P. après l'intervention d'Himmler et d'Hitler, furieux d'apprendre qu'ils ont chassé leur fille Gerda parce qu'elle veut épouser un officier S.S. [3].

A lire la correspondance d'Himmler, *les vrais hommes, les hommes convenables, courageux, ayant le sens de l'honneur* qu'Hitler avait promis aux femmes, en compensation de leur service maternel, ne sont pas légion même – ou surtout – au sein de l'élite raciale de l'Ordre noir. Son chef passe une grande partie de son temps à réprimander ou sanctionner les intrigues, la vanité, la malhonnêteté, l'abus d'alcool bien qu'il ait acquis une source thermale en Tchécoslovaquie et songe à acquérir les eaux de Vichy afin d'imposer ces boissons naturelles et des jus de fruit dans les cantines S.S.

Absence d'esprit de famille chez l'un : *Je vous donne l'ordre d'écrire quelques lignes à votre mère qui se plaint de n'avoir reçu aucun courrier de vous depuis le début de la guerre.* Manque de fermeté chez l'autre envers une épouse atteinte de folie des grandeurs : *J'ai l'impression que vous n'avez pas encore entrepris dans votre union la direction et l'éducation de votre jeune femme dans la mesure que je suis en droit d'attendre d'un chef S.S.*

A l'inverse, le « fidèle Heinrich » a fort à faire pour étouffer le

1. Lettres d'Himmler du 9.10.1942 et du 23.6.1943, MA 81/1456 et MA 55/24-27.
2. T.M.I. n° 621 et I.f.Z. Munich, Fa 146/51.
3. Cité par Helmut HEIBER, *Reichsführer! – Briefe an u. von Himmler*, Stuttgart, 1968.

scandale lorsque la brutalité de Max Amann, le puissant directeur de la maison d'éditions du parti et président de la Chambre de la presse, incite sa femme désespérée à se jeter dans un lac près de Munich d'où elle est retirée de justesse par un ouvrier agricole polonais et emmenée en larmes à l'inspection de police la plus proche.

Peut-on réintégrer le médecin capitaine Gerhard Tschmarke, exclu des S.S. en 1938 parce qu'il avait provoqué la fausse couche d'une infirmière enceinte de lui? *Il faut,* répond le *Reichsführer, constater s'il a eu des enfants de son second mariage contracté en 1937 et s'il souscrit à l'opinion du Führer qu'une famille devrait avoir quatre fils si le destin lui est favorable.*

La sexualité planifiée

Plus la guerre devient meurtrière, plus l'obsession démographique augmente : le 8 mai 1942, Himmler confie à son responsable des affaires économiques, le général Pohl, qu'il a donné l'ordre secret de projeter un grand centre du *Lebensborn dans la perspective des près de 400 000 femmes qui, déjà maintenant, ne pourront sans doute pas avoir d'homme par suite de la guerre et des tués. L'édifice,* ajoute-t-il, *devra être convenable* (anständig) *et représentatif de la noble idée et de l'honneur de la mère non mariée.*

Le mot *convenable,* que les chefs nazis affectionnent particulièrement, est même utilisé lorsqu'il est question de bordels militaires. A la suite du rapport d'un de ses inspecteurs sur les maladies vénériennes dans les unités de l'armée et des S.S. stationnées en Pologne, Himmler adresse, le 17 juillet 1942, un blâme à ses médecins-chefs qui n'ont pas installé des *bordels convenables et fourni à nos hommes des conditions dignes (würdige Gelegenheiten) pour leurs rapports sexuels.* Il ordonne *l'installation de bordels permettant une saine rencontre de filles sans danger de procréation, de maladie pour les hommes et sans lien social avec le* Volkstum *polonais.* Une enquête ayant révélé que 94,5 pour 100 des maladies vénériennes constatées proviennent de femmes allemandes, les responsables militaires avaient envisagé de les contraindre à vivre sous contrôle médical en caserne et de lever officieusement l'interdiction faite à leurs troupes de fréquenter des Polonaises. Pas question de « mélange racial », tempête Himmler, pas question non plus de traiter des Allemandes de la sorte :

La solution envisagée d'encaserner toutes les jeunes Allemandes qui travaillent là-bas et de les examiner comme des prostituées ne peut être qualifiée par moi que d'indigne expédient de militaires, typique de messieurs mes officiers et médecins lorsqu'ils manquent gravement à leur devoir. A maintes reprises, Himmler déplore les faiblesses de ses hommes, trop vulnérables à toutes les séductions, à commencer par celles de *la femme qui a exercé son influence dans infiniment de choses de l'histoire du monde.* A l'avenir pour assainir ce qu'il appelle *la boutique pourrie (der faule Laden)* il envisage leur rééducation dans des centres disciplinaires semblables à celui qu'il a créé en 1938 au camp de Sachsenhausen. L'assainissement des esprits devra être complété par un assainissement physique des procréateurs germaniques. La hantise de l'infection, en particulier des maladies vénériennes, déjà omniprésente dans *Mein Kampf,* l'incite à ordonner aux P^rs^ Clauberg et Grawitz d'expérimenter sur des détenus des deux sexes des traitements par sulfamides.

Ces projets d'avenir n'excluent pas les mesures immédiates devenues d'autant plus impératives que l'extension des territoires occupés, la concentration sur le territoire du Reich de prisonniers et de travailleurs étrangers accroissent les risques de « pollution raciale ».

En même temps qu'il ordonne l'installation de bordels convenables aux chefs de la Wehrmacht et des S.S., Himmler en prévoit pour les travailleurs étrangers. *Si je n'ouvre pas ces bordels,* explique-t-il au secrétaire d'État à l'Agriculture, qui ne veut pas entendre parler de rations alimentaires de faveur aux prostituées, *les milliers de travailleurs étrangers se jetteront sur les femmes et les jeunes filles allemandes. Comme je dois naturellement restreindre le nombre de bordels et celui de ses occupants, il est malheureusement nécessaire de leur donner suffisamment à manger pour leur activité, certes peu réjouissante, mais utile à l'intérêt allemand.* Reprenant l'argument du secrétaire d'État selon lequel *il serait psychologiquement dangereux de leur attribuer des rations de travailleurs de force* – celles-ci ne sont pas accordées aux ouvrières –, le *Reichsführer* conclut sur un ton de complicité grivoise : *D'une manière ou d'une autre, nous devons essayer de résoudre ce problème peu appétissant* [1].

Six mois plus tard, la rationalisation de la sexualité franchit une nouvelle étape. De retour d'une visite d'inspection au camp de Buchenwald, Himmler s'adresse à l'*Obergruppenführer* Pohl, chargé des services économiques des S.S. en général et des camps en particulier. La productivité des détenus travaillant à la fabrication d'armement serait certainement stimulée si, au lieu de leur accorder de temps à autre quelques cigarettes ou un peu d'argent, on pouvait

1. Lettre à Herbert Backe, du 30.7.1942, MA 65/520.

établir un système de récompenses à trois niveaux – le *Reichsführer* aime décidément les classements ternaires. Les cigarettes ou d'autres petites faveurs serviraient de stimulant de base, l'argent valoriserait l'effort supplémentaire, les plus zélés auraient droit au bordel. *Ce dernier complexe n'est pas exagérément beau mais il correspond à un besoin naturel, et si je peux en disposer comme stimulant d'un rendement supérieur, j'estime que nous avons le devoir de profiter de cette incitation.* La productivité n'excluant pas l'esthétique : le *Reichsführer* souhaite que Pohl trouve quelqu'un *capable d'élaborer de manière géniale et artistique l'ensemble du système de rendement dans les camps. Somme toute,* conclut-il, *un modèle allemand de stakhanovisme*[1].

La sexualité, réduite au réflexe de Pavlov, ne satisfait manifestement ni les femmes ni les hommes, que leurs maîtres voudraient réduire à l'état de chiens dévoués.

Depuis le début des hostilités, les rapports de la Sûreté (Sipo) se multiplient sur les relations amicales entre la population allemande et les prisonniers polonais, anglais, français. La sympathie des femmes qui travaillent avec eux inquiète tout particulièrement les rapporteurs qui évoquent leurs relations sexuelles avec ces « éléments de race inférieure ». Un rapport du 14 mars 1941 cite le cas d'une aubergiste de Bramberg en Franconie conduite, comme le prévoit une ordonnance du 31 janvier 1940, à travers les rues de la ville, la tête rasée, avec une pancarte : *A souillé l'honneur des femmes allemandes.*

La nouvelle de cet événement, commente le rapporteur dans le style sentencieux de l'administration nazie, *se répandit comme une traînée de poudre dans tout le district. Concernant l'état d'esprit de la population, il est à remarquer qu'une grande partie de celle-ci approuve la mesure, certains exigeant même qu'on y ajoute la punition du fouet. La mesure se heurta par contre au refus de la plupart des femmes, y compris des adhérentes du parti, même si elles n'exprimèrent pas tout de suite leur véritable opinion. Après avoir blêmi à la vue de la femme tondue, elles déclarèrent d'abord que c'était bien fait pour elle. Mais dans des conversations ultérieures entre elles, elles exprimèrent leur hostilité à cette mesure. Certaines allèrent jusqu'à demander si l'on aurait procédé de la même manière pour des hommes qui se commettent en France avec des Françaises*[2].

---

1. Lettre d'Himmler à l'Ogruf. S.S. Pohl, du 5.3.1943, MA 73/812-14.
2. Rapport *S.D. Aussenstelle Ebern*, 14-3-1941, cité par Rolf HOCHHUTH, *Eine Liebe in Deutschland*, Hambourg, 1978, p. 63.

La réaction de ces femmes révèle qu'à leurs yeux la double morale, déjà dénoncée par les féministes de l'Allemagne impériale, est plus condamnable que l'oubli du rôle de gardienne du sang allemand que leur assigne l'idéologie national-socialiste. De plus, en pleine guerre, dans ce pays encore enivré de victoires militaires, malgré une police omniprésente, la délation pratiquée à tous les niveaux et en toute circonstance, des protestations de ce genre semblent, selon les témoignages de la Sûreté, avoir eu lieu dans différentes régions du Reich. Protestations sans doute de moindre ampleur que celles des dignitaires des Églises, qui aboutissent à la même époque à l'arrêt de l'euthanasie pratiquée sur des malades et des infirmes incurables non juifs. Les châtiments prévus par les ordonnances de janvier et de mai 1940 allant jusqu'à la mort pour le « pollueur racial » et le camp de concentration pour l'Allemande « oublieuse de l'honneur » seront maintenus. Le chef de la Sûreté est cependant contraint d'interdire, le 31 octobre 1941, sur *ordre du Führer*, toutes les brimades publiques précédemment ordonnées par Himmler contre ces dernières.

La solitude des femmes privées de celui que la propagande n'a cessé de présenter comme le protecteur indispensable, leur désarroi devant les responsabilités et les tâches auxquelles elles ne sont pas habituées, en l'absence de l'homme dont les lettres sont parfois aussi rares que les permissions provoquent dans bien des cas ce qu'un rapport de la Sûreté du 12 octobre 1942 appelle *l'oubli de la nécessaire distance raciale* tout en concluant, avec un optimisme de commande : *Un travail d'éducation, entrepris à temps, ne serait certainement pas vain.*

Un peu plus d'un an après, cet optimisme n'est plus de mise. Analysant les procès de plus en plus nombreux à propos de relations sexuelles interdites, le chef de la Sûreté écrit en date du 13 décembre 1943 :

Le cercle des délinquants n'est... manifestement limité que par le hasard et l'occasion. Les femmes qui entrent en relation avec des prisonniers de guerre sont en contact étroit et permanent avec eux par leur travail dans l'agriculture ou à l'usine. Il ne s'agit en aucune façon uniquement de femmes de mœurs relâchées, même si celles-ci peuvent en constituer la plus grande proportion. Parmi les accusées se trouvent aussi bien de jeunes paysannes de bonne famille et de réputation irréprochable n'ayant jamais eu de rapports avec un homme, que des épouses de soldats dont certaines mères de plusieurs enfants ont souvent mené durant des années la vie conjugale la plus heureuse. Lorsque le délit est imputable à des Français de condition sociale supérieure, on voit aussi apparaître parmi les délinquantes des sténodactylos, des secrétaires de domaines et des membres de l'intelligentsia [1].

L'analyse lucide de la réalité n'empêche pas la répression : les juges continuent de condamner à la prison ou au camp de concentration celles qui ont accepté d'être aimées par des hommes « inférieurs ». Ceux-ci, considérés comme seuls responsables sont, surtout lorsqu'il s'agit de Slaves, condamnés à mort et exécutés pendant que les soldats allemands sont absous d'avance par Hitler en personne.

Si l'homme allemand doit être prêt à mourir inconditionnellement, il doit aussi avoir le droit d'aimer inconditionnellement. Car le combat et l'amour vont de pair et le bourgeois doit être content de recevoir ce qui reste [2].

Propos de militaire en campagne, qui s'adressent aux officiers du quartier général. Devant ces messieurs habitués par leur éducation à savourer le « repos du guerrier » cher à Nietzsche, il serait indécent d'évoquer les trafics de pensionnaires du *Lebensborn* ou de prostituées confiées à Himmler. Le « fidèle Heinrich » sait, lui aussi, s'adapter à son entourage : à chacun sa tâche. Lorsque le major général S.S. Oberg l'informe des 7 000 cas de maladies vénériennes constatés dans les unités ramenées d'U.R.S.S. en France à la fin de l'année 1942, il déclare comprendre *le comportement d'hommes arrivés sexuellement affamés de l'Est.* Il conseille à son « cher Oberg » d'installer des bordels avec contrôle médical et policier étendu jusqu'aux prostituées fichées (Kontrolldirnen), tout en ajoutant, au cas où le major général S.S. n'aurait pas compris, que la France n'est pas une contrée aussi « primitive » que les territoires occupés de l'Est :

Je vous prie cependant de ne pas utiliser cette expression quand elle ne correspond pas à la situation française et n'aurait qu'un effet blessant [3].

Ces ménagements sont d'autant plus nécessaires que l'Allemagne hitlérienne, engagée depuis l'invasion de l'U.R.S.S. dans une lutte coûteuse en vies humaines, a désormais besoin des pays occupés pour assurer sa politique démographique. Promu, en plus de ses autres fonctions, commissaire du Reich pour la consolidation du *Volkstum* allemand, Himmler cherche à récupérer des « éléments racialement valables » par tous les moyens. C'est ainsi qu'il a chargé, dès le

1. Rolf HOCHHUTH, *op. cit*, p. 24.
2. Henry PICKER *Hitlers Tischgespräche im Hauptquartier 1941-1942*, Bonn, 1951, p. 301.
3. MA 21/5967-68.

10 juillet 1941, ses chefs de service d'organiser l'importation massive de jeunes Polonaises et Ukrainiennes appartenant aux groupes de « valeur raciale I et II ». L'opération présente pour le Reich un triple avantage : elle fournit à ses familles nombreuses des employées de maison qui leur font défaut et ne coûteront pas cher, elle fournit à la communauté allemande qui les formera en ce sens de futures « mères de bonne race », tout en enlevant à leur peuple d'origine les enfants les plus doués qu'elles mettent au monde [1].

Au mépris de leur propre doctrine, les pourvoyeurs de « matériau humain » n'hésitent pas à enlever des mères et des nourrissons du *Lebensborn* des pays occupés pour les envoyer ensemble ou séparément, selon le diagnostic des experts raciaux, dans des centres ou des familles allemandes en vue de leur germanisation. Des enfants, précédemment qualifiés de « bâtardisés » reçoivent, pour les besoins de la cause, des brevets de qualité nordique, comme ces petits Germano-Français que le Dr Conti ne trouve *pas plus mauvais que ceux faits en Norvège avec des Norvégiennes.* L'expertise de mai 1942 semble avoir produit cent mille Allemands de mères françaises dont certains voient le jour au *Lebensborn* du château de Lamorlaye, près de Chantilly [2].

Dans les pays occupés de l'Ouest, la germanisation respecte encore dans une certaine mesure les liens entre la mère et l'enfant, qui sont généralement assurés d'un traitement convenable. Pas d'égards de ce genre dans les territoires annexés de l'Est : les mères potentielles sont expédiées dans le Reich après ramassage par les S.S., des enfants sont arrachés à leurs familles, dirigés sur des centres de sélection avant d'être envoyés dans un centre ou une famille d'adoption allemande ou abandonnés à la consomption dans des camps-mouroirs. A ce stade de rationalisation de la sexualité, les services de l'État et du parti multiplient les mesures dites de démographie « positive » et « négative ». D'un côté, l'extension du *Lebensborn,* la germanisation à outrance, l'additif à l'article 218 du Code allemand, qui introduit la peine de mort en cas d'avortement d'un fœtus aryen *pour atteinte à la force vitale du peuple allemand* [3]. De l'autre, l'interdiction de procréer dans les ghettos, la stérilisation massive des femmes juives dans les camps, l'incitation à la contraception, à l'avortement, à la stérilisation volontaire dans les territoires de l'Est. Tandis qu'Hitler affirme vouloir faire fusiller l'idiot qui s'aviserait d'appliquer la loi

1. MA 19/3893-94.
2. *Cf.* Marc HILLEL, *op. cit.*, p. 223-228.
3. Cette disposition, également introduite par le régime de Pétain, fit condamner à mort et exécuter Marie-Louise Giraud, une blanchisseuse du Maine-et-Loire.

allemande sur l'avortement [1]. Himmler donne des instructions précises à ses experts médicaux.

Les femmes et les filles des régions annexées de l'Est devront être encouragées à se faire avorter et l'on développera en même temps un commerce dynamique de préservatifs anticonceptionnels. Toute assistance médicale, vaccination, intervention chirurgicale, etc. devra être refusée à ces populations. Une propagande intensive devra inculquer à ces gens qu'il est nuisible d'avoir beaucoup d'enfants, que toute naissance met la vie de la femme en danger, que l'avortement est, au contraire, bénéfique, recommandé et de surcroît, scientifiquement contrôlé, que la stérilisation volontaire des femmes est hautement souhaitable. De plus, la mortalité infantile ne devra pas être combattue, on ne construira pas de nouvelles maisons d'enfants, l'éducation de ceux qui ne sont pas encore « éliminés » sera réduite au minimum [2].

Ce dépeuplement projeté, comme on l'a vu, par Richard Walther Darré dès l'été 1932 est difficilement compensé par les transferts de colons allemands *(Volksdeutsche)* auxquels on attribue les terres et les maisons d'autochtones expulsés. Compensation insuffisante, encore réduite par l'incorporation des hommes valides dans les unités décimées sur les fronts d'Afrique et de Stalingrad. La menace de « la mort du peuple » obsède l'esprit des natalistes. *Il faut remédier à l'absence d'enfants dans le couple. Planifiez vos permissions*! dit un appel du médecin-chef Hans Sievers dans la *Marine Frontzeitung* du 10 décembre 1942. Assorti de conseils de lutte contre la stérilité, l'appel conclut sans détour : *Tout enfant non né signifie une goutte de renoncement dans notre ascension politique.*

L'initiative enchante Himmler qui fait distribuer ce texte à tous les hommes mariés. Il faut, conseille son secrétaire l'*Obersturmführer* Brandt à Paula Walter qui demande un congé de conception pour son mari, que vous consultiez d'abord un gynécologue *car seule une permission prise au bon moment offre, autant qu'on puisse en juger, une certaine garantie de voir se réaliser votre souhait et celui de votre mari d'avoir un enfant* [3].

Le général S.S. Benno Martin a une meilleure idée : il demande l'autorisation d'occuper un hôtel près du terrain de manœuvres de Nuremberg pour que les hommes puissent y passer des congés de procréation avec leurs épouses. La proposition plaît au *Reichsführer* qui trouve effectivement qu'*il est moins facile d'accorder aux*

1. Henry PICKER *op. cit.*, conversation du 22-7-1942.
2. Marc HILLEL, *op. cit.*, p. 229-230.
3. MA 31/9356.

hommes des congés suffisants avec le temps nécessaire pour le voyage d'aller et retour que de donner aux femmes la possibilité de rejoindre leurs maris [1].

Comme il s'agit de sa Bavière natale, il a même songé à un hôtel à Bayreuth ou à des auberges en forêt, avec une bonne nourriture. Bien entendu, les frais de séjour des couples et le voyage des conjoints seront payés sur la caisse de l'état-major S.S. Cette missive du 9 juillet 1943 est complétée par un ordre du général des blindés Felix Steiner afin qu'il veille *à l'exécution rapide et sérieuse du projet en éliminant radicalement toute forme de plaisanterie de jeunes gens et d'imbéciles qui ne comprennent pas ce problème.* Les préoccupations pédagogiques ne perdent jamais leurs droits dans la correspondance du *Reichsführer,* il suggère aussi l'organisation de conférences sur le sujet en s'inspirant de l'appel du médecin-chef Sievers.

Des conversations d'Himmler avec son masseur finlandais [2] et d'un mémoire du *Reichsleiter* Bormann, daté du 29 janvier [3], il ressort qu'Hitler et son entourage se préoccupent encore à cette époque *d'assurer l'avenir du peuple allemand.* Tandis que les Alliés contraignent la Wehrmacht à refluer dans le Reich où la population tente de survivre sous les bombardements, les dirigeants nazis envisagent encore les moyens de renforcer leur *potentiel humain.*

Reprenant à leur compte les thèses du Dr Schallmayer, du philosophe Bergmann, du pasteur écrivain Frenssen, ils dénoncent le mariage comme une *œuvre satanique de l'Église catholique,* taxent les lois matrimoniales d'immorales et hypocrites, parce qu'elles obligent les hommes à vivre toute une vie avec une seule femme, de sorte qu'ils doivent se cacher si leurs besoins normaux les incitent à en avoir d'autres. Situation d'autant plus intolérable que l'Allemagne aura, à la fin de cette guerre, non pas deux millions de femmes seules comme après la précédente, mais au moins trois à quatre millions.

Comme elles ne reçoivent pas d'enfants du Saint-Esprit mais seulement des hommes allemands encore disponibles, il appartient à l'État de veiller à ce que des hommes convenables, sains physiquement et psychiquement puissent engendrer de manière renforcée. Un système de demandes et de sélection permettra aux hommes d'avoir deux ménages et deux femmes. En plus de la bigamie, il faudra préparer la population à l'idée de l'union libre. A cet effet, la littérature s'emploiera à dédramatiser la rupture conjugale, à montrer

1. MA 71/8555-8557.
2. Felix KERSTEN, *op. cit.*, p. 223 et suiv.
3. Cité par H. A. JACOBSEN, W. JOCHMANN *Ausgewählte Dokumente z. Geschichte des Nationalsozialismus*, Bielefeld, 1961.

les nombreux créateurs issus de ce genre d'unions, supprimer jusqu'au terme d'enfant illégitime, d'une manière générale, trouver un vocabulaire attrayant afin d'inciter les hommes à avoir des relations avec plusieurs femmes et de convaincre celles-ci de la sagesse de ce nouveau mode de vie.

Chaque femme allemande doit pouvoir enfanter à discrétion si le Reich ne veut pas manquer dans vingt ans de divisions indispensables à la survie de notre peuple.

Le 14 février 1944, Himmler demande encore aux experts du *Lebensborn* d'entreprendre des recherches sur la procréation de garçons pour compenser l'insuffisance d'hommes. En attendant, il cherche à se documenter à ce sujet. Son adjoint, le général Berger [1], lui rapporte une recette pratiquée dans son village des Alpes souabes. Pendant une semaine, les époux s'abstiennent de toute boisson alcoolisée. La femme arrête de travailler, se nourrit bien, dort beaucoup. Ce délai expiré, le mari se rend à pied dans la ville voisine d'Ulm, distante de vingt kilomètres. Lorsqu'il en revient, la conception produit presque toujours un enfant du sexe masculin. Il suffit somme toute d'un mari fatigué et d'une femme reposée. Encore faut-il disposer de maris.

On doit pouvoir s'en passer, se dit le *Reichsführer* qui se souvient, quelques mois plus tard, d'une coutume du Schleswig-Holstein, proche de celles qu'évoquent les romans de Gustav Frenssen. Coutume encore pratiquée, assure-t-il à son correspondant, le Pr Walter Wust [2], vers 1930 dans la région de Kiel. Au moment de la nouvelle lune, la fille qui n'a pas trouvé de mari se rend avec son père et les paysans du village au tombeau des Huns ou des ancêtres. Les hommes, le dos tourné, forment à une certaine distance un cercle autour de la jeune femme qui s'étend sur la tombe pour être fécondée par le paysan que lui a choisi son père afin que le sang de qualité ne se perde pas.

Dans la logique du darwinisme social, c'est-à-dire de toute conception du monde fondée sur des rapports de forces, les discours sur la dignité du couple, de la maternité, de la famille n'aboutissent, comme le reconnaît finalement même une Guida Diehl, qu'à une « procréation animale » à une « monte » où *la* femme sert de poulinière.

1. MA 23/8985.
2. Lettre du 17-8-1944, MA 35/3918-21.

CHAPITRE IV

POULINIÈRE OU JUMENT DE TRAIT?

C'est en ces termes que le maréchal Goering explique, en avril 1942, à Fritz Sauckel qui ne cache pas son impatience d'obtenir une mobilisation totale de la main-d'œuvre féminine, le dilemme qui se pose aux chefs du régime. Hitler et son entourage n'ont cessé d'affirmer que le rôle des femmes est essentiellement celui de gardienne du foyer, mais ils doivent aussi tenir compte des nécessités économiques, c'est-à-dire des besoins en main-d'œuvre qui apparaissent dès l'automne 1935, avec la restauration du service militaire obligatoire et la préparation à l'économie de guerre. Or, s'il est évident que l'ordre masculin ne peut tolérer et ne tolérera pratiquement aucune femme à un poste de responsabilité dans quelque secteur que ce soit, son attitude est beaucoup plus fluctuante lorsqu'il s'agit d'emplois subalternes. Elle est même ouvertement incitative dans les secteurs dédaignés par les hommes, en particulier les travaux ingrats et mal rémunérés de l'agriculture, des industries textiles et alimentaires, des emplois domestiques.

L'éviction sélective

L'idée, largement répandue selon laquelle le national-socialisme a repris à son compte la pratique conservatrice des trois K – Kinder, Küche, Kirche –, les enfants et la cuisine devenant, cela va de soi, prioritaires par rapport à l'Église, ne se vérifie que partiellement durant les quatre premières années du régime où la priorité de la vocation familiale des femmes est pourtant nettement affirmée dans les discours et la propagande. Car, même durant cette période, on constate des divergences. Alors que l'organe officiel de la N.S.D.A.P., le *Völkischer Beobachter* du 1er novembre 1933, titre : *La femme dans son ménage, l'homme à son lieu de travail* et cite en exemple la manufacture de cigarettes Reemtsma dont les primes, ajoutées à celles de l'État, ont permis le retour de cent vingt-deux jeunes mariées au foyer, une circulaire du ministère de l'Emploi déplore *les renvois inconsidérés* qui ne tiennent aucun compte de l'intérêt économique du pays et recommande *une éviction sélective* [1].

Une préoccupation analogue apparaît en 1934 dans *Junges Deutschland*, le journal des Jeunesses hitlériennes :

Malgré toutes les interventions en faveur du ménage comme lieu d'activité idéal de la femme, il ne faut pas oublier que notre industrie ne peut se passer de la jeune fille. De nos jours, le travail féminin est encore une fonction sociale : il n'est pas seulement l'expression des calculs et du désir de profit du capitalisme privé, il sert la collectivité.

Le « service de la collectivité » varie selon la conjoncture. Entre 1933 et la fin de 1935, la priorité est au plein emploi de la main-d'œuvre masculine. Durant cette période, les discours d'Hitler, comme de la plupart des dignitaires du régime, exaltent le retour de la femme au foyer et le pourcentage des femmes dites actives – comme si les autres ne l'étaient pas – tombe de 5 points et demi, passant de 37,1 pour 100 à 31,6 pour 100. Mais leur nombre se stabilise autour de 11 500 000 car les près de 900 000 départs, provoqués par éviction ou prime de mariage, sont pratiquement compensés par l'arrivée des nouvelles générations féminines sur le marché du travail.

Cependant, et c'est là sans doute l'un des aspects les plus notables de la politique féminine du IIIe Reich, cette relative stabilité numérique s'accompagne d'une déqualification professionnelle.

Le service féminin du Front du travail allemand (*Deutsche Arbeitsfront*-D.A.F.) de 1936 [2] reconnaît que même dans le secteur social, considéré comme relevant de sa compétence, le personnel féminin ne représente que 4 pour 100 des effectifs avec 415 000 employées, alors que les plus de 11 millions restantes se répartissent comme suit :

4 650 000 dans l'agriculture dont 800 000 comme saisonnières;

2 700 000 dans l'industrie et l'artisanat;

1 900 000 dans le commerce et les transports;

1 300 000 dans les services domestiques;

500 000 dans les services publics.

1. Instructions de novembre 1933 reproduites in *Archiv f. Bevölkerungspolitik* de mars 1934, p. 125-126.

2. *Tagewerk u. Feierabend der schaffenden deutschen Frau*, 1936 p. 16 et 23.

Selon la même source, ces salariées gagnent en moyenne, à qualification égale, un tiers de moins que leurs collègues masculins. Certains experts estiment qu'en pratique la différence varie du tiers à la moitié de moins que les salaires masculins [1]. Les femmes enceintes bénéficient de dix à douze semaines de congé de maternité pendant lesquelles elles ne touchent que 75 pour 100 de leur salaire. Si elles continuent de travailler, elles reçoivent, en plus de leur salaire intégral, 50 pour 100 d'indemnités de la caisse maladie et ont droit à deux fois une demi-heure par jour de pause d'allaitement.

Une loi du 27 juillet 1934 réduit l'horaire maximal de travail journalier à huit heures pour les femmes et interdit leur emploi après 22 heures dans les grande et moyennes entreprises. Est-ce à dire, comme le prétend Hitler dans un discours du 13 septembre 1935, que le national-socialisme a rendu la joie de vivre aux femmes accablées durant l'ère libérale? Quelques mois plus tard, au cours d'un entretien avec une journaliste de *Paris-Soir* [2], le chancelier assure même donner à la *compagne de vie de l'homme* des droits identiques et s'insurge contre les régimes qui leur imposent des tâches masculines alors qu'elles sont, selon lui, prédisposées au travail social, ajoutant : *Je ne conçois pas de bataillons de femmes.*

En réalité, si les familles ne connaissent plus la misère du chômage, les femmes ont dû accepter leur relégation dans les emplois subalternes ou au foyer, leur proportion est, nous l'avons vu, infime dans le secteur social alors qu'elles représentent près de la moitié des effectifs de l'agriculture et un tiers dans l'industrie. Depuis 1934, il existe même, contrairement aux allégations d'Hitler, de véritables bataillons de travail féminins pour les jeunes Aryennes de dix-sept à vingt-cinq ans, placés sous la tutelle du secrétaire d'État Konstantin Hierl.

L'idée d'un service du travail féminin n'était pas nouvelle. Certaines responsables national-socialistes [3] se plaisent même à rappeler qu'elle avait été développée pour la première fois, en 1794, dans un mémoire de Thérèse Cabarrus-Fontenay à la Convention. En Allemagne, elle apparaît en 1894, dans un article d'Ida von Kortzfleisch et, un an plus tard, dans l'étude d'un certain E.A. Fabarius, publiée à Essen, soit plus de vingt-cinq ans avant le service du travail

---

1. *Cf.* Ludwig Eiber *Frauenarbeit im Krieg* in *Bayern in der nationalsozialistischen Zeit*, t. III, Munich, 1981, p. 372.
2. Interview par Mme Titayna in *Paris-Soir,* 23-1-1936, reproduite in *Völkischer Beobachter* du 27-1-1936.
3. *Cf.* Toni SARING, *Der deutsche Frauenarbeitsdienst*, Berlin, 1934 p. 61 et Lilly MARAWSKE-BIRKNER, *Der weibliche Arbeitsdienst,* Leipzig, 1942, p. 24.

masculin, qui ne sera évoqué qu'en 1918, comme substitut au service militaire aboli par le traité de Versailles [1].

Dès le début, un vaste débat s'engage entre associations confessionnelles, sociales et au sein du B.D.F., sur la finalité d'un tel service : les unes souhaitent qu'il forme les jeunes filles aux tâches ménagères et sociales, voire à un certain retour aux traditions rurales, les autres l'interprètent au contraire comme l'équivalent du service militaire justifiant les revendications égalitaires des femmes.

C'est dans cet esprit que Gertrud Bäumer et Marie Elisabeth Lüders avaient, on s'en souvient, créé un service féminin durant la Première Guerre mondiale. Lorsque l'Union des ménagères allemandes du Reich relance l'idée en 1924, sa perspective résolument conservatrice ne suscite aucun intérêt dans une société qui retrouve, avec une certaine prospérité, le goût du confort perdu pendant les années de guerre et d'immédiate après-guerre.

Même la crise économique et le chômage qui s'ensuit ne parviennent pas à éveiller l'enthousiasme des jeunes Allemands pour le service volontaire du travail instauré par une ordonnance du chancelier Brüning, le 5 juin 1931. Beau sujet de méditation pour les tenants d'une fatalité de l'esprit grégaire outre-Rhin : malgré six millions de chômeurs dans l'Allemagne de 1932-1933, parmi lesquels les jeunes de moins de vingt-cinq ans appelés à ce service sont nombreux, on ne compte que 63 000 volontaires masculins et un peu plus de 10 000 jeunes filles. Est-ce parce que ce service volontaire n'est soutenu à cette époque que par des organisations conservatrices comme les Casques d'acier, les associations monarchistes et protestantes, la Caritas catholique, dont l'audience est faible parmi les jeunes? Les responsables nazis, quant à eux, s'interrogent encore à cette époque sur son utilité. Konstantin Hierl, qui est déjà chargé de ce problème au sein de la N.S.D.A.P. déclare *vouloir y renoncer provisoirement.* Richard Walther Darré se montre plus intéressé et lui consacre deux articles dans sa revue des *Artamans,* dont un de la présidente de l'Association patriotique de la Croix-Rouge (*Vaterländischer Verein vom Roten Kreuz*) qui relate une expérience de service féminin à Brême.

Les vingt-cinq jeunes filles volontaires sont logées dans un internat avec sorties libres le mercredi après-midi et le dimanche. Le reste de la semaine, elles consacrent leur matinée à une demi-heure de sport suivie de quatre heures et demie de couture le matin;

1. *Cf.* Stefan BAJOHR, *Weiblicher Arbeitsdienst im Dritten Reich zwischen Ideologie und Okonomie im Vierteljahrshefte f. Zeitgeschichte,* Stuttgart, juillet 1980, p. 331-357.

l'après-midi est réservé à une demi-heure de biologie et trois heures d'initiation aux travaux ménagers. Le soir, elles se réunissent pour des travaux manuels, la lecture en commun, des jeux de société, parfois l'audition de la radio ou de disques. Une allocation journalière de 2 marks est prévue par volontaire de ce service que l'auteur souhaite voir étendre à l'ensemble des jeunes filles allemandes. Son souhait ne sera entendu que très partiellement lorsque Konstantin Hierl, devenu entre-temps secrétaire d'État, procède, en janvier 1934, à la fusion de tous les groupes féminins existants, qui deviennent le *Deutscher Frauenarbeitsdienst* (D.F.A.D.) avec treize responsables régionales placées sous la responsabilité de Gertrud Scholtz-Klink qui dépend elle-même en la matière de trois tuteurs : le ministre du Travail Seldte, le secrétaire d'État Hierl et son délégué, le conseiller ministériel von Funcke.

Trois objectifs ont inspiré cette décision jugée inutilement coûteuse par le ministre des Finances : canaliser les jeunes chômeuses de moins de vingt-cinq ans sur l'agriculture et les services domestiques, qui manquent toujours de main-d'œuvre, expérimenter une formation idéologique et pratique des futures mères allemandes dans le but d'écarter ultérieurement de l'enseignement secondaire une partie des filles que le numerus clausus empêche déjà d'accéder à l'enseignement supérieur. Konstantin Hierl qualifie le service du travail féminin *d'institut d'éducation national-socialiste* qui *contribue à dépasser le mode de vie matérialiste de l'époque de Weimar en formant la femme à une conception de vie conforme à la race, qui la replace dans le cadre de ses devoirs imposés par la nature, par conséquent par Dieu, et lui fait éprouver leur accomplissement comme un bonheur suprême.*

En 1935, les camps de travail féminins accueillent environ 11 500 volontaires dont certaines le sont malgré elles, puisque les bachelières ne peuvent plus accéder à l'enseignement supérieur avant d'y avoir accompli un stage de six mois. Dès cette époque, on note une évolution dans le sens de la contrainte : la loi restaurant le service militaire obligatoire pour les hommes prévoit en effet l'auxiliariat féminin en cas de conflit.

Dans cette perspective, Hitler ordonne, en septembre 1936, une restructuration planifiée de ce qui s'appelle maintenant le Service du travail de la jeunesse féminine du Reich (*Reichsarbeitsdienst der weiblichen Jugend*) doté d'un corps de cheftaines professionnelles. L'organisation est censée compter 25 000 membres en mars 1938, 30 000 un an plus tard et 50 000 en 1940.

Cette transformation coïncide avec la mise en place du Plan de quatre ans et la préparation de l'économie de guerre qui exige l'appel à la main-d'œuvre féminine. A ce titre, il est significatif que l'obligation faite aux jeunes mariées de renoncer à leur emploi si elles voulaient bénéficier d'une prime d'installation soit atténuée en 1936 puis pratiquement abrogée l'année suivante, ce que Gertrud Bäumer salue comme une *restauration de la liberté du travail*[1] en oubliant de préciser qu'elle ne concerne que les emplois subalternes.

Le service de la nation

Dans les discours officiels, on commence à parler de *la femme au service de la nation* : Hitler lui-même évoque, lors du congrès du Parti à Nuremberg consacré en 1937 au travail, les plus de onze millions de travailleuses et celles qui devraient suivre leur exemple, si elles n'ont pas pu réaliser la vocation supérieure de la maternité.

Le résultat ne se fait pas attendre : de 4 500 000 ouvrières et employées en 1933, on passe à 6 300 000 en 1938. Mais comme cet afflux ne bénéficie ni à l'agriculture ni aux travaux domestiques dans les familles nombreuses, Goering instaure, en sa qualité de responsable du Plan, un service obligatoire d'un an pour les jeunes filles non mariées de moins de vingt-cinq ans, qui devra être accompli dans l'un de ces deux secteurs déficitaires. La décision prise en février 1938 est accueillie sans enthousiasme : un an après son entrée en vigueur, les bureaux de l'Emploi ne recensent que 188 695 participantes. La plupart des jeunes filles concernées se soustraient à l'engagement en hâtant leur mariage, en cherchant un emploi rémunéré, en se faisant déclarer indispensables dans le ménage familial ou un ménage ami, en recourant à un certificat médical attestant leur incapacité physique. Leur enrôlement ne sera effectif qu'à partir de 1940, lorsqu'il deviendra plus difficile de se marier ou d'obtenir une dispense de service.

En attendant, la pénurie de main-d'œuvre contraint les responsables nazis à contrevenir ouvertement à leur thèse de la vocation essentiellement maternelle des femmes. Pour préparer l'opinion à ce changement d'attitude, le journal de Goebbels *Der Angriff* explique, dans un article du 26 janvier 1938, que la pénurie de main-d'œuvre serait due au déficit démographique de l'Allemagne entre 1914 et 1933, qu'il faut employer de ce fait un maximum de femmes si l'on veut dégager les hommes nécessaires à la défense du pays. Même

1. « Fraueneinsatz trotz Ehestandsdarlehen » in *Die Frau*, mai 1937 p. 463.

plaidoyer dans un article du même journal le 26 juin suivi, quelques mois plus tard, d'un exposé encore plus circonstancié dans le *Völkischer Beobachter* [1]. L'organe officiel du parti, qui n'avait cessé de réclamer le retour des femmes au foyer, déclare à présent que les Allemandes mariées sans enfant, celles dont les enfants sont élevés ou qui disposent d'une aide, constituent l'ultime réserve de main-d'œuvre sans laquelle l'économie du Reich ne peut assurer son expansion. Pour rassurer ceux qui craignent un abandon de la politique nataliste, l'article conclut par la promesse d'une amélioration des lois sur la protection maternelle et infantile dans les entreprises. Il n'en reste pas moins que les nationaux-socialistes n'hésitent plus à imposer aux femmes la double journée de travail qu'ils avaient dénoncée avant leur arrivée au pouvoir et durant les premières années du régime comme un fléau de l'ère industrielle et une atteinte à la dignité féminine.

Revirement prudent, il est vrai : dans un premier temps, les responsables préfèrent recourir aux célibataires et encourager les femmes mariées désireuses de reprendre un emploi, fût-ce à mi-temps. De plus, l'annexion de l'Autriche et des territoires des Sudètes apporte un surcroît de main-d'œuvre qui compense quelque peu le déficit. Mais les experts insistent sur l'insuffisance du potentiel humain disponible dans l'éventualité de plus en plus probable d'une guerre. Le problème est évoqué lors du Conseil de défense du Reich du 23 juin 1939 [2] qui réunit les représentants de l'état-major général, les commandants des trois armes, le secrétaire à la chancellerie du Reich, un général de brigade S.S. représentant le Führer, les ministres et secrétaires d'État du Plan, de l'Intérieur, de l'Économie, des Finances, des Transports et des Routes ainsi que Himmler et le général Daluege pour la Sécurité et la Police.

D'emblée, le maréchal Goering qui préside la séance, souligne *l'importance décisive du travail obligatoire des femmes* en cas de conflit. *Il est nécessaire de prévoir à une grande échelle la formation des femmes aux tâches vitales pour la guerre afin qu'elles remplacent ou complètent la main-d'œuvre masculine.* Le Dr Syrup, secrétaire d'État à l'Économie chargé de préparer un rapport à ce sujet n'en disconvient pas et déplore ce qu'il appelle « le déficit » des onze millions de mères d'enfants de moins de quatorze ans. D'après ses calculs, après déduction de ces mères, des invalides, des malades, de celles qui ont plus de soixante ans, on peut compter sur une réserve de 3 500 000 femmes encore sans emploi et prévoir le recyclage de

1. « Die Frauenarbeit in der Gesamtwirtschaft » in *Völkischer Beobachter*, 22-10-1938.
2. T.M.I., vol. XXXIII, doc. Ps 3787.

2 000 000 travaillant déjà dans des secteurs secondaires (commerce, banque, assurances, textile, céramique, services domestiques) pour les transférer aux industries chimiques, métallurgiques ou à l'agriculture. Dans ce dernier secteur, l'absence de 25 pour 100 d'hommes mobilisés devrait être compensée par deux femmes pour un homme ainsi que par des prisonniers de guerre car *on ne peut pas compter sur les travailleurs étrangers.*

Ces propositions semblent avoir été rapidement mises en pratique : en septembre 1939, lorsque la guerre éclate, on compte déjà 14 600 000 femmes dans la production soit 37 pour 100 des personnes dites actives, c'est-à-dire la proportion atteinte en 1933 avant le renvoi des femmes au foyer. Le résultat n'est pourtant pas aussi satisfaisant que les chiffres semblent l'indiquer : les ouvrières dont on a le plus besoin refusent bien souvent les conditions de travail imposées. Pourquoi remplaceraient-elles les hommes à un salaire moindre? A Munich, la direction d'une entreprise de produits alimentaires qui ne peut augmenter les salaires bloqués dès le début de la guerre leur concède en compensation une réduction des normes de productivité. En basse Silésie, les ouvrières du textile pour lesquelles il est question de diminuer les salaires menacent de partir en bloc : la menace suffit à provoquer un nouvel accord salarial sans diminution.

Pourquoi nous contraint-on à faire des travaux d'hommes? Parce qu'Hitler exige de plus en plus de canons, les Borsig, Siemens, Krupp, Thyssen de plus en plus de profits, affirme un tract d'ouvrières berlinoises dans les premiers mois de 1939.

Pour les femmes non qualifiées, soumises à un effort inhabituel, les mauvaises conditions de travail s'avèrent parfois dangereuses, en particulier dans les usines d'explosifs. Un rapport de la Sipo signale une explosion dans une entreprise de Kiel où les ouvrières sont astreintes à des journées de dix heures et demie auxquelles s'ajoute, en moyenne, une heure et demie de trajet [1]. La section bavaroise du Front du travail s'étonne quant à elle que des ouvrières exécutant des tâches antérieurement réservées aux hommes, notamment dans les entreprises de céramique et les tuileries, ne bénéficient pas du traitement des travailleurs de force.

Il faut absolument faire quelque chose en ce sens sinon nous risquons d'avoir à plus long terme un état de sous-alimentation qui provoquerait de graves dommages corporels et une diminution de la capacité de production [2].

Si les fonctionnaires du Travail veulent surtout préserver la capacité de production, les médecins entendent pour leur part

1. Rapport du 16-10-1939, MA 441/1, 0094 I.f.Z. Munich.
2. Rapport du 31-10-1939, Eiber *op. cit.*, p. 374.

protéger la capacité de reproduction qu'ils estiment menacée par le non-respect de la journée maximale de huit heures décrétée pour les femmes depuis 1934 [1].

En principe une ordonnance du 7 septembre 1939 dispense les femmes mariées chargées de famille de l'obligation, imposée depuis le début des hostilités à « tout habitant du Reich », d'occuper un poste de travail dans l'intérêt de la Défense pour une durée indéterminée et sans possibilité d'en changer avant d'y avoir été autorisé par les services de l'Emploi. En pratique, la dispense ne profite qu'à celles dont les revenus sont assurés.

Tel est par exemple le cas d'Elsbeth Kötting, cette fille d'instituteur social-démocrate que nous avions vue accompagner ses parents dans les manifestations antinazies à Berlin, en 1932. Trois ans plus tard, ses études secondaires achevées, Elsbeth, qui a un peu plus de vingt ans, réussit à se faire embaucher comme secrétaire, malgré le contrôle de la Gestapo, à la direction des constructions antiaériennes de Heiligenhafen, sur les bords de la Baltique. Travaillant dans une entreprise de la Défense, elle n'a plus le droit de voyager à l'étranger. Elle s'en console facilement en sortant avec un jeune pêcheur dont le « rayonnement naturel » – il est grand, blond, bronzé – lui inspire des sentiments romantiques. Lorsque son frère lui propose de gagner le Danemark à la nage, elle est prête à le suivre mais les parents interviennent : *Vous n'allez tout de même pas abandonner vos parents.* Tous deux s'inclinent devant leur désir de compenser leurs désillusions politiques par l'espoir d'une promotion sociale de leurs enfants. Le fils fera des études d'économie, ce qui signifie qu'il doit adhérer aux S.A. qu'il a combattus dans les rues de Berlin comme membre de la « Bannière d'Empire noir, rouge et or ». Elsbeth accepte de quitter son beau mais pauvre pêcheur pour épouser Albert, un architecte de son entreprise, dont le père, directeur d'un laminoir à Krefeld, dispose d'une villa de fonction et d'une Mercedes avec chauffeur. En 1938, le jeune couple s'installe à Mittenwald (haute Bavière) où Albert est appelé à travailler à un projet d'avion tandis qu'Elsbeth attend le premier enfant, suivi d'un second peu avant le début de la guerre. Albert doit immédiatement rejoindre l'armée. Elsbeth retourne avec ses deux enfants chez ses parents. La séparation ne lui pèse pas : *Entre mon mari et moi, il n'y avait pas grand-chose, je me suis souvent disputée avec lui.*

La résignation au mariage de raison, l'absence d'amour, voire d'affection entre époux n'a rien d'exceptionnel. Mais on est frappé, en lisant ou en écoutant les témoignages d'Allemandes ayant vécu sous le

1. Rapport du 18-12-1939, MA 441/2-491-492 I.f.Z. Munich.

IIIᵉ Reich, de la rareté et de la pauvreté de sentiments entre membres d'une famille, entre conjoints harcelés par les exigences du parti, de l'État, des multiples causes et associations auxquelles chacun était censé contribuer s'il ne voulait pas passer pour asocial. Dans cet univers de surorganisation collective, Elsbeth a du moins la chance de pouvoir se préserver un havre de tranquillité auprès de ses parents, qui gardent, malgré ce qu'ils appellent *une adaptation de survie,* une distance suffisamment critique envers le régime.

Elisabeth Grassmann [1], qui a vingt et un ans en 1933, n'a pas cette chance. De son père, un vacher suisse et de sa mère, saisonnière dans les grands domaines de l'Est, elle n'a connu que les disputes jusqu'à leur séparation. Dès l'âge de quatorze ans, elle a dû travailler dans les fermes à traîner bien souvent des sacs de trente kilos de pommes de terre pour un salaire hebdomadaire de 5 à 6 marks. La tâche achevée, on se rendait dans l'une des gares de l'est de la capitale : gare de Stettin, de Silésie ou d'Anhalt pour attendre la prochaine offre d'embauche. Assis sur leurs baluchons Elisabeth, sa mère enceinte et son nouveau compagnon partageaient les provisions tirées du sac, campaient sur place jusqu'à ce qu'un intendant les emmène dans un domaine. Le logement qu'on leur attribuait ne variait guère : une à deux pièces avec des sacs en guise de rideaux, un châlit de fer, une lampe à pétrole et un foyer primitif servant de chauffage et de cuisinière. On travaillait de l'aube à la tombée de la nuit, sans autre distraction que le bal du dimanche où les villageois refusaient de frayer avec ces « pouilleux ». Parfois aussi, Elisabeth s'en souvient, des militants socialistes et communistes arrivaient en camions. Chacun des groupes jouait *sa* musique, chantait *ses* chansons, les appelait à voter pour *son* parti qui leur assurerait une vie meilleure. Elisabeth ne comprend de leurs discours que cette promesse de vie meilleure. A la Pentecôte de 1927, elle décide, après une conversation avec des socialistes qui lui paraissent moins rudes que les communistes, de les suivre à Berlin où elle devient serveuse dans l'auberge que les deux groupes fréquentent en alternance. Lorsqu'ils se rencontrent, c'est la bagarre, la police intervient et emmène tout le monde – y compris la serveuse. Cette vie ne lui convient pas davantage que la précédente : pendant quatre ans, elle cherche un emploi convenable. Sans qualification, avec la crise et le chômage, elle ne trouve qu'une place de bonne qu'elle quitte pour une fabrique de bretzels. Son salaire est si bas qu'elle doit laver des voitures la nuit pour payer la chambre qu'elle partage avec trois autres filles. Un accident du travail la réduit au chômage et à la mendicité. En 1931, elle croit avoir trouvé la vie

1. Jochen KÖHLER, *op. cit.*, p. 11-14, 16-17, 25-29, 39-40, 85-89, 249-251.

meilleure dont elle rêve : son ami, un ancien agent de police, lui propose de l'épouser. Les beaux-parents qui possèdent une jolie maison acceptent de leur céder quatre pièces à condition qu'Elisabeth tienne leur ménage. Au bout de deux ans, celle-ci en a assez de servir tout le monde : mieux vaut encore retourner à l'usine. Depuis qu'Hitler est devenu chancelier, on retrouve du travail dans les usines.

C'est ainsi qu'elle est engagée en 1933, après six semaines de stage, comme rectifieuse aux Constructions mécaniques Stoeckel. Ses beaux-parents lui reprochent de négliger la maison, elle propose de divorcer. Après une ultime tentative de vie commune avec son mari, loin des beaux-parents, le divorce est effectivement prononcé en 1935. Elisabeth est libre mais seule avec un bébé de quelques mois. A qui le confier pendant qu'elle est à l'usine? Les crèches de son quartier sont surchargées, l'entreprise n'en a pas. Elle en découvre une qui dispose d'une place libre, à l'autre extrémité de la capitale. A son arrivée après un long trajet tôt le matin en tramway, son petit garçon s'est tellement débattu, a tellement crié qu'il a de la température : on n'accepte pas d'enfant malade. Épuisée, Elisabeth va le confier à sa mère qui vit maintenant avec son compagnon dans un logis minuscule à Berlin. Seulement pour une journée, assure-t-elle, tout en sachant qu'elle ne reviendra pas. Toute cette misère depuis tant d'années a raison de ses forces : la vie meilleure qu'elle n'a pas trouvée à Berlin, elle veut la chercher dans l'au-delà. Rentrée au logis, elle calfeutre portes et fenêtres, ouvre le gaz, s'étend et ferme les yeux.

L'odeur qui traverse les interstices de la porte palière vétuste alerte une voisine qui appelle les pompiers. Une ambulance arrive, la transporte à l'hôpital où elle passe quelques jours. A son retour, l'oiseau est mort dans sa cage, il faut remplacer les aliments pollués, payer une grosse facture de gaz, se remettre au travail. A l'usine, la nouvelle s'est répandue : des collègues l'entourent, s'intéressent soudain à elle. Pourquoi ne s'arrangerait-elle pas avec cet ouvrier dont la femme vient de mourir en le laissant seul avec un petit garçon de l'âge du sien? L'affaire est vite conclue : *Mettons-nous ensemble, ton garçon aura un foyer, le mien aussi (...).* Comme le propriétaire n'accepte pas de concubins, ils se marient. La vie continue, l'usine, le ménage, les réunions, les défilés.

Quand nous devions défiler parce que l'entreprise nous avait donné un congé à cet effet, nous avons décampé à la première brèche qui se présentait. Beaucoup de connaissances de notre âge faisaient la même chose (...).

Les hommes allaient au bistrot, nous, à la maison, chez les gosses.

Parfois quand son mari – qui boit beaucoup – accepte de les garder, Elisabeth peut aller au cinéma d'en face, une de ses rares distractions avec les promenades du dimanche car ils ne vont jamais en vacances. Bien que leur usine soit devenue une entreprise modèle avec des subventions d'État pour la cantine et les loisirs, et qu'ils pourraient bénéficier de séjours de repos ou de voyages avec l'association de La Force par la joie, ils préfèrent toucher les primes compensatoires qui leur permettent d'arrondir les fins de mois. Tous les deux mois, leur nourriture habituellement frugale s'enrichit du gibier que leur chef partage entre les ouvriers à son retour de la chasse. Le personnel reçoit aussi un repas de fête quand Goering, Goebbels ou d'autres responsables inspectent ou font visiter l'usine. Malgré ces lueurs passagères, Elisabeth a souvent envie de tout quitter.

Cette union ne m'a pas apporté beaucoup de joie mais il était évident dès le début que c'était un mariage de raison, pas un mariage d'amour. Seul l'entretien réciproque maintenait notre mariage. Quand mon mari buvait, j'ai souvent pensé tout planter là. Mais j'avais peur d'un nouveau divorce, il y avait aussi les enfants qui nous ont toujours réunis quand ça sentait le roussi.

En 1938, Elisabeth accouche d'une petite fille qui meurt au bout de quelques semaines. Puis elle fait plusieurs fausses couches. Provoquées? Elle ne le dit pas. Lorsque la guerre éclate, les choses semblent plutôt s'arranger pour eux : son mari, ouvrier spécialisé, peut rester à l'usine où il est très apprécié. Elisabeth est engagée comme conductrice de tramway. Le nouvel emploi lui permet d'emmener les deux garçons, « faire la ligne » avec elle pendant la journée puis de les renvoyer chauffer le dîner qu'elle a préparé le matin. Tout se gâte avec le début des bombardements, d'autant plus qu'elle attend un enfant.

Le médecin m'a d'abord dit que je n'étais pas enceinte. Sinon j'aurais fait quelque chose, je ne voulais pas d'enfant en un pareil moment! Un jour, j'étais en train de préparer le déjeuner, je commence à saigner. Je cours à l'hôpital Wenckebach. Il y avait un médecin, un chien nazi que je n'oublierai jamais. J'y étais allée en me disant, l'enfant va partir, je vais le perdre. Mais ce type me fait une piqûre pour le retenir en me disant, ça mon vieux, je ne l'oublierai jamais : « Vous êtes une bonne poulinière, du style : vous pouvez encore mettre au monde des soldats, de la chair à canon », ou quelque chose de ce genre, ce chien!

Cette vie digne d'un roman de Zola est pourtant banale comparée à celle des six millions de femmes sans statut professionnel dans l'agriculture, les services domestiques, à celle des ouvrières transférées d'office dans des usines d'armement, cantonnées loin de leur foyer

LES PIONNIÈRES DU MOUVEMENT FÉMININ EN ALLEMAGNE

Louise Otto-Peters, l'une des fondatrices de l'« Allgemeiner deutscher Frauenverein » et Auguste Schmidt qui lui succède à la présidence. (Ph. Bildarchiv Preussischer Kulturbesitz)

Clara Eissner-Zetkin, fondatrice du journal féminin socialiste « Die Gleichheit », chassée pour non-conformité politique. (Ph. Bundesarchiv)

Réunion en 1900 (avant la liberté d'association pour les femmes) : de g. à dr. : Marianne Weber, Ottilie Hoffmann, Hanna Bieber-Böhm, Alice Salomon, Helene Lange (debout, deuxième à dr.). (Ph. Ullstein Bilderdienst)

LES FÉMINISTES

Congrès de la Fédération des Femmes progressistes. De g. à dr. : Lydia Gustava Heymann (secrétaire générale), Frau von Witte, Minna Cauer (présidente du « Frauenwohl »), Else Lüders, à la tribune, responsable du « Frauenwohl », Anita Augspurg (docteur en droit, présidente de la Fédération), Maria Lischnewska (ultérieurement nationaliste. (Rh. Ullstein Bilderdienst)

Camilla Jellinek, docteur honoris causa en droit. (Ph. Ullstein Bilderdienst)

Helene Stöcker, docteur en philosophie, adepte de la liberté sexuelle et de la limitation des naissances, présidente du « Mutterschutz », vice-présidente du « Cartel des Associations pacifistes allemandes ». (Ph. Bildarchiv Preussischer Kulturbesitz)

Marie Stritt, présidente de 1899 à 1909 du B.D.F., et C. Jellinek fondent les Centres de protection juridique des femmes. (Ph. Bildarchiv Preussischer Kulturbesitz)

Gertrud Bäumer, présidente du B.D.F. de 1909 à 1919, fonde, dès 1914, le service national des femmes. Député, conseiller au ministère de l'Intérieur sous Weimar, déléguée à la S.D.N., puis relevée de ses fonctions politiques. (Ph. Bildarchiv Preussischer Kulturbesitz)

Agnes von Zahn-Harnack, docteur en histoire, notamment du mouvement féminin, protestante libérale, dernière présidente du B.D.F. (Ph. Bildarchiv Preussischer Kulturbesitz)

Gertrud Scholtz-Klink, nommée « Reichsfrauenführerin » en 1934, en récompense de son zèle dans la mise au pas du mouvement féminin. Elle a publié en 1979 un livre-bilan dédié aux « victimes » de l'épuration alliée. (Ph. Ullstein Bilderdienst)

Guida Diehl, pilier de l'aile conservatrice protestante du B.D.F., elle rejoint dès 1930 le parti nazi dont elle propage les thèses depuis 1923. Les maîtres du IIIe Reich l'écartent du Lebensborn après sa protestation en 1940 contre la procréation animale. (Ph. Ullstein Bilderdienst)

La « Reichsfrauenführerin » Scholtz-Klink au congrès de la N.S.D.A.P. à Nuremberg en compagnie de l'« Obergruppenführer » S.S. Karl Wolff, adjoint de Himmler. (Coll. Mollo)

Après l'apprentissage de la chasse aux parasites naturels, vient celui de la chasse aux « parasites » raciaux. Des cheftaines visitent le camp de concentration de Dachau en mai 1936. (Ph. Bundesarchiv)

Quatre garçons : la famille idéale selon les « experts » nazis.

Rencontre organisée en 1939 près d'un Lebensborn entre membres féminins des Jeunesses hitlériennes et S.S. (Ph. Eupra GmbH)

L'année obligatoire de service rural des jeunes filles. (Ph. Bundesarchiv)

Travail obligatoire des femmes dans une usine de munitions à Berlin, 28 mars 1940. (Ph. Bildarchiv Preussischer Kulturbesitz)

Cheftaines du « Front du travail » congratulées par le Führer. (Ph. Mollo)

Unités d'auxiliaires des transmissions défilant dans les rues de Paris, le 15 avril 1941. (Ph. Eupra GmbH)

LA FORMATION DES JEUNES FILLES : UN ESPRIT DOCILE DANS UN CORPS SAIN

« La jeunesse sert le Führer. » Affiche appelant les petites filles de dix ans à l'entrée obligatoire dans la Jeunesse hitlérienne. (Ph. Ullstein Bilderdienst)

Les concours sportifs des Jeunesses hitlériennes mobilisaient jusqu'à 70 000 garçons et filles dans les différentes régions du Reich. (Ph. Ullstein Bilderdienst)

Salut matinal aux couleurs dans une école de cheftaines B.D.M. (Ph. Bildarchiv Preussischer Kulturbesitz)

Porte-drapeaux des « Jungmädel » (10-14 ans) durant l'appel aux morts lors de la clôture d'une conférence régionale de la N.S.D.A.P. à Munich. (Ph. Bildarchiv Preussischer Kulturbesitz)

La leçon de chant dans un camp de « Jungmädel ».
(Ph. Bildarchiv Preussischer Kulturbesitz)

LES FAVORITES

L'actrice Emmy Sonnemann devient la seconde épouse du maréchal Goering; Hitler est leur témoin (Ph. Eupra GmbH)

Danseuse, actrice puis réalisatrice, Leni Riefenstahl tourna notamment « Triomphe de la Volonté » (1934) à la gloire du parti nazi et « Les Dieux du Stade » (1936) sur les Jeux Olympiques de Berlin. (Ph. Popperfoto)

Capitaine d'aviation, Croix de Fer, Hanna Reitsch se posa au péril de sa vie dans Berlin encerclé par l'Armée rouge pour sauver son Führer. On la voit ici en 1941, lors de sa visite à sa ville natale de Hirschberg en Silésie. (Ph. Ullstein Bilderdienst)

La chanteuse suédoise Zarah Leander fut l'une des vedettes les plus populaires du IIIe Reich. Sa voix chaude et profonde, son regard de brune sensuelle captivaient tous les cœurs masculins. (Ph. Bundesarchiv)

Recrutées initialement par petites annonces, les auxiliaires de S.S. volontaires se révélèrent insuffisantes. On débaucha ou transféra d'office les ouvrières d'usines en leur faisant miroiter un service moins pénible et mieux rémunéré. (Coll. Mollo)

Foyer de volontaires françaises du travail en Allemagne entre 1940 et 1944. (Ph. Bundesarchiv)

LES RÉPROUVÉES

Nelly Sachs, Prix Nobel de littérature put émigrer en Suède.

Gerda Taro, réfugiée en 1933 à Paris; vendeuse de journaux et mannequin puis photographe pour « Le Soir » et « Regard », elle est tuée sur le front espagnol en 1937.

Liselotte Herrmann, née en 1909, étudiante communiste en chimie-biologie. Arrêtée en 1937, condamnée à mort, elle sera la première femme exécutée en 1938 pour « haute trahison ».

Käthe Pick-Leichter, née en 1895 à Vienne, socialiste et poète, déportée à Ravensbrück après l'Anschluss, assassinée avec 1 500 co-détenues juives et tziganes lors de l'opération T. 4 en 1942.

Mildred Fisher-Harnack, docteur en littérature et sociologie, travaille avec son mari pour « l'Orchestre Rouge ». Condamnée à mort, elle est exécutée en 1943 à Berlin-Plötzensee.

Sophie Scholl, étudiante protestante, née en 1921, exécutée en 1943 avec son frère Hans pour constitution de « la Rose Blanche », groupe de résistance au IIIe Reich. (Ph. Ullstein Bilderdienst)

Atelier de travail au camp de concentration féminin de Ravensbrück

Les photos non signées relèvent de la collection de l'auteur

dans des campements de fortune sans parler des réprouvées qui croupissent dans les prisons, les camps de « rééducation », les camps de la mort. Elle illustre cependant la démagogie de ceux qui continuent d'exalter la dignité et le bonheur des femmes allemandes tout en connaissant leur détresse, leur mécontentement qui va parfois jusqu'à la révolte.

En Franconie, les ouvrières des usines Muna Langlauf travaillent treize heures par jour sans cantine, et l'inspection du travail autorise de surcroît les postes de nuit par rotations d'une durée de trois mois [1]. A Görlitz, le rapport de la Sipo signale l'irritation des femmes qui touchent 40 à 44 pfennigs de l'heure alors que leurs collègues masculins en reçoivent 70 à 74 pour la même tâche. Beaucoup se plaignent d'une diminution de salaire due au changement forcé d'emploi : des vendeuses qui gagnaient 70 marks n'en gagnent plus que 45 comme câbleuses parce que leur inexpérience les prive de la prime de rendement versée aux ouvriers qualifiés [2].

Au fil des mois, les ouvrières dont les maris sont mobilisés s'aperçoivent qu'elles n'ont aucun intérêt à garder un travail pénible, mal rémunéré qui leur fait perdre le bénéfice des allocations militaires : entre mai 1939 et mai 1941, elles sont près d'un demi-million à quitter leur emploi [3].

D'autres limitent volontairement leurs horaires afin de ne pas dépasser un revenu qui leur ferait perdre une partie des allocations et d'avoir un peu de temps pour s'occuper de leur ménage et du ravitaillement. Selon un rapport de l'inspection de l'armement, de l'hiver 1939-1940, 400 ouvrières sur les 2 000 employés d'une usine d'explosifs à Nuremberg s'absentent pratiquement tous les lundis, parfois aussi le mardi. Dans l'entreprise Streatit Magnesia de la même ville, il manque environ 300 femmes chaque jour sur un effectif de 1 800. L'horaire « normal » qui est de 48 à 54 heures est ainsi « ramené » à 38 heures sans que les autorités concernées sachent comment remédier à la situation. Doivent-elles user de mesures répressives ou envisager une amélioration des conditions de travail? L'embarras est manifeste [4].

Au début de la guerre, la Gestapo avait reçu des instructions : elle

1. Rapport Sipo, décembre 1939, MA 441/1, 0440 I.f.Z. Munich.
2. Rapport du 9-12-1939, *ibid.*
3. *Cf.* Dieter PETZINA, « Die nationalsozialistische Mobilisierung deutscher Arbeitskräfte vor u. während des 2. Weltkriegs » in *Vierteljahrshefte f. Zeitgeschichte*, Stuttgart, 1970, p. 449 et suiv. ou *Actes du congrès des sciences historiques*, 16-23-8-1970, Moscou, 1974, t. I, p. 207-227.
4. *Cf.* Thimoty MASON, *Arbeiterklasse u. Volksgemeinschaft*, vers. all., Opladen, 1975.

devait intervenir *sans pitié (rücksichtslos)* contre toute atteinte à la *volonté de lutte du peuple allemand*, mais faire preuve de psychologie, d'un *grand sens pédagogique (mit erzieherisch bestärkendem Bemühen)* lorsque le délit résultait d'une détresse matérielle ou morale. Deux mois plus tard, de nouvelles directives recommandaient une intervention immédiate en cas d'indiscipline dans les entreprises et la liquidation brutale des meneurs afin d'éviter toute extension du mouvement. Directives inapplicables quand les meneurs sont des meneuses, épouses de soldats qu'il serait dangereux de démoraliser. D'où nouvelles instructions en janvier 1940 : en cas d'indiscipline au travail, on commencera par une mise en garde, si cela ne suffit pas, la direction infligera des amendes, engagera des poursuites par l'intermédiaire des services de l'Emploi et du Front du travail qui pourront les convoquer et déférer les coupables au tribunaux. Dans certaines entreprises, des ouvrières sont arrêtées, en guise d'avertissement, du samedi midi au lundi matin.

Les experts économiques de la Wehrmacht s'impatientent : ces mesures ne donnent aucun résultat, la procédure est trop longue, les tribunaux écoutent complaisamment les doléances des mères de famille et se contentent en général d'une simple admonestation. Ils souhaitent l'intervention énergique de la Gestapo. Le haut commandement ne les suit pas : il recommande, au contraire, dans une circulaire du 30 avril 1940, de satisfaire les revendications justifiées des ouvrières : du temps libre pour les courses et le ménage, c'est-à-dire une réduction officielle de leurs horaires, des congés spéciaux pour régler les affaires familiales ou lors d'une permission du conjoint, des logements et une cantine convenables, voire une prime de logement pour les « transférées », des jardins d'enfants ou des garderies d'entreprise. Trois jours avant ces instructions, Joseph Goebbels avait jugé utile de renouveler à la presse son ordre de septembre 1939 de ne pas parler de problèmes qui risquent *d'introduire de nouvelles perturbations dans le monde des femmes* [1].

De son côté, Rudolf Hess invite les militantes nazies à engager une campagne de propagande en faveur d'une participation accrue des femmes à l'effort de guerre. Les sections de la *Nationalsozialistische Frauenschaft* vont jusqu'à dresser les listes de celles qui peuvent être convoquées en vue de leur insertion dans l'économie. Tandis que les ministres techniques et les économistes de la Wehrmacht réclament une mobilisation totale de la main-d'œuvre féminine, Hitler et son entourage optent pour la circonspection.

1. *Cf.* Ursula v. GERSDORFF, *Frauen im Kriegsdienst*, Stuttgart, 1969, p. 297 et 310.

L'utilisation des femmes, écrit le secrétaire d'État Stuckart dans une note du 9 mai 1940, *doit être entreprise avec une prudence particulière. Des faux pas en ce domaine peuvent avoir des répercussions dangereuses, aussi bien sur le moral de l'arrière que sur celui du front* [1].

Le secrétaire d'État estime, par contre, qu'un service obligatoire de la jeunesse féminine contribuera efficacement à l'unité nationale. Une loi en ce sens ne sera promulguée qu'en juillet-août 1941, complétée, en septembre et novembre, par des décrets d'application : les jeunes filles non mariées de dix-sept à vingt-cinq ans, ne travaillant pas encore dans un secteur utile à la Défense, devront accomplir désormais six mois de service de guerre *(Kriegseinsatz)* en plus des six mois de service agricole ou domestique *(Landjahr)*.

Ce long délai entre la proposition et sa mise en pratique s'explique par les réticences du ministère des Finances qui juge excessives les dépenses d'un tel service au regard de son efficacité et souhaiterait que les jeunes filles soient engagées près de leur domicile pour rentrer le soir chez leurs parents. Il s'explique aussi par les objections des employeurs [2]. Dans l'industrie ou le commerce, on trouve le délai de six mois trop court pour la formation, et les indemnités trop élevées par rapport aux salaires normaux. Les récriminations sont encore plus vives dans les familles nombreuses et dans l'agriculture où on ne voit pas pourquoi il faudrait payer 45 marks une force de travail moins qualifiée que celle payée 25 marks par mois. De plus, ces jeunes filles venues des villes donnent le mauvais exemple : après un horaire maximum de six heures quinze par jour, elles regagnent un camp ou un foyer avec des distractions : les domestiques qui travaillent onze à treize heures par jour pour un salaire moindre n'ont plus qu'une idée : quitter la ferme et suivre une formation de cheftaine du Front du travail. En définitive, le service des jeunes filles, étendu en octobre 1941 à l'Alsace-Lorraine et au Luxembourg, est considéré comme utile à leur formation pratique et idéologique par les idéologues du parti, mais se révèle sans grande portée pour l'économie de guerre.

Le manque d'ardeur au travail

C'est pourquoi Hitler s'adresse par deux fois, en mars et mai 1941, aux femmes allemandes pour les inciter à rejoindre les

1. BA. Coblence, R 18/3832.
2. BA. Coblence, R 43/518a.

millions de *Volksgenossinnen* déjà intégrées dans la production. L'appel suscite d'autant moins de réactions que les victoires militaires du Reich ont convaincu les intéressées que l'on pouvait fort bien se passer d'elles. Cet état d'esprit semble tellement répandu que la N.S.D.A.P. renonce à une nouvelle campagne de propagande préparée en mars 1941 sur le thème : *les femmes allemandes contribuent à la victoire!* Pour remédier à ce qu'un rapport de la Sécurité [1] appelle « le fléchissement de l'ardeur au travail des femmes » *(das Sinken der Arbeitsfreudigkeit)*, les autorités font distribuer aux ouvrières des bons d'achat prioritaires. La *Nationalsozialistische Frauenschaft* doit, pour sa part, développer le volontariat à temps partiel. Dans un rapport du 24 avril 1941 [2], Gertrud Scholtz-Klink fait état de 3 500 000 femmes qui auraient assuré 200 millions d'heures de travail bénévole dans l'agriculture, l'aide ménagère, le commerce, le gardiennage d'enfants, les ouvroirs, tandis que 150 000 autres auraient effectué 40 millions d'heures non payées dans les services publics, sans parler du million et demi de militantes qui assurent des responsabilités permanentes aux différents échelons du parti.

Ces mesures soulagent quelque peu celles qui sont déjà dans la production, mais n'attirent pas celles qui l'ont quittée ou refusent de s'y intégrer. D'où le décret de juillet 1941 qui met fin aux réductions d'allocations militaires quel que soit le salaire perçu par les bénéficiaires mais aussi la décision de « passer au peigne fin » *(durchkämmen)* les dossiers des ayants-droit en vue de détecter les dispenses injustifiées du service de guerre. Sur 80 000 cas examinés dans les trois mois qui suivent, 60 pour 100 relèvent de cette catégorie sans que les convocations qui s'ensuivent donnent un résultat notable. La plupart des intéressées ne se présentent même pas au bureau de la main-d'œuvre. Elles estiment que les concessions relatives au cumul de l'allocation et du salaire ne modifient en rien les charges de famille, les mauvaises conditions de travail, les privilèges accordés à certaines.

Pourquoi devraient-elles travailler à 100 marks par mois neuf à dix heures par jour dans une entreprise alors que les « évacuées » *(die Bombenfrauen)* reçoivent le double d'indemnité à partir de deux enfants à charge? Pourquoi devraient-elles se tuer à la tâche tandis que les *dames (die besseren Frauen)* ont tout le loisir de courir les magasins avant de se retrouver au salon de thé?

La révolte contre les privilégiées se répand aussi parmi celles qui n'ont d'autre ressource que leur salaire péniblement acquis. Dans une

1. Rapport S.D., Wurtzbourg, 8-4-1941, cité par Ludwig EIBER, p. 390.
2. MA. 253/633-729 I.f.Z., Munich.

lettre du 8 août 1941, une serveuse de Nuremberg s'adresse à Hitler et lui demande pourquoi Dieu l'a choisie pour une tâche aussi pénible : *Pourquoi moi? Des milliers de femmes en Allemagne, peut-être parmi les dix mille de la haute société, n'est-ce pas mon cher Führer, ou des jeunes filles de bonne famille, ne savent pas comment tuer leur journée* [1].

En dépit de la législation en vigueur depuis la guerre, certaines serveuses, des ouvrières d'usine, comme Elisabeth Grassmann, parviennent à se faire embaucher dans les transports ou la poste, c'est-à-dire dans des secteurs publics où les emplois sont moins contraignants avec des rémunérations plus décentes.

Hitler et son entourage ont parfaitement conscience de la situation. Bien que le chancelier se soit personnellement adressé à *la* femme et à *la* jeune fille allemande en les exhortant à imiter les millions de *Volksgenossinnen* qui accomplissent « le service d'honneur de la nation » dans les usines, les ateliers et les fermes, il a déjà opté pour une autre solution : *recourir à la main-d'œuvre étrangère plutôt que de contraindre les mères allemandes à des travaux pour lesquelles elles ne sont pas faites physiologiquement.* En fait, lorsque Goering annonce publiquement ce changement d'orientation, le 7 novembre 1941, celui-ci est déjà réalisé depuis plus d'un an [2]. Les statistiques montrent en effet qu'il y a déjà 1 200 000 travailleurs étrangers, prisonniers de guerre compris, dans le Reich en mai 1940, qu'ils sont 3 000 000 l'année suivante. Après l'invasion de l'U.R.S.S., qui exige une mobilisation massive des réservistes de la Wehrmacht, leur nombre atteint 4 200 000 en 1942 puis 6 300 000 en 1943, et 7 600 000 dont près de 1 500 000 femmes en 1944 – soit près de 21 pour 100 de la main-d'œuvre totale [3].

Infirmant les prévisions du secrétaire d'État Syrup à la veille du conflit, l'emploi massif de la main-d'œuvre étrangère – puisée dans les camps des prisonniers de guerre, raflée dans les pays occupés ou annexés, prélevée parmi les concentrationnaires – offre un double avantage aux maîtres du IIIe Reich : elle coûte moins cher et permet de ménager les femmes allemandes dont la disponibilité n'est pas évidente.

Il y a certes des ouvrières modèles [4] comme Cécile C... qui travaille dans une usine de moteurs bien qu'elle ait cinq enfants : l'aîné

1. BA. Coblence, R 43 II 1661.
2. BA. Coblence, R 18/3282.
3. *Cf.* Dieter PETZINA, *op. cit.*, et K. DROBISCH et D. EICHHOLZ, « Die Zwangsarbeit ausländischen Arbeitskräfte während des 2, Weltkrieges » in *Actes du congrès des sciences historiques*, Moscou, 1974 t. I, pp. 228-248.
4. *N.S. Frauenwarte*, 11/11, Munich 1942.

est au front, le plus jeune à la crèche, un troisième au jardin d'enfants, les deux filles de dix et seize ans aident leur mère. Martha N..., veuve depuis douze ans, élève seule ses deux fils de douze et treize ans : elle continue d'assurer un horaire journalier de dix heures dans une usine d'armement, même quand il leur arrive d'être malades. Frieda L... a deux jeunes enfants et un vieux père qu'elle doit seconder dans l'entretien de sa petite ferme : cela ne l'a pas empêchée d'être volontaire dès 1939 dans une usine de dynamite. Leurs sacrifices sont récompensés par la médaille du mérite militaire, ce qui convainc aussi peu celles qui se refusent à être des « juments de trait » que la croix d'honneur des mères de famille nombreuse convainc celles qui ne veulent pas devenir des « poulinières de race ».

Au milieu de cette troisième année d'une guerre de plus en plus meurtrière, les ouvrières, en particulier celles de la capitale, semblent de moins en moins réceptives à la propagande du parti.

Les oratrices de la Frauenschaft *qui voulaient ces temps derniers prendre la parole dans les entreprises berlinoises ont été sifflées et n'ont pas pu parler. Les femmes requises pour six mois à un an, en partie des mères de trois à quatre enfants, se sont vu retirer leurs cartes d'alimentation supplémentaires. D'où leur colère en apprenant que la femme de monsieur le maréchal du Reich avait invité 70 à 80 femmes de généraux à prendre le café chez elle où la table* ployait *sous les gourmandises. La nouvelle est commentée actuellement dans toutes les entreprises de Berlin et contribue à la détérioration de l'état d'esprit.*

Extrait d'une longue missive que le chef du bureau principal des S.S., Gottlob Berger, qui ne semble pas avoir perdu son ancien talent de chroniqueur sportif, adresse le 2 avril 1942 à Himmler, ce tableau contredit singulièrement les discours officiels sur la *communauté du peuple* unie derrière son chef dans la défense de la patrie. Avec son zèle habituel, l'adjoint d'Himmler relate aussi la réaction du *Reichsmarschall* Goering à ces incidents qui lui ont été rapportés par Fritz Sauckel. Le *Gauleiter* de Thuringe, récemment nommé fondé de pouvoir général pour l'utilisation de la main-d'œuvre, a cru en effet habile d'évoquer devant Goering le mécontentement des ouvrières afin d'obtenir de lui l'autorisation de mobiliser les deux millions d'Allemandes « protégées » sans lesquelles il ne peut ni combler le déficit persistant dans l'agriculture et les industries d'armement ni atténuer le surmenage de la main-d'œuvre en place, qui provoque, assure-t-il, *un manque à produire plus important que la grève des munitions en 1918.* Son raisonnement exaspère le maréchal.

Si on attelle le cheval de race à la charrue, il s'épuise plus vite qu'un cheval de trait. C'est pourquoi on ne pourra jamais en venir à un service féminin généralisé. Les femmes de grande valeur (hochwertig) *ont pour premier devoir d'enfanter. Ce principe*, s'empresse-t-il d'ajouter avec un cynisme consommé, *est d'ailleurs pleinement admis à la* Reichsfrauenführung. *Il est seulement désolant que ce soient justement les femmes de grande valeur qui n'aient pas d'enfants. Quoi qu'il en soit*, conclut le maréchal, *ces femmes qui sont les porteuses de culture ne doivent pas être exposées aux bavardages stupides et aux railleries insolentes des femmes modestes* (einfach).

L'irritation du mari outragé ne peut à elle seule expliquer le ton catégorique des propos. Ils révèlent non seulement une conception élitaire, peu surprenante chez un homme que ses origines familiales – son père était gouverneur des colonies –, sa formation d'officier aviateur, son goût du faste inclinent au conservatisme. Ils révèlent aussi l'utilisation des responsables féminines dans l'application d'une politique discriminatoire puisque les sections de la *Reichsfrauenführung* sont chargées de dresser les listes des « mobilisables ».

Conscientes cependant du danger qu'il y aurait à affaiblir le moral d'une population éprouvée par une guerre de plus en plus meurtrière, les dirigeants nazis s'efforcent d'atténuer l'amertume des victimes de la discrimination en promulgant une nouvelle législation sur la protection maternelle et infantile dans les entreprises. Concession mineure en vérité car la loi du 17 mai 1942, en préparation depuis deux ans, se borne à introduire quelques améliorations au statut des femmes enceintes : elle augmente d'une demi-heure les deux pauses d'allaitement prévues par la législation antérieure, suggère l'installation d'un local à cet effet, interdit tout licenciement durant les quatre mois suivant l'accouchement. Le salaire des assurées sociales, versé jusqu'alors à 75 pour 100 pendant les douze semaines de congé de maternité, devra désormais égaler le traitement moyen de treize semaines antérieures à ce congé sans être inférieur à 2 marks par jour. De plus, une prime journalière d'allaitement de 50 pfennigs sera accordée pendant vingt-six semaines.

Ces dispositions, ainsi qu'un ordre d'Hitler de ménager les ouvrières malades et les mères de famille, accroissent ce que l'inspection de l'armement appelle *la fuite des femmes*. En septembre 1942, cette dernière signale que certaines entreprises ont perdu jusqu'à 40 pour 100 de leurs effectifs féminins, perte d'autant plus préoccupante que la Wehrmacht commence à transférer les jeunes filles de la production aux services auxiliaires des transmissions, de la défense antiaérienne et des états-majors pour dégager des nouvelles unités combattantes.

A partir de la défaite de Stalingrad, en janvier 1943, le

mécontentement des ouvrières se transforme en lassitude de la guerre. Lassitude qui s'exprime par une contestation permanente des conditions de travail et de vie sans atteindre cependant les proportions de la révolte de 1918. Ce qui freine celle-ci, c'est moins la peur des agents omniprésents de la Gestapo – elles n'ont pas craint, nous l'avons vu, de boycotter les oratrices du parti, que l'angoisse de leur destin en cas de défaite allemande. L'absence d'une opposition structurée, détruite par la répression ou l'émigration, permet à la propagande officielle de nourrir constamment cette angoisse en évoquant la vengeance de l'ennemi qui réduirait, en cas de victoire, le peuple allemand à l'esclavage.

Cette perspective, et l'ordre finalement donné de recenser toutes les femmes de dix-sept à quarante-cinq ans en vue de leur participation à l'effort de guerre, permet aux responsables de contenir l'explosion sans réduire la contestation. De plus en plus souvent, des femmes adressent directement leurs doléances aux autorités régionales, voire au Führer. Une « vraie national-socialiste » se plaint par exemple de s'être vainement usé les jambes à chercher pendant dix jours des légumes ou des œufs et de ne pas trouver un peu de café qui permettrait de tenir après les nuits d'alertes alors que les riches continuent à se faire livrer leurs commandes à domicile et conclut : *Faites un effort, s'il vous plaît, et intervenez auprès de l'économie pour qu'elle s'occupe mieux de Düsseldorf*[1].

Le président du gouvernement de Bavière reçoit les récriminations d'ouvrières qui n'acceptent plus de partager des vestiaires et des sanitaires insuffisants avec des travailleurs juifs ou des prisonniers[2].

Les rapports des Services de sécurité[3] évoquent ce qu'ils appellent *la distance de plus en plus grande entre la population et la direction politique.* Distance qui se traduit par la régression du salut allemand, du port de l'insigne, la critique ouverte des « bonzes bruns » qui se « défilent » au lieu de payer de leur personne en première ligne comme les commissaires communistes.

Si les femmes déjà requises approuvent la mobilisation totale, décrétée depuis le 27 janvier 1943, pour les hommes de dix-sept à soixante-cinq ans, et les femmes de dix-sept à quarante-cinq ans, elles se montrent sceptiques quant à sa réalisation effective. En dépit des assurances données à ce sujet par le Dr Goebbels dans un discours

1. B.A. Coblence, R 43 II 1661.
2. Rapport du 9-1-1943, *in* Ludwig EIBER, *op. cit.*
3. *Cf.* Heinz BOBERACH, *Meldungen aus dem Reich,* Neuwied, 1968, ou éd. poche D.T.V., Munich, 1968.

retransmis du Palais des sports de Berlin, la population surveille de près le comportement des privilégiées.

On croit que les « notables », dont font partie dans les petites villes la femme du bourgmestre ou de l'avocat, chercheront à se défiler d'une manière ou d'une autre. Les médecins sont certainement submergés de femmes qui veulent se faire attester leur incapacité de travail. Dans le pire des cas, celles que l'on a particulièrement à l'œil s'engageront dans la Croix-Rouge ou dans les services du parti, ce qui ne peut pas être considéré comme mobilisation véritable[1]. Le rapporteur estime que la population considère l'égalité de traitement de ces femmes dans l'application de la loi comme la pierre de touche d'une communauté nationale sans discrimination sociale. La même source indique, en mars 1943, que les actualités présentant la vie agréable des ouvrières dans les usines ont suscité des réactions bruyantes parmi les spectatrices et des réflexions désabusées quand le commentateur a évoqué l'accueil compréhensif des bureaux de la main-d'œuvre conseillant les femmes sur la manière de s'intégrer dans la production au mieux de leur compétence et de leurs intérêts.

En fait, sur les trois millions de femmes recensées en vertu de la loi de janvier 1943, un million cent mille ont été effectivement engagées la plupart à temps partiel, ce qui permet d'affecter des travailleurs étrangers à des tâches plus pénibles et de compenser le transfert des jeunes filles aux services auxiliaires de la Wehrmacht[2]. Mais les responsables savent que parmi les un million neuf cent mille « dispensées », beaucoup le sont encore grâce à un certificat médical, à des relations personnelles, des voyages opportuns.

Il va de soi, écrit Hitler dans une instruction du 10 mai 1943, *que les familles des personnalités accomplissent aussi, de manière exemplaire, leur devoir envers la patrie*[3]. Les ouvrières en doutent quand elles constatent qu'il y a toujours un million et demi d'employées de maison, c'est-à-dire autant qu'en 1939, autant que de femmes dans la métallurgie et l'électronique, qui sont essentiellement au service de familles aisées souvent peu nombreuses. Les paysannes sont encore plus amères quand elles voient tant d'hommes valides dispensés de tout service actif alors qu'elles sont pour la plupart seules, depuis le début des hostilités, à gérer la ferme et qu'on les oblige, depuis le transfert des entreprises dans les campagnes moins exposées au bombardement, à participer de surcroît à des groupes de travail à

1. *Cf.* Rapport des Services de sécurité du 4-3-1943 cité par Heinz BOBERACH, *op. cit.*
2. *Cf.* Dieter PETZINA, *op. cit.*
3. Ursula v. GERSDORFF, *op. cit.*, p. 395.

domicile, ce que Fritz Sauckel appelle *le service d'honneur de la femme allemande.*

Or, en dépit de toutes les mesures imaginées par les experts pour combler le déficit des neuf millions d'hommes valides retirés de la production entre mai 1939 et mai 1943, la situation se détériore : les revers militaires et les pertes en matériel et en vies humaines, de plus en plus lourdes, exigent le remplacement des unités décimées. A cet effet, le maréchal Goering demande que le service obligatoire des jeunes filles soit porté à un an et demi, ce qui lui permettrait d'en transférer rapidement 40 000 dans les services auxiliaires de la Luftwaffe [1].

Cette demande soulève une objection de principe : dans une lettre du 1er juillet 1943, le ministère de la Propagande fait remarquer que la révision des horaires qu'elle implique pour les intéressées exige une consultation du Führer selon la volonté duquel *le Service du travail de la jeunesse féminine est en priorité une institution éducative.*

La consultation qui s'ensuit, comme dans tout problème litigieux entre responsables concernés, fait apparaître que le chef du Service du travail s'en est toujours tenu, malgré les critiques et les plaintes des employeurs, à un strict équilibre de l'emploi du temps des jeunes filles : six heures de programme éducatif, six heures d'engagement dans la production, neuf heures de sommeil. Konstantin Hierl se déclare non seulement disposé à modifier l'utilisation des jeunes filles en faveur de la Luftwaffe, il suggère même leur emploi généralisé comme auxiliaires dans les trois armes. Le Dr Morell, médecin personnel d'Hitler, objecte, quant à lui, que le service du travail entraîne chez 90 pour 100 des jeunes filles un trouble plus ou moins grand des règles. La rupture du mode de vie par rapport à celui du milieu familial entraîne, selon lui, des troubles psychiques et physiques dus à l'insuffisance de temps libre et à une trop grande fatigue musculaire et circulatoire. Ces troubles peuvent provoquer ultérieurement des accidents de la grossesse, voire des cas de stérilité.

Si on ne veut pas continuer à diminuer le nombre de femmes désireuses et capables d'enfanter, il ne faut en aucun cas songer à un allongement de la période du Service du travail.

Le Dr Morell ajoute même que l'on devrait songer à une transformation du service féminin qui tiendrait davantage compte de la psychologie de *la* femme, en atténuant en particulier son caractère masculin et soldatique. *Un prolongement du service,* conclut-il, *ne devrait être envisagé que dans une situation de détresse extrême* [2].

1. B.A. Coblence, R 43 II 518 a.
2. B.A. Coblence, R 43 II 520 a.

Objection également de la part du chef des Jeunesses hitlériennes, qui estime que la ponction des jeunes filles par la Luftwaffe se ferait au détriment de son organisation. Le ministre de l'Éducation est encore plus catégorique : il refuse le détachement de 3 000 cadres du *Reichsarbeitsdienst* pour une période plus longue dans les services de la Luftwaffe en invoquant l'appui de la chancellerie du parti, de celle du Reich et du maréchal Keitel, qui estiment avec lui qu'il est inadmissible d'entraver les études de jeunes filles ultérieurement indispensables à l'encadrement, notamment dans l'enseignement, alors que 35 pour 100 seulement de leur classe d'âge, qui en compte 600 000, sont jusqu'à présent effectivement engagées dans le service de guerre. Martin Bormann et Hans-Heinrich Lammers ajoutent même que la suggestion d'étendre la prolongation du service est d'autant moins justifiée que la Luftwaffe est la seule arme à l'avoir demandée.

Cette dernière persiste cependant dans son exigence : dans un message du 15 mars 1944 portant la mention : *Immédiatement! (sofort),* le général Bodenschatz réitère la demande de son supérieur de porter les effectifs d'auxiliaires féminins de la Luftwaffe de 15 000 à 40 000. Convoqué au quartier général du Führer, Lammers est chargé de lui faire un rapport en présence de Bormann. Hitler estime que *eu égard à la situation militaire, il n'est plus possible de tenir compte* des objections du ministre de l'Éducation et de l'expert médical, et signe l'ordonnance du 8 avril qui prolonge le service obligatoire des jeunes filles de un an à un an et demi.

La primauté de l'idéologie

En donnant satisfaction à Goering, Hitler fait passer les impératifs de guerre avant ceux de la maternité. Dans ce cas, l'objectif immédiat prévaut sur le long terme. Mais il n'en va pas de même dans la controverse qui rebondit à la même époque à propos des salaires féminins.

Depuis le début des hostilités « technocrates » et « natalistes » s'opposent à ce sujet. Déjà, en 1939, le Front du travail avait signalé que les femmes remplaçant des ouvriers qualifiés mobilisés ne voyaient pas pourquoi elles devaient être moins payées à production égale, parfois même supérieure, et souhaitaient *une harmonisation générale des traitements à qualification égale.*

En juin 1940, la direction de la N.S.D.A.P. pour la région

d'Augsbourg abonde dans le même sens : elle souligne qu'il est pratiquement impossible de vivre décemment avec un salaire horaire de 30 à 35 pfennigs, ajoutant que les usines Messerschmidt, qui interviennent à plusieurs reprises afin d'améliorer les conditions de travail de leurs ouvrières, proposent une augmentation horaire de 10 pfennigs [1].

Le 15 juin, une ordonnance du ministre du Travail instaure une commission d'étude en vue d'examiner la situation des salariées dans la métallurgie, les industries chimiques, les mines et les autres secteurs indispensables à l'économie de guerre. Franz Seldte demande à ses experts de déterminer les tâches qui relevaient auparavant exclusivement du travail masculin et de lui proposer des mesures permettant de rétribuer uniformément ceux et celles qui en sont désormais chargés. La commission remplit sa mission, mais ses propositions ne sont suivies d'aucun effet malgré les nombreux rapports des services économiques et politiques, qui insistent sur le mécontentement des ouvrières et la baisse de production qu'il entraîne.

Ce n'est qu'en avril 1944, lorsque la situation militaire du Reich pose des problèmes aigus de main-d'œuvre, qu'Hitler accepte de recevoir le chef du Front du travail, Robert Ley, et lui promet de convoquer une réunion qu'il présidera personnellement à ce sujet.

Trois jours avant la séance, fixée au 25 avril, le conseiller Killy adresse un mémoire confidentiel [2] à la chancellerie du Reich dans lequel il suggère d'établir une nette distinction entre les emplois pouvant justifier l'inégalité des salaires et ceux où cette inégalité présente un caractère nettement discriminatoire, qui provoque une réduction volontaire de la productivité chez celles qui en sont les victimes. On peut, estime le rapporteur, admettre des salaires inférieurs dans la fonction publique (enseignement, postes d'encadrement des organisations féminines) en arguant d'un rendement moindre, d'une fréquence supérieure de congés de maladie, du départ anticipé à la retraite, encore que *ces arguments paraissent douteux d'une manière générale.* On peut également justifier des rémunérations modestes lorsqu'il s'agit d'un travail non qualifié dans des secteurs spécifiquement féminins. Mais il paraît nécessaire d'accorder le salaire des hommes aux femmes qui les remplacent, à qualification égale, aux postes indispensables à l'économie de guerre. Il faudrait aussi tenir compte de leur situation sociale et familiale, ce qui n'est réalisé qu'exceptionnellement parce qu'elles ne sont pas considérées comme chefs de famille.

---

1. Ludwig EIBER *op. cit.*, p. 376.
2. B.A. Coblence, R 43 11/542.

Le débat qui s'engage le 25 avril à Berchtesgaden, dans la résidence d'Hitler, réunit le Dr Lammers et Martin Bormann pour la chancellerie et la N.S.D.A.P., ainsi que le Dr Ley, le *Gauleiter* Sauckel, délégué général à la main-d'œuvre, le Dr Fischböck, commissaire aux Prix, un représentant de ministère de l'Armement et l'ambassadeur Otto Abetz pour le Service du travail en France et en Italie. Rappelant les grandes lignes du rapport Killy, Robert Ley insiste d'emblée sur la nécessité d'accroître sensiblement la productivité et demande à cet effet que l'on exclue, pour la durée de la guerre, toute notion de salaire social, c'est-à-dire le rôle des intéressés dans la communauté nationale, notamment celui de chef de famille réservé aux hommes.

Hitler manifeste immédiatement son désaccord. Rétribuer les femmes comme les hommes contredirait fondamentalement le principe national-socialiste de la *Volksgemeinschaft*. L'homme, surtout l'homme mûr, marié et père de famille, doit être mieux rémunéré parce qu'il doit apporter des sacrifices plus grands à la communauté alors que la femme doit essentiellement s'occuper de la famille et de la *Volksgemeinschaft*. D'ailleurs, une fois la paix revenue, l'homme seul devra gagner l'entretien des siens, l'ouvrier le plus modeste devra disposer d'un logement de trois pièces pour lui et sa famille. Sa femme devra s'occuper exclusivement du foyer. Durant la guerre, il faut certes attirer les femmes au travail, mais en temps de paix il est souhaitable que l'on puisse les retirer des entreprises pour qu'elles se consacrent à leur foyer. *Cet idéal, ce principe du national-socialisme ne devrait être infléchi, même pendant la guerre, qu'en cas de nécessité absolue.*

Quant à l'augmentation des salaires, il est illusoire de penser qu'elle entraînerait un accroissement notable de la productivité d'autant plus que l'argent ne peut, faute de produits de consommation, qu'augmenter le marché noir. Pour améliorer la productivité, il faudrait améliorer le ravitaillement, ce qui paraît impossible dans le contexte militaire du IIIe Reich. La seule concession qu'Hitler croit devoir faire dans ces conditions, c'est d'introduire un allégement fiscal ou une augmentation des allocations pour les enfants à charge de la femme en l'absence du mari, chef de famille.

Les principes que je viens d'exposer, conclut-il, *doivent aussi être maintenus en temps de guerre sinon nous compromettrions notre modèle national-socialiste du temps de paix. Nous connaîtrions déjà des difficultés durant la guerre car l'égalité des salaires provoquerait un mouvement des hommes pour leur augmentation salariale.* On peut sans doute admettre des exceptions, mais *une parité totale des salaires masculins et féminins serait une déconsidération des services que l'homme rend à la* Volksgemeinschaft *que je souhaite voir éviter quoi qu'il arrive.*

Fritz Sauckel s'empresse d'approuver le Führer : dans sa vie, la femme fait beaucoup moins d'heures de travail que l'homme. Martin Bormann observe pour sa part que le principe du salaire égal à rendement égal obligerait à payer des enfants polonais de douze ans, qui fabriquent des détonateurs, autant que des ouvrières allemandes. Mais le Dr Ley maintient sa demande d'égalité des salaires en soulignant que des démarches en ce sens ont été faites auprès de lui par des industriels importants dont Röchling et Rohland. Lorsqu'il fait remarquer que la situation salariale est particulièrement absurde dans les entreprises de mécanique légère où l'on paye davantage des ouvriers pour un travail facile et propre, Hitler se fâche : ces entreprises ne devraient employer que des femmes. Il faudrait d'ailleurs, ajoute-t-il sur sa lancée, que l'on songe à interdire certaines professions aux hommes. Une fois la paix revenue, il ne devrait plus y avoir de serveurs ni de coiffeurs pour dames. Il n'est pas digne d'un homme de passer son temps à coiffer des femmes. De même, l'éducation des jeunes enfants devrait être réservée aux institutrices.

La volonté d'Hitler de maintenir à tout prix la suprématie masculine oblige ses adjoints à recourir à des palliatifs : en mai 1944, les bureaux de la main-d'œuvre, aidés de la *Nationalsozialistische Frauenschaft,* instaurent le « service d'honneur de la femme allemande », c'est-à-dire que toutes celles qui ne sont pas encore requises doivent venir travailler deux ou trois heures par jour pour les entreprises dans les locaux aménagés à cet effet, en particulier dans les écoles disposant d'une garderie pour leurs enfants. Le 25 juillet 1944, une ordonnance d'Hitler sur la guerre totale étend l'obligation du recensement de la main-d'œuvre aux femmes de quarante-cinq à cinquante ans et prescrit la fermeture de théâtres et de restaurants dont le personnel est transféré à l'économie de guerre.

Ces transferts qui entraînent une diminution moyenne de 10,5 pour 100 de la main-d'œuvre dans les industries de consommation et les services, ajoutés au « service d'honneur de la femme allemande », ne comblent que partiellement le déficit de 700 000 ouvriers constaté dans la production entre mai 1943 et septembre 1944. Durant cette période, les responsables de l'économie doivent en effet compenser le transfert de 2 000 000 d'Allemands de la production à la Wehrmacht. A cet effet, ils recrutent 1 200 000 travailleurs étrangers supplémentaires mais ne parviennent qu'à requérir 100 000 femmes allemandes de plus, ce qui illustre l'échec d'une mobilisation totale des femmes.

En juillet 1944, la direction régionale de la N.S.D.A.P. d'Augsbourg déclare se réjouir de l'action énergique enfin entreprise pour la mobilisation des femmes.

La majeure partie de la population qui accomplit pleinement son devoir depuis des années exige que les services de la main-d'œuvre interviennent sans considération de personne, qu'il soit enfin mis un terme à l'abus des certificats médicaux.

La population laborieuse attache un intérêt particulier à ce que soit enfin sérieusement abordé le problème des employées de maison car il n'est plus admissible que les soi-disant « dames » qui devraient être légalement intégrées à la production continuent à cultiver leur beauté et leurs relations comme si de rien n'était et puissent, de surcroît, garder leurs employées de maison. Si cette question ne devait pas être clarifiée rapidement, la population laborieuse serait profondément déçue et recevrait matière à de nouvelles critiques. Des cas absolument flagrants sont connus des divers groupes locaux (du parti) et si on ne met pas fin à des situations qui insultent au bon sens populaire des mesures d'autodéfense s'imposeraient...

On constate malheureusement une partialité absolue dans beaucoup de domaines, en particulier pour la réquisition au travail. La mobilisation des femmes est généralement considérée comme un échec parce que les relations changent tout, en ce domaine comme dans les autres.

Si les autorités finissent par accéder, en septembre 1944, à la demande sans cesse réitérée de la population, et en premier lieu des ouvrières, en décrétant le recensement des employées de maison non indispensables dans les ménages, il est non moins évident qu'elles hésitent à contraindre les « élites ». Il suffit pour s'en rendre compte de lire le rapport de la section N.S.D.A.P. de Bayreuth à propos de Winifred Wagner qui emploie pour sa seule résidence une gardienne, une cuisinière, deux femmes de chambre, trois aides et un jardinier.

Étant donné que Mme *Wagner doit fréquemment recevoir et organiser des entretiens, que la maison Wahnfried a des obligations de représentativité, le service de la main-d'œuvre a répondu au souhait du* Gauleiter *de ne pas procéder à un retrait forcé d'une partie des employées de maison. La direction régionale* [*du parti*] *invitera Frau Winifred Wagner, dès qu'elle sera guérie, à formuler elle-même des propositions pour une réduction éventuelle de son personnel* [1].

1. Ludwig EIBEL, *op. cit.*, p. 414.

Cette attitude incite certains historiens[1] à penser que le national-socialisme a pratiqué une véritable « politique de classe » dans l'emploi des femmes. D'autres[2] estiment que le problème du travail féminin ne s'est posé qu'à partir de la guerre, que le souci de ménager la population l'emporte en fin de compte sur la volonté de mobilisation totale de la main-d'œuvre féminine constamment exprimée par les experts qui ne parviennent pas, malgré l'appel massif à la main-d'œuvre étrangère, à compenser le transfert des salariés allemands à l'armée.

S'il existe indéniablement un souci de ménager peut-être moins une classe qu'une caste de privilégiés et celui de ne pas exaspérer une population soumise à des conditions de vie de plus en plus difficiles, on peut se demander pourquoi, dans ces conditions, les dirigeants n'ont pas cherché à améliorer l'état d'esprit et la productivité des ouvrières allemandes en satisfaisant leurs revendications soutenues, comme nous l'avons vu, par les ministres techniciens et certains chefs d'entreprise.

En réalité, dans le cas de la politique féminine, l'idéologie nazie s'est maintenue, Dörte Winkler a raison de le souligner, *de manière autonome, par-delà les objectifs rationnels de l'intérêt, souvent même en contradiction avec eux*[3]. Alors que les experts souhaitaient l'intégration économique des femmes pour soutenir au maximum l'effort de guerre, Goering et Hitler s'en tiennent, malgré quelques concessions secondaires comme la mobilisation des jeunes filles dans les services auxiliaires de l'armée, à leur conception de la femme mère et servante. L'industrialisation forcée du IIIe Reich n'a pas suscité, comme l'affirment certains historiens[4], un nouveau statut d'égalité relative pour les femmes. Elle contraint seulement les dirigeants nazis à adapter leur politique féminine aux nécessités de l'économie de guerre. Adaptation qui provoque des contradictions, voire des oppositions dans l'entourage d'Hitler, sans aboutir pour autant à une remise en cause fondamentale du principe d'inégalité entre les sexes, comme nous l'avons vu à propos du statut professionnel.

Le seul changement fondamental qui intervient, surtout à partir de la guerre, provient des femmes elles-mêmes. Il ressort en effet des

---

1. *Cf.* Stefan BAJOHR, *op. cit.*, p. 276 et suiv.
2. Notamment Thimoty MASON, « Zur Lage der Frauen in Deutschland 1930-40 » in *Beiträge zur Marxschen Theorie*, 1976, p. 118-193, et Dietrich EICHHOLTZ, *Geschichte der deutschen Kriegswirtschaft 1939-45*, t. I, Berlin, 1969 p. 83.
3. Dörte WINKLER, *Frauenarbeit im Dritten Reich*, Hambourg, 1977 p. 187.
4. *Cf.* notamment David SCHOENBAUM, *op. cit.*

témoignages des intéressées comme des rapports officiels une sorte de résistance passive au rôle de jument de trait et de poulinière que le pouvoir entend leur imposer. Cette contestation diffuse mais effective résulte sans doute pour une large part des conditions matérielles et morales de la guerre. Elle reflète aussi, me semble-t-il, la frustration de celles qui ont cru aux discours et aux promesses du régime sur la restauration de la dignité de la femme allemande.

CHAPITRE V

« L'IDÉAL FÉMININ »

Une jeune génération de femmes grandira et leur cœur sera rempli de joie, ce qui leur donnera, par un sens tout naturel du devoir, la force de consentir des sacrifices.

Paula SIBER,
chargée des Questions féminines
auprès du ministre de l'Intérieur, 1933.

Le monde des femmes

La résistance d'un grand nombre d'Allemandes au service maternel où à des conditions de travail et d'existence jugées inacceptables conduit à s'interroger sur les possibilités et les limites de leur révolte.

Possibilités : en déniant aux femmes toute responsabilité dans la société et l'État, les nationaux-socialistes ont créé eux-mêmes les conditions de leur moindre engagement et favorisé leur retraite dans un espace disponible pour la réflexion et les sentiments personnels. D'où une tendance plus forte que les hommes à la critique relevée par les rapports officiels aussi bien chez les femmes de condition modeste que chez les privilégiées, même si les formes de la contestation diffèrent [1].

Limites de la révolte : l'absence de toute structure légale d'association autre que celle du parti unique ne permet aucune coordination des oppositions individuelles.

Plus grave encore, l'intériorisation des « valeurs socioculturelles du régime véhiculées par l'école, les mouvements officiels, les médias, l'entourage obscurcit la perception et l'expression du mécontentement.

1. Cf. notamment Heinz BOBERACH, *op. cit.*, rapports S.D. de 1943.

Ce renfermement culturel, qui reste jusqu'à nos jours l'un des obstacles majeurs à l'émancipation féminine, est difficile à cerner parce qu'il fait partie de la trame de l'existence quotidienne. Or, même sous le IIIe Reich, malgré l'uniformité apparente de toutes les institutions « mises au pas », les modes de vie, de pensée, d'action diffèrent selon le milieu et l'âge, suscitant des conflits d'intérêts et de générations. Le régime, on le sait, tente d'étouffer les premiers parce qu'ils gênent la réalisation de ses objectifs. Il encourage au contraire les seconds afin d'accaparer à son profit la jeunesse qui sera d'autant plus malléable qu'elle n'aura pas d'éléments de comparaison, d'autre modèle que celui du national-socialisme.

Ainsi s'explique l'effort tardif mais réel du régime pour intégrer l'ensemble des filles dans les Jeunesses hitlériennes, afin de les soustraire à l'influence de ce que Goebbels appelle non sans crainte *le monde des femmes (die Frauenwelt).*

Relégué au second plan, ce monde n'en existe pas moins par son importance numérique, la proportion croissante des classes d'âge jeunes, et le rôle qu'il doit jouer dans une économie et une politique de conquête.

ÉVOLUTION DU MONDE FÉMININ
DE L'ALLEMAGNE HITLÉRIENNE
1933-1939 *

	Décembre 1933	**Janvier 1938**	**Mai 1939** après annexion de l'Autriche
Population totale	65 362 111	69 316 500	79 375 300
Femmes	33 598 255	35 404 500	40 613 600
Pourcentage par rapport à la population	51,4 %	51,07 %	51,16 %

	CLASSE D'ÂGE DES FEMMES		
– de 20 ans	7 454 000	10 898 400	12 392 100
– de 20 à 40 ans	11 749 840	11 032 300	12 606 100
– de 40 à 60 ans	8 165 378	8 928 800	5 305 300
– plus de 60 ans	3 899 050	4 545 000	5 305 300

* D'après *Statistisches Jahrbuch für das Deutsche Reich,* 1935, p. 11 et 1940-1941, p. 25.

	ÉTAT CIVIL		
Célibataires	15 878 191	15 594 600	17 932 600
Mariées	14 316 709	16 123 000	18 333 800
Veuves	3 026 477	3 272 000	3 850 900
Divorcées	311 522	414 900	496 300

Soucieux d'assurer la pérennité de la « race » et du Reich, le régime entend modeler l'Aryenne de l'avenir. Tout en excluant la formation militaire réservée aux garçons, son objectif est de développer, par une « discipline de fer », trois aspects qui lui paraissent fondamentaux dans la personnalité féminine : l'endurance physique, la foi politique, l'esprit de sacrifice. Cette préoccupation se traduit par un effort quantitatif et qualitatif dans la formation des jeunes filles.

Alors que celles-ci ne représentaient que 22 pour 100 des Jeunesses hitlériennes en 1933, l'adhésion imposée à partir de décembre 1936 à l'ensemble des jeunes Allemands, aryens et en bonne santé, aboutit, deux ans plus tard, à une proportion égale des deux sexes au sein du mouvement. Ainsi 88 pour 100 des 3 893 000 filles de dix à seize ans sont répartis entre les cadettes des *Jungmädel* et les aînées du *Bund deutscher Mädel* (B.D.M.), auxquelles viennent s'ajouter les 450 000 adhérentes de dix-sept à vingt et un ans de l'association Foi et Beauté destinée, depuis 1938, à prolonger le mouvement de la jeunesse féminine jusqu'à l'entrée dans les organisations d'adultes [1].

L'ensemble de ces institutions, présentes à tous les niveaux du Reich, permet de préparer la relève de près de six millions d'adhérentes d'organisations féminines, dont un tiers appartient au noyau militant de la *Nationalsozialistische Frauenschaft*, le reste aux associations féminines regroupées depuis 1935 – à l'exception des associations catholiques protégées par le Concordat – dans l'Œuvre allemande des femmes (*Deutsches Frauenwerk*) sous le contrôle de la N.S.D.A.P. et de la *Reichsfrauenführerin* Scholtz-Klink [2].

En haut lieu, cette relève est jugée d'autant plus nécessaire que

1. *Cf.* Klaus MARTIN, *Mädchen in der Hitlerjugend*, Cologne, 1980.
2. *Cf.* Jill STEPHENSON, *The Nazi Organisation of Women*, Londres, 1981. Dans un rapport de 1941 « Deutsches Frauenschaffen » in *Jahrbuch der Reichsfrauenführung*, Berlin 1941. Gertrud Scholtz-Klink estime à environ 12 millions les membres des différentes organisations féminines – y compris le Service du travail – contrôlées par le parti.

la vieille garde ne possède ni la formation physique et idéologique ni les compétences techniques indispensables à l'encadrement de la population féminine de l'ancien Reich et des territoires à germaniser. Le changement d'orientation est perceptible dans le recrutement des futurs cadres féminins. En l'absence d'étude d'ensemble à ce sujet, un examen des dossiers du château de Hohenfels près de Cobourg, l'un des trois centres nationaux destinés à la formation des responsables de la *Nationalsozialistische Frauenschaft*, m'a conduite à comparer les deux groupes retenus en 1934, année de la création de l'École, et en 1938. Cette comparaison fait apparaître quatre différences notables :

1° la professionnalisation des cadres féminins entraîne un accroissement sensible des célibataires. En effet, bien que l'âge moyen des candidates retenues soit passé de trente-sept à trente-huit ans, on dénombre onze célibataires sur les vingt-huit stagiaires de 1938, contre une seule sur trente-cinq candidates en 1934;

2° une forte augmentation des « Allemandes de l'étranger » destinées, si l'on considère les pays d'origine, soit aux missions de germanisation, soit à renforcer le rayonnement idéologique de l'Allemagne national-socialiste. Une seule aristocrate résidant en Espagne figure dans le premier groupe contre un tiers des stagiaires de 1938, qui proviennent de l'Autriche annexée, d'Alsace-Lorraine, de Turquie, de Chine et du Japon;

3° une foi militante plus accentuée. Trente-quatre des trente-cinq participants de 1934 déclaraient appartenir aux Églises protestante ou catholique alors qu'un tiers des sélectionnées de 1938 se dit *croyantes en Dieu*, appellation usuelle sous le IIIe Reich pour les adversaires déclarés du christianisme;

4° une spécialisation plus marquée : dans le premier stage, la plupart des femmes sont déjà responsables d'une direction régionale (*Kreisfrauenschaftsleiterin*) alors que vingt des vingt-huit stagiaires de 1938 sont des militantes engagées dans le secteur de l'éducation, de la presse et de la propagande, du travail social, de l'économie rurale et domestique. La composition sociale des groupes ne semble pas avoir varié : dans les deux cas on trouve environ 10 pour 100 d'aristocrates, le reste provenant de la moyenne et petite bourgeoisie des villes et des campagnes. Il n'y a pas d'ouvrières.

S'il est relativement facile de trouver des documents officiels attestant l'effort du régime en direction de la jeunesse en général et des futures femmes allemandes en particulier, il est beaucoup plus difficile d'en mesurer l'impact sur les intéressées. Les témoignages et les écrits d'Allemandes de cette époque émanent en effet soit d'opposantes emprisonnées, réfugiées dans la clandestinité ou hors des frontières du Reich, soit de survivantes dont la mémoire est nécessairement sélective ou lacunaire à près d'un demi-siècle d'une période si particulière de leur vie. La majorité préfère garder le silence ou se contente d'évoquer des souvenirs de famille anodins, d'autres transforment, idéalisent plus ou moins consciemment leur expérience et celle de leur entourage. Dans ces conditions, on ne peut que confronter l'image que le national-socialisme donne de « la » femme allemande à la manière dont les femmes se perçoivent par rapport à cette image.

Comme prototype de la femme sous le IIIe Reich, déclare rétrospectivement Inge Aicher-Scholl, *on pourrait peut-être citer Leni Riefensthal, c'est-à-dire un mélange de dureté, de discipline sans nuance, un être cynique, dénué d'esprit, sportif mais sans élégance* [1].

Il va de soi que ce prototype présenté par la peinture, la littérature, le film, dans les rôles correspondant aux étapes de la vie féminine, reflète, selon l'expression d'un historien allemand de l'art, *une vision par les hommes pour les hommes, de leur domination sexuelle* [2].

Bon nombre de femmes, surtout parmi les plus jeunes qui ne connaissent pas autre chose, s'identifient à lui. Cependant, aucun des témoignages d'Allemandes de cette époque, que j'ai pu lire ou entendre, ne mentionne Leni Riefensthal, alors que d'autres vedettes très « féminines », comme la chanteuse Zarah Leander ou la danseuse Marika Rökk restent très présentes dans les souvenirs. Tout se passe comme si, en l'absence d'une littérature et de films conçus pour la jeunesse féminine [3], la plupart des jeunes filles avaient adapté au goût du jour la vision romantique de leurs aînées.

A ce titre, l'essai autobiographique de Christa Wolf [4] complété par d'autres sources d'information, mérite une attention particulière parce qu'il fournit une reconstitution précise et sans complaisance de la vie d'une jeune Allemande qui a grandi « normalement », c'est-à-dire sans excès d'honneur ni d'indignité, sous le IIIe Reich. L'intelligence et la sensibilité de l'auteur, qui est aujourd'hui un écrivain apprécié très au-delà de son pays, la République démocratique

1. Entretien avec Inge Aicher-Scholl, sœur de Hans et Sophie Scholl exécutés avec d'autres intellectuels du groupe œcuménique de la Rose blanche, cité par Angelika REUTER et Barbara PONELEIT in *Frauen im Widerstand-Frauen im Faschismus, 1933-1945,* Munich, 1977, p. 171-213.

2. Berthold HINZ, *Malerei im deutschen Faschismus,* Munich, 1974, p. 86.

3. Sur les douze longs métrages pour la jeunesse réalisés entre 1933 et 1944, deux seulement ont trait à la vie des femmes.

4. Christa WOLF, *Kindheitsmuster,* Berlin-Weimar, 1976.

allemande, dépassent certes de beaucoup ce que l'on appelle « la moyenne ». Mais le milieu social de la jeune Nelly Jordan, celui dans lequel elle a vécu les seize premières années de son existence, n'en est pas moins typique de cette « couche moyenne » *(Mittelschicht)* dont on connaît le rôle fondamental dans l'Allemagne national-socialiste.

Apprendre à s'endurcir

La petite Nelly voit le jour en 1929 à Landsberg sur la Warta, une ville de quarante-huit mille habitants, à quatre-vingts kilomètres à l'est de Berlin, dans une région aujourd'hui polonaise. Son père, Bruno Jordan, trente-deux ans, ancien combattant blessé et capturé par les Français à Verdun, tient une modeste épicerie menacée par la crise économique. Sa mère, Charlotte, vingt-neuf ans, a quitté son emploi de comptable dans une fromagerie pour seconder son mari et élever sa fille et le petit Lutz qui naît en 1933. Les Jordan sont protestants mais n'ont ni le loisir ni l'envie de s'en préoccuper. Ils votent social-démocrate (S.P.D.) jusqu'en mars 1933 puis pour le parti d'Adolf Hitler *comme toute la ville* [1].

Un an plus tard, toute la ville attend le Führer qui doit passer par Landsberg au cours d'un voyage dans les Marches de l'Est. Après une matinée d'attente, on annonce que le Führer est retenu ailleurs. Nelly n'aura jamais l'occasion de le voir en personne comme le voit Hella Meyer, une catholique de quinze ans, membre des Jeunesses hitlériennes alignées le long de la route, brûlante en ce 26 août 1934, qui mène à la forteresse du Ehrenbreitstein dominant Coblence, où le chancelier va participer à une manifestation pour le rattachement de la Sarre au Reich. *Tout à coup, je le vis. Il était debout dans sa voiture et jetait un regard grave mais affectueux sur la foule qui l'acclamait. Je criai* [2]...

1. Aux élections de mars 1933, c'est-à-dire avant la dissolution de tous les partis à l'exception de la N.S.D.A.P., les électeurs de Landsberg avaient donné 15 055 voix aux nazis, 6 506 à la S.P.D., 2 207 au Parti communiste allemand. Le *Zentrum* catholique était quasi inexistant dans cette région protestante à 95 pour 100.

2. Le manuscrit du *Journal 1934-35* de Hella MEYER est conservé aux Archives fédérales de Coblence – *Kleiner Erwerb* N 6575/26 avec une collection de documents et témoignages sur le mouvement de jeunesse du IIIe Reich recueillis par des « anciens » qui restent attachés à l'esprit de camaraderie et à la « pédagogie » de cette époque.

Peine perdue : ses cris ne réussissent pas à attirer son regard. Elle ne peut qu'envier la petite « fendeuse de rangs » *(Reihendurchbrecherin)* qui va, selon le cérémonial prévu, offrir son compliment et son bouquet au chancelier. Quand elle le reverra, un an plus tard à Francfort-sur-le-Main, sa tentative se soldera, sans plus de succès, par une extinction de voix. Les cheftaines de Basse-Saxe ont plus de chance : leur responsable réussit à les faire recevoir à la chancellerie, à l'occasion d'un voyage à Berlin pour la journée du référendum sur la remilitarisation du Reich, le 29 mars 1936.

Le Führer nous salua d'un Heil, Mädel *et nous répondîmes* Heil, *notre Führer. Puis il nous dévisagea longuement et nous avions le sentiment qu'il voyait jusqu'au fond de nos cœurs. Il serra d'abord la main de nos responsables puis les nôtres et demanda à chacune de sa voix claire et calme d'où elle venait. Aucune ne put articuler une phrase sensée tant nous étions impressionnées. Celle qui lui plut le mieux était la plus grande du camp, originaire de Brême :*

– De Brême? C'est une bonne espèce humaine!

Puis le Führer nous dit :

– Mes enfants, je me réjouis de vous voir si saines et si fraîches mais la longue marche vous a sans doute donné faim et soif. Allez donc vous restaurer dans la pièce à côté!...

Comme en rêve, nous nous assîmes à une table richement garnie. Au bout de quelques minutes, le Führer revint. Nous nous levâmes immédiatement pour lui offrir nos chaises.

– Restez tranquillement assises, mes enfants, et régalez-vous.

Un S.S. apporta une simple chaise de cuisine blanche au Führer et il s'assit près de nous. Notre faim avait disparu car nous n'avions d'yeux que pour lui. Il n'arrêtait pas de nous regarder en répétant :

– Que vous avez bonne mine, mes enfants. Ce n'est pas tous les jours fête comme aujourd'hui.

Tout à coup, il dit :

– Puisque vous avez pris la peine de venir chez moi à Berlin, je veux aussi vous procurer une petite joie.

Sur son ordre, un S.S. va chercher un paquet de reproductions de son portrait dont il dédicace un exemplaire à chacune. Avant de prendre congé, les *Mädel* récitent un poème et chantent en chœur. Le Führer leur fait remettre 200 marks pour leur caisse de voyages puis c'est l'ultime poignée de main.

– Je m'entretiendrai, encore volontiers avec vous, mais mon temps est mesuré.

On l'appelle pour les résultats du référendum : 99 pour 100 de « oui ».

La jeune cheftaine conclut : *Celui qui, comme nous, a vu le Führer une fois ne peut jamais lui devenir infidèle* [1].

A défaut de la visite du Führer, les Jordan reçoivent à la même époque celle du chef local des S.A. S'il ne veut pas avoir d'ennuis à cause de son soutien antérieur aux « rouges », l'épicier a tout intérêt à confirmer « l'accident cardiaque » dont il a été l'unique témoin quand ses hommes ont un peu « rabroué » l'agent d'assurances Benno Weisskirch parce qu'il refusait de rompre avec son amie juive. Bruno Jordan juge prudent d'obtempérer et recommande aux siens de garder le silence. Frau Guttschmitt, une fidèle cliente de l'épicerie, raconte que son mari préfère aussi se taire à propos du *Konzertlager* d'où il vient de rentrer. Il a sans doute dû signer quelque chose, observe le grand-père de Nelly :

– Quoi donc?

– Ah! mon enfant, qu'est-ce que j'en sais!

A sept ans, Nelly entend ainsi, pour la première fois, évoquer ce mystérieux « camp de concert » où on envoie les « mauvais Allemands ». Elle comprend que son père n'a aucune envie d'en être quand il rentre un soir en exhibant triomphalement la casquette à croix gammée de l'association maritime : sans adhérer au parti, il a rejoint une de ses associations annexes.

Depuis la pénible affaire du témoignage, les Jordan n'ont pas à se plaindre du nouveau régime : grâce à la résorption du chômage, les affaires ont repris, les clients sont redevenus solvables. Les bénéfices du magasin et un crédit sur dix ans leur permettent de faire construire une maison familiale avec un logement pour les grands-parents et une boutique plus spacieuse dans le nouveau quartier des casernes. Charlotte s'était d'abord insurgée contre ce projet :

– Construire! Est-ce que nous avons la folie des grandeurs!... Mais, tous ceux que nous avons consultés le déconseillent.

– Pas d'angoisse inutile.

– Mais nous n'avons même pas encore réuni l'argent.

– Toi, toujours avec tes si et tes mais, toujours à me couper le vent dans les voiles!

Ainsi Nelly qui assiste à la conversation, pendant une promenade dans le quartier choisi par son père, apprend qu'il y aura de nouveau des soldats et qu'on va construire des casernes.

– Mais si les autres n'acceptent pas ça! objecte encore Charlotte.

– Tu vois bien, l'insolence est payante.

1. Compte rendu in *Das Landjahr – Beilage zum Niedersächsischen Erzieher*, 1-6-1936, p. 14-15.

– Mais une fille ne doit pas grandir entre deux casernes. Les soldats sont sensuels!

– Reste les pieds sur terre : quand ils sont de sortie, les soldats ont besoin de cigarettes, de bière. Les femmes d'officiers sont contentes si quelqu'un leur livre la marchandise à domicile.

– Mais qui va faire ça?

– Nous, figure-toi. Un peu d'esprit d'entreprise, que diable! Un peu de confiance en soi.

– On s'échine, on s'active et puis revoilà la guerre qui fiche tout par terre, marmonne Charlotte qui n'a pas oublié que sa mère a dû les élever avec ses travaux de couture et une chèvre, parce que le père, qui buvait beaucoup, avait été renvoyé des chemins de fer.

Bruno Jordan n'est pas homme à se laisser démoraliser. Le projet prend corps, sa réussite est telle que l'association locale des commerçants l'élit secrétaire général en 1937. Dans ses nouvelles fonctions, l'épicier organise des conférences sur le Plan de quatre ans, rencontre des responsables régionaux, reçoit un haut fonctionnaire du Reich venu l'informer des problèmes d'approvisionnement national en matières grasses. A son retour d'une « soirée professionnelle » qui s'est prolongée jusqu'à l'aube, il trouve son lit occupé par Nelly qui entend sa mère le traiter de vagabond et lui enjoindre de gagner le divan de la salle à manger.

Charlotte n'apprécie pas le nouveau mode de vie de son mari et ne lui pardonne pas leur installation dans le quartier des casernes. Sa fille est pourtant enchantée de se rendre dans lesdites casernes manger la soupe aux pois cassés offerte à la population en l'honneur de la Journée de la Wehrmacht et de voir son père s'entraîner au stand de tir. Les gens énergiques lui plaisent, à commencer par son maître, Herr Wasinski, de l'école communale de filles, Adolf Hitlerstrasse, qu'elle fréquente depuis Pâques 1935. Avec ou sans uniforme brun, malgré ou à cause de sa jambe gauche traînante, séquelle d'une blessure de guerre à la hanche. *Taisez-vous donc et tout de suite, que diable, nous ne sommes pas dans une école juive,* a-t-il coutume de crier quand ses élèves bavardent. *Et gare à celle qui ne se tient pas bien pendant l'hommage au drapeau. Notre Führer travaille jour et nuit pour nous, et vous ne pourriez pas fermer le bec en son honneur pendant dix minutes?*

Dix minutes, c'est l'ordinaire, pense Nelly. Les jours de fête comme l'anniversaire du Führer, il y en a bien pour une demi-heure avec l'allocution du directeur, un chef local du parti, qui aime tant parler de l'âme nordique. Si elle était vraiment émue comme on doit l'être, elle ne remarquerait pas le trou dans le gant de laine rouge qu'il retire à grand-peine pour saluer le drapeau, ni la combinaison qui dépasse d'au moins deux centimètres de la robe de sa camarade sortie du rang comme déléguée des élèves. Dommage que l'école n'organise pas de concours de bras levés comme il y en a pour le sport ou l'idéologie. Après l'entraînement que lui a conseillé Herr Wasinski, elle arrive maintenant à garder le bras levé pendant les trois strophes de l'hymne national et du *Horst Wessellied* [1], alors qu'auparavant elle le maintenait à grand-peine pendant la première strophe des deux chants obligatoires aux cérémonies. Peut-être gagnerait-elle, comme elle a déjà gagné, le concours des enfants qui se brossent régulièrement les dents avec Blendax.

Malheureusement, Herr Wasinski ne s'intéresse pas plus à ce genre d'épreuve qu'à la personne de Nelly : elle ne fait pas partie des élèves appréciées, de celles qui se lavent tous les matins le haut du corps à l'eau froide afin de s'endurcir, comme le veut le Führer. Le maître n'aime pas non plus sa façon de répondre aux questions. Quand il a demandé des exemples de noms exprimant des sentiments, Ursel, une fille d'officier, a dit *obéissance;* il l'a félicitée, tout comme Lori Tietz, dont le père fabrique des pâtes alimentaires, qui a donné le mot *modestie* – forcément, elle est tellement bête. Mais il a eu l'air mécontent quand Ella Busch, qui porte les vieux vêtements de Nelly a répondu *pauvreté* et elle *simulation.* Ce mot difficile lui est pourtant venu spontanément parce qu'il exprime un de ses jeux préférés : faire semblant. Avec son petit frère, elle joue au prince et à la princesse, anime un théâtre de marionnettes. Avec les petits voisins, on imite l'école ou le Führer et son peuple. Quand un garçon s'écrie : *Je suis votre Führer Adolf Hitler, vous êtes mon peuple et vous devez m'obéir,* elle répond en chœur avec les autres par un triple *Siegheil,* le bras tendu pour le salut.

Simuler, c'est aussi faire semblant de ne pas savoir, comme les grandes personnes. La petite fille se garde bien de raconter ce que lui a confié Elvira, leur bonne de quatorze ans : au soir du 17 mars 1933, elle était cachée avec ses parents et ses deux frères communistes à pleurer dans une cave pendant que des hommes du parti brûlaient les drapeaux, les symboles et les livres des « bolcheviques » sur la place Hindenburg. La jeune bonne et les siens n'ont plus l'air d'avoir peur, ils sont devenus de « bons Allemands », mais les parents de Nelly disent souvent qu'il ne faut pas parler de certaines choses. Alors, elle se tait, fière de son secret.

---

1. La strophe obligatoire de l'hymne national, commençait par *L'Allemagne au-dessus de tout dans le monde.* Le *Horst Wessellied,* chant officiel du parti exaltait le « martyre » d'un étudiant nazi abattu par la police du régime antérieur au cours d'une bagarre à propos de la prostituée qui l'entretenait.

Quand ils se croient seuls, ses parents ont des drôles de sujets de conversation : ils parlent de *descendance malade*, de *stérilisation*, de *castration*, d'une tante qui ne peut pas avoir d'enfant et qui vient d'adopter celui d'une bonne célibataire. Pourquoi sa mère a-t-elle ajouté que ce genre d'enfant réserve toujours des surprises *à cause des prédispositions?* Accroupie dans un coin de la salle à manger, Nelly fait semblant de ne rien entendre tout en essayant de saisir au vol les mots inconnus et fascinants qu'échangent ses parents en lisant le *General Anzeiger. Mode de vie eugénique : les écoles doivent, à l'avenir, former les enfants à un mode de vie eugénique.*

– Qu'est-ce que ça signifie encore? s'impatiente Charlotte Jordan.

– Que veux-tu que ce soit? Ils interdisent, par exemple, qu'une fille saine comme la tienne épouse un garçon malade comme ce pauvre Heini qui tremble constamment de tous ses membres et ne sait que répéter *maman, pauvre tante* quand on le promène dans sa caisse à roues.

– Mais ça va de soi!

– Regarde, c'est écrit là : ne doivent pas se marier ceux qui ont une maladie des parties génitales, les phtisiques, les malades mentaux. 400 000 doivent être stérilisés immédiatement.

– Bruno, je t'en prie, pense à l'enfant.

– 400 000. Rien que des volontaires, bien entendu, poursuit Bruno.

Geschlechtskrankheiten – maladies des parties génitales –, encore un mot que Nelly ne connaît pas. Elle l'a pourtant vu sur la plaque d'un médecin. Au cours d'histoire, le maître a employé le mot *Geschlecht* pour la lignée des rois de Prusse. Serait-ce une maladie de la lignée? En ce cas, elle aurait intérêt à interroger sa grand-mère qui connaît bien l'histoire de la famille.

En classe, Herr Wasinski a déclaré : *Une fille allemande doit savoir haïr les Juifs, les communistes et d'autres ennemis,* en ajoutant : *De nos jours, Jésus-Christ serait un compagnon du Führer et haïrait les Juifs.*

Haïr n'était pas son fort, observe Charlotte à laquelle Nelly rapporte ces propos. Le soir, au lit, elle s'irrite de ce que cet homme raconte au cours d'instruction religieuse. *Qu'il raconte ce qu'il veut, si on devait se mêler de tout!* rétorque Bruno Jordan qui ne veut surtout pas d'ennuis.

Les paroles du maître préoccupent Nelly : elle n'a jamais vu un vrai Juif ou un vrai communiste. Comment haïr des gens qu'on ne connaît pas? Le seul être qu'elle hait vraiment, c'est Rudi, un garçon plus fort qu'elle, avec lequel elle s'est battue jusqu'au sang parce qu'il dérangeait la classe qu'elle faisait aux petits voisins dans un terrain vague. Aussi, lorsqu'on leur demande d'écrire une rédaction sur le sujet *Qui a trahi le peuple allemand en 1918*, ne voit-elle qu'une solution : composer un poème – c'est plus court – à partir de ce qu'elle a entendu en classe et à la maison.

Dans le grand brasier mondial, le peuple allemand était entouré d'ennemis. Mais notre vaillant soldat allemand ne laissa pénétrer aucun ennemi dans le pays. C'est alors que la vile trahison des Juifs obligea l'Allemagne à conclure la paix.

Herr Wasinski est surpris : ce texte est excellent, elle l'a sûrement copié d'un livre ou d'un journal. Lorsque Nelly jure qu'il est de sa composition, elle a droit, pour la première fois, à ses éloges. Sa rédaction est donnée en exemple à la classe comme l'inscription des élèves de la classe supérieure accrochée au mur :

Je suis née pour sentir en allemand.
Je suis faite pour penser allemand.
D'abord mon peuple, puis les autres.
D'abord mon pays, puis le monde.

Herr Wasinski affirme que les gens sont encore loin d'avoir atteint une telle perfection. Nelly et son amie Hella Teichmann se jurent d'y parvenir.

Le même enthousiasme s'empare de la petite fille à la fête du solstice d'été des Jeunesses hitlériennes quand le feu embrase les torches et les bûchers des collines environnantes tandis qu'une immense clameur jaillit de milliers de poitrines : *Allemagne, mot sacré rempli d'infini. Nous voulons brûler d'ardeur pour que nos œuvres réchauffent les générations futures.* A la fin, elle pleure de fatigue. Elle sait pourtant qu'une fille allemande ne doit pas pleurer. Elle ne sait toujours pas si elle est capable de haïr les ennemis de son pays.

L'occasion de le savoir se présente un soir quand le libraire Leo Siegmann, un ami de son père, aborde son sujet favori : la culture et l'éducation national-socialistes. Installé dans un fauteuil en face du portrait 60 × 80 du Führer bravant la tempête, qu'il a vendu à Bruno Jordan, le libraire explique que l'enseignement doit être imprégné de concepts biologiques afin d'étayer scientifiquement le bon sens populaire. Il se souvient de sa propre expérience au collège impérial où il y avait dans sa classe un « voyou » juif qu'on ne pouvait s'empêcher de frapper tous les matins quand on passait devant lui, *assis sur son banc comme un sac mouillé. On peut dire ce qu'on veut, ça c'était l'instinct. Il avait tout simplement une odeur répugnante ou quelque chose d'autre.* Nelly qui a dû aller se coucher voit à présent devant elle son premier vrai Juif, ce garçon au visage pâle, pointu, un peu boutonneux, aux cheveux sombres ondulés. Portant toujours des pantalons de golf, *il est toujours assis comme un sac mouillé.* Va-t-elle le frapper en passant devant lui? Comme tous les Juifs, le garçon spécule, il spécule sur sa faiblesse : chaque fois qu'elle veut lever la main sur lui, elle ne voit plus que ses yeux. Alors l'image se brouille, elle ne sait plus si elle ose accomplir son devoir contre ce garçon qu'elle connaît si bien qu'elle ne parvient pas à le haïr. *Il importe que le Führer puisse se fier à vous les yeux fermés,* leur répète-t-on souvent. Si seulement, on pouvait haïr aveuglément!

Nouvelle angoisse ou est-ce la même? Depuis qu'un monsieur a sorti de son pantalon une espèce de queue blanche qui se tordait comme un serpent tandis qu'elle se promenait seule du côté de la décharge publique, celle-ci est associée aux images du garçon juif et aux animaux répugnants. Dès qu'elle entend le mot « impureté », elle chante en guise d'exorcisme un chant que tout le monde connaît :

Des têtes de Juifs roulent, des têtes de Juifs roulent.
Des têtes de Juifs roulent sur la chaussée
Le sang, le sang, le saang
Le sang doit couler en flots épais comme des gourdins
Et on se fiche de la liberté
De la République des Soviets.

A la maison, la tante Trude, la sœur de son père, venue prendre le café, fond en larmes parce qu'on l'a traitée de demi-Juive. Charlotte Jordan trouve la calomnie aussi grave que si on l'avait traitée de Juive, d'autant plus que Bruno a déjà reconstitué la généalogie familiale jusqu'en 1838 sans avoir trouvé la moindre trace de sang impur. Nelly s'est réfugiée à la cuisine où sa mère la trouve assise sur le coffre à charbon en train de sangloter :

– Je ne veux pas être une Juive.

– D'où, pour l'amour du ciel, cette enfant sait-elle ce qu'est une Juive?

Par bonheur, il y a « l'oncle » Jean pour la consoler. Ce neveu de Charlotte, qui est aviateur dans la nouvelle Luftwaffe, vient de se couvrir de gloire en Espagne, avec la légion Condor. A son retour, il a eu l'honneur de défiler devant le Führer et maintenant, rayonnant et bronzé – le soleil d'Espagne – il soulève sa « nièce » jusqu'au plafond comme lorsqu'elle était petite. Personne n'a l'idée de lui demander ce qui se passe là-bas puisqu'on sait tout par les journaux et la radio.

A neuf ans, Nelly est dans une phase de comptabilité aiguë : elle compte ses pas, les cris du coucou, la durée des applaudissements à la radio, notamment celle du match de boxe entre Max Schmeling et Joe Louis qui arrache un cri de désespoir à son père : *Ces nègres doivent glisser du plomb dans leurs gants pour battre un grand champion allemand comme Schmeling.*

C'est insupportable, proprement insupportable, déclare le lendemain en arrivant dans sa classe du lycée de filles de Ratibor (haute Silésie) le professeur de latin, fils de pasteur et nazi inconditionnel, ce qui ne l'empêche pas d'assurer l'instruction religieuse aux rares élèves protestantes de la ville [1].

Quel triomphe par contre lorsque l'Autriche se joint au Reich, en mars 1938 : c'est comme une immense force qui envahit tout le corps de Nelly au point de la faire trembler quand elle entend les applaudissements interminables de la foule rassemblée à Vienne aux pieds du Führer. Ses mains sont moites d'excitation, son visage est en feu. Charlotte qui doit retourner au magasin enrage : elle finira par casser cette maudite radio qui tourne la tête à sa fille. Bien que son mari lui ait offert récemment un renard argenté qu'elle n'a jamais l'occasion de mettre, l'épicière, qui va sur ses trente-neuf ans, est de plus en plus irascible, prend du poids, se teint les cheveux.

Foi et sens du devoir

Le 25 août 1939, lorsque le facteur apporte l'ordre de mobilisation de son mari, Charlotte explose : *Je chie sur votre Führer,* hurle-t-elle dans l'escalier. Bruno Jordan qui l'a saisie par le bras tente de la calmer : *Fillette, ce que tu dis peut nous coûter la tête,* tout en adjurant le facteur médusé : *Ne la prenez pas au sérieux, ma femme est si nerveuse.* En bas de l'escalier d'où elle a suivi la scène, Nelly est interdite. Pourquoi sa mère qui leur défend de dire des gros mots en a-t-elle employé elle-même? Pourquoi a-t-elle dit *votre* Führer? L'abandonnerait-elle parce que son mari doit partir à la guerre où il peut être tué? Le Führer sait pourtant ce qu'il fait et chaque Allemand doit être courageux maintenant. Elle le prouve dès le lendemain lorsqu'ils accompagnent le sous-officier Jordan au jardin des Aigles,

1. Archives personnelles de Hilde Hertow née en 1923, qui fut son élève à cette époque.

prévu comme lieu de rassemblement. Les familles forment la haie quand les soldats se dirigent vers la gare en entonnant : *Les petits oiseaux dans la forêt chantent si joliment.* Le père de Nelly, qui a toujours chanté faux, se retourne une dernière fois pour saluer les siens : Charlotte sanglote, mais sa fille serre les dents, prend résolument le petit frère par la main : elle se sent responsable à présent. Titre des journaux allemands : *Le Corridor polonais; L'Espace vital; La Provocation de l'émetteur de Gleiwitz; A partir de ce matin, nous répondons au tir.* En classe, le professeur d'histoire, en uniforme brun, annonce la grande nouvelle : c'est la guerre. Comme tout le monde, Charlotte et sa fille vont jeter des paquets de cigarettes aux soldats qui passent en convois vers l'est dans des camions portant l'inscription *Au revoir, à Noël!* L'oncle Emil Dunst, qui a racheté pour une bouchée de pain, en 1937, l'usine de confiserie d'un Juif pressé d'émigrer, remarque en ce jour solennel : *Pas un bœuf n'accepterait de trimer comme nous : que les autres essaient seulement de nous imiter. Pour le reste, qu'ils gardent leurs distances!* Sa nièce se demande comment « les autres » peuvent garder leurs distances puisque les troupes allemandes sont, d'après le communiqué de la radio, *au contact de l'ennemi.*

A trois cent cinquante kilomètres au sud, mais aussi près de la frontière polonaise, dans la ville de Ratibor qui ne se distingue de Landsberg que par une population majoritairement catholique, Hilde Hertow, en digne fille d'un marchand de tabac, note que le premier effet de la guerre est le rationnement des cigares et des cigarettes. Les élèves qui devaient passer le baccalauréat sont reçues d'office. Comme le lycée de filles est occupé par l'armée, que beaucoup d'enseignants sont mobilisés, les cours ont lieu désormais par demi-journée en alternance pour les filles et les garçons dans l'établissement de ces derniers, ce qui laisse beaucoup de temps libre.

Hilde aime lire, y compris la littérature étrangère : les pièces de Shakespeare, de Molière, des nouvelles de Maupassant et de Joseph Conrad, mais aussi *Les Lettres de mon moulin, Madame Curie, Le Livre de San Michele* d'Axel Munth. Passion très peu partagée par ses camarades qui préfèrent écouter la radio, pratiquer les sports – l'école possède un canot à quatre rameurs baptisé *Grande Allemagne* –, aller au cinéma. En quelques années, le septième art a conquis la majorité de la population allemande : pour la seule période de 1932 à 1936, les statistiques du Reich révèlent une augmentation de 125 000 000 d'entrées dans les salles obscures dont 25 000 000 dans les petites villes et les campagnes souvent desservies par l'une des trois cents voitures de projection qui sillonnent le Reich, ou par l'une des

62 000 écoles qui possèdent leur propre installation cinématographique [1].

Malgré son jeune âge et un trajet de vingt-cinq minutes, Nelly va souvent aux séances de l'après-midi. Pendant les actualités, quand les escadrilles de la Luftwaffe passent en vrombissant sur l'écran, les spectateurs rentrent la tête dans les épaules avec des cris d'admiration suivis presque aussitôt d'un murmure réprobateur à la vue des « sous-hommes » polonais que les soldats de la Wehrmacht emmènent en captivité. Les films programmés en alternance pour la semaine présentent des vies de grands hommes – presque jamais de grandes femmes, sauf quand elles peuvent servir, comme Jeanne d'Arc ou la reine Victoria, à ridiculiser les ennemis. Vie de savants ou d'inventeurs, de préférence allemands comme *Robert Koch, le vainqueur de la mort*, ou Peter Henlein qui parvient à mettre au point *Le Cœur immortel*, c'est-à-dire la montre, malgré une épouse cupide et volage. Il y a aussi des comédies musicales comme *Une enivrante nuit de bal*, dont le réalisateur a substitué à la passion homosexuelle de Tchaikovski, dépeinte dans le roman de Geza von Cziffra, les amours d'un homme déchiré entre la capiteuse Suédoise Zarah Leander qui remplace Marlene Dietrich, partie aux États-Unis, et la blonde Hongroise Marika Rökk, qui sont les coqueluches du public. Nelly n'apprécie pas encore tellement les longs métrages, elle préfère le comédien Heinz Rühmann, vedette de nombreuses comédies légères dont *L'Époux modèle*. Souvent, après les actualités, elle rentre à la maison ou va à l'entraînement sportif.

Depuis ses débuts difficiles avec Herr Wasinski, elle a appris à endurcir son corps, à s'entraîner de sorte que ses qualités sportives lui valent à présent d'être sélectionnée, avec neuf autres élèves de la ville, pour les compétitions régionales du Reich, qui mobilisent, en 1939, sept millions de jeunes en culottes noires et maillots blancs frappés de la croix gammée. Les trophées rapportés à la maison réjouissent son père arrivé en permission après la « bataille de Pologne ».

Le lendemain, dimanche, l'atmosphère familiale est moins détendue. Quand Nelly qui a passé la matinée dans sa chambre descend pour le déjeuner, elle n'entend que les dernières bribes de la conversation de son père au téléphone :

– Oui, quand donc?

– Ah! avant-hier.

– Combien dis-tu?

Bruno Jordan a blêmi. Il met rapidement fin à l'entretien puis

1. *Cf.* Joseph WULF, *Theater u. Film im Dritten Reich*, Gütersloh, 1964, p. 284 et Francis COURTADE et Pierre CADARS, *Le Cinéma nazi*, Paris, 1972.

s'affale sur une chaise. A Charlotte qui l'interroge, il raconte que l'ami Leo Siegmann, resté à la permanence de leur unité, l'a appelé pour lui apprendre qu'ils avaient exécuté cinq otages polonais et regretté qu'il n'ait pas été là. *Très peu pour moi,* ajoute l'épicier après un long moment de silence en regardant sa femme. A table, tout le monde se tait et mange. Nelly songe peut-être à ces cinq hommes si étranges avec leurs longs manteaux noirs, leurs barbes blanches, une calotte sur la tête, qu'elle a vus, un an auparavant, après l'incendie de la synagogue sortir des ruines fumantes en emportant quelques objets précieux qui devaient s'y trouver. Au lieu de haïr ces vieux Juifs, elle s'était sentie gênée parce qu'ils avaient l'air malheureux. Charlotte lui recommande toujours de ne pas humilier les malheureux, fût-ce la tante Liesbeth qui ne sait même pas confectionner un gâteau alors qu'il existe des cours gratuits d'enseignement ménager [1]. Pourtant le Führer a dit, et l'amie Hella Teichmann l'a inscrit dans son album de dictons et dédicaces, *qui veut vivre, doit combattre, qui ne veut pas combattre dans ce monde de lutte éternelle ne mérite pas de vivre.* Alors?

Le repas s'achève en silence. Selon leur habitude dominicale, les parents se retirent pour la sieste, les enfants débarrassent la table mais c'est toujours Nelly, jamais Lutz, qui doit aider Anne-Marie, la nouvelle bonne, à faire la vaisselle. Charlotte trouve ça naturel et ne comprend pas sa fille quand elle lance rageusement : vivement que je sois aux Jeunesses hitlériennes!

Ce moment arrive enfin : avec ses camarades qui ont atteint leur dixième année, elle fait la queue devant la salle de gymnastique du collège où une cheftaine inscrit les nouvelles. A Ratibor, Hilde Hertow vient d'en faire autant : malgré les réticences de sa famille attachée aux conceptions du *Zentrum* catholique, elle ne veut pas s'isoler de ses amies. Pendant les soirées *(Heimabende),* qui ont lieu le mercredi, on apprend des chants populaires moins martiaux que les chants de marche des garçons, on évoque l'histoire et l'actualité allemandes, on prépare des fêtes, on confectionne des vêtements et des friandises destinés aux enfants démunis. Le samedi après-midi, parfois toute la journée, est réservé aux sports : athlétisme, danse, marche. Tous les exercices donnent lieu à des compétitions avec attribution de médailles de bronze ou d'argent, les performances sont inscrites dans le « livret de service » *(Dienstbuch)* de chaque adhérente. Des activités

1. Selon les statistiques officielles (microfilm MA423/4878), 1 670 000 femmes et jeunes filles ont participé, entre 1934 et 1942, à 78 000 de ces cours comprenant les activités ménagères, l'économie domestique, les problèmes de santé de la famille et du peuple, la conception culturelle du foyer (coutumes, folklore, décoration), l'éducation des jeunes enfants.

plus particulières comme l'espionnage de groupes de jeunes ou de personnes « suspectes » peuvent être demandées en cas de besoin.

Melitta Maschmann raconte [1] comment, à son retour du Service du travail, la Gestapo et la responsable du B.D.M. de Berlin l'avaient convaincue de s'introduire dans la famille d'une ancienne amie juive afin d'obtenir des renseignements sur le groupe « fédéraliste-communiste » de jeunes censé tenir des réunions clandestines dans leur maison. L'échec de sa mission lui aurait sans doute valu l'exclusion des Jeunesses hitlériennes, avec toutes les conséquences qu'impliquait cette « indignité » pour sa carrière ultérieure, si on n'avait pas eu besoin de ses compétences au service de presse et de propagande du B.D.M.

Dans son uniforme – jupe bleue, chemisier blanc, veste brune avec, en haut du bras gauche, le triangle de tissu indiquant la région (Gau) et en dessous l'insigne de la *Hitlerjugend* (H.J.), Nelly goûte le plaisir nouveau de la camaraderie, mot magique qu'elle se répète intérieurement quand elles entourent leur cheftaine, Marianne, surnommée « Micky ». Existence différente, au-delà de l'école, de l'épicerie, des parents qui s'impatientent de la voir rentrer si tard. *Qu'a-t-elle fait si longtemps? Chanter? Tu peux aussi chanter à la maison.*

Charlotte ne comprend pas que sa fille trouve dans ce nouvel environnement la camaraderie des jeux et des fêtes, des épreuves vécues ensemble, des faiblesses surmontées dans les compétitions. A commencer par les marches qui l'ennuient, lui donnent des ampoules mais qu'elle refuse d'abandonner malgré les objurgations maternelles et grand-maternelles.

Au retour d'une sortie, Nelly doit s'aliter avec une bronchite, elle accepte, demande même au médecin de famille de lui établir une « dispense de service » pour le reste de l'hiver. Ce retrait temporaire, elle se garde bien de l'avouer, correspond à la période d'exclusion dont vient d'être frappée sa camarade Gerda Link, coupable d'avoir dérobé cinq marks dans un vêtement accroché au vestiaire des *Jungmädel*. Son jugement a eu lieu au cours de la sortie dans la forêt en présence des trois groupes *(Scharen)* d'environ cinquante *Mädel* chacun. Après un chant en chœur, *Notre vie appartient à la liberté*, Micky, debout au centre des *Jungmädel* alignées, a récité un texte qui exalte le passage du « moi » individuel au « nous » collectif. Puis la cheftaine principale *(Gruppenführerin)* a évoqué le cas de Gerda. D'une voix assourdie, elle a exprimé la déception et la peine que lui infligent la cou-

1. Melitta MASCHMANN, *Fazit*, Stuttgart, 1963, vers. fr. : *Ma Jeunesse sous le nazisme*, Paris, 1964.

pable, la honte et le déshonneur que son acte fait rejaillir sur le groupe. Sans vouloir l'exclure complètement, elle estime nécessaire de la suspendre pour trois mois. Joignant le geste à la parole, elle a retiré à Gerda le foulard noir et le nœud de cuir naturel qui le retient en cravate, symboles de son appartenance aux *Jungmädel*, puis elle s'est écriée : *Etre allemand, c'est être fidèle*, pendant que toutes entonnent l'hymne du mouvement :

En avant, en avant, les fanfares éclatent.
En avant, en avant, la jeunesse ne connaît pas le danger.
Allemagne, tu resteras lumineuse, même si nous devons périr...

Pourquoi Nelly a-t-elle brusquement ressenti un malaise pendant le jugement public de sa camarade? Pourquoi ne veut-elle pas retourner au B.D.M. avant son retour? Elle ne se pose pas la question, pas plus qu'elle ne s'interroge sur le mobile du vol qui a provoqué l'exclusion. Bien des années plus tard, elle apprendra que deux lycéennes de seize ans, Suse Hirzel et Sophie Scholl, se sont insurgées à Ulm, à l'autre extrémité de l'Allemagne, contre le jugement d'une camarade accusée d'avoir tenu un journal jugé séditieux, et ont quitté le mouvement en signe de protestation contre la discipline aveugle et les interdits culturels [1]. A onze ans, en cet hiver 1940, une volonté obscure la pousse simplement à insister sur la gravité de la maladie qui l'éloigne momentanément du « service ». Mais, en même temps, est-ce par amour-propre ou par angoisse de sa culpabilité, elle accepte la proposition de Micky de s'inscrire à son retour à la formation des jeunes cheftaines. *Il faut extirper toute faiblesse*, a dit le Führer.

En attendant, Nelly va souvent jouer avec sa cousine Astrid, la fille d'une « jumelle malheureuse » de sa tante Lucie. Astrid a une prédilection pour les jeux peu convenables : aller se regarder aux toilettes, crier son dégoût du haut du balcon aux amoureux qui s'embrassent sous les arbres de la place Hindenburg. En février 1940, la mère d'Astrid arrive « en permission » de la maison de santé où elle vit habituellement. Au goûter, la tante Jette propose une tartine à sa nièce : tout le monde se récrie à la vue du pain beurré d'un côté, enduit de saindoux de l'autre et veut l'enlever à Nelly qui mord résolument dans l'objet du litige en déclarant qu'elle aime ça. Le regard reconnaissant de sa tante la fait rougir : elle a honte devant cette femme qui lui exprime sa reconnaissance. L'école, les conversations d'adultes, les discours lui ont appris l'expression *vie sans valeur*. Son

1. Inge AICHER-SCHOLL, *Die Weisse Rose*, Francfort-sur-le-Main, 1953, vers. fr. : La Rose Blanche, Paris, et entretien personnel du 28 juillet 1962.

manuel de biologie reproduit des « êtres tarés ». Son professeur, Fräulein Blumel, une grande Berlinoise blonde, la seule enseignante fardée du collège, parle souvent de la sagesse de la nature qui se charge d'éliminer les faibles, les malades dangereux pour la qualité de l'espèce, de la fausse humanité des peuples qui corrompent leur sang en acceptant de le mêler comme les Français à celui des Nègres ou comme les Américains à celui des Juifs. Mais cette « vie sans valeur » qui est devant elle, c'est sa tante, la maman d'Astrid. Peu de temps après sa visite, la famille reçoit un avis officiel l'informant du décès de la malade des suites d'une infection pulmonaire.

Sans connaître le mot « euthanasie » et les étapes de sa réalisation sur 60 000 Allemands déclarés incurables entre février 1940 et l'automne 1941, sans avoir vu le film *J'accuse* que Wolfgang Liebeneiner a réalisé à cette époque dans le dessein de gagner le public à sa pratique légale, Nelly trouve cette mort soudaine étrange. D'autant plus étrange qu'elle remarque les conciliabules entre sa tante Lucie – qui s'est enfermée pendant plusieurs jours à pleurer dans sa chambre en refusant toute nourriture – et Charlotte qu'elle vient aider au magasin depuis la mobilisation de son beau-frère. Depuis que sa mère doit assumer seule la responsabilité du magasin et du ménage, elle ne souffre plus de dépression et travaille d'arrache-pied. Mais depuis « l'événement », elle, d'ordinaire si loquace, reste souvent silencieuse, hoche la tête avec comme une expression de doute ou d'inquiétude dans le regard. Charlotte étonne encore plus sa fille quand elle reçoit vertement un policier venu la rappeler au respect des heures de fermeture. Cette fois, elle ne lance pas de gros mots comme au facteur qui avait apporté l'ordre de mobilisation de son mari. Elle lui jette tout bonnement son trousseau de clefs : il n'a qu'à fermer lui-même et pendant qu'il y est, il pourrait aussi tenir la boutique. Ça lui permettrait de se reposer, de jouir tranquillement de ses allocations d'épouse de sous-officier. Par bonheur, le policier se contente de partir en maugréant.

La disparition mystérieuse de Jette, l'attitude bizarre de sa mère et de la tante Lucie s'estompent au fil des semaines dans l'esprit de Nelly, trop absorbée par le stage d'aspirante cheftaine qu'elle doit suivre, en plus de l'école, avant son départ, en juin 1941, au camp d'entraînement de Francfort-sur-l'Oder. Par une curieuse coïncidence, Melitta Maschmann avait été envoyée dans cette même ville pour réorganiser le service de presse et de propagande du B.D.M. de la Marche de Brandebourg. La jeune stagiaire n'y rencontrera cependant pas la cheftaine chevronnée, formée à l'École nationale des cadres B.D.M. de Potsdam, parce que celle-ci est partie comme volontaire de la germanisation en Posnanie, baptisée « Wartheland » depuis sa reconquête.

Pour une fille de vingt-deux ans, la première et, pour un temps, la seule venue du Reich, quoi de plus exaltant que cette « mission culturelle » qui consiste à parcourir la contrée avec ses collègues masculins, à dresser l'inventaire des institutions éducatives récupérables, à installer les avant-postes de leur mouvement. La découverte d'un peuple misérable suscite d'abord un élan de pitié, qualifié de « naïveté politique » par ses camarades, réprimé rapidement par la conscience qui lui vient de son père, de l'école, des cours d'idéologie, d'appartenir, même si elle trouve l'expression trop emphatique, « à la race des seigneurs » qui a jadis enrichi ces terres que les Slaves prolifiques et arriérés ont rejetées dans le sous-développement.

Un mur d'incompréhension la sépare de la directrice de l'ancien lycée allemand de Lodz, qui la reçoit un soir à dîner, lui parle de sa joie de retrouver, après tant d'années, ses compatriotes du Reich tout en cachant à peine son désaccord sur leur manière de traiter les Polonais, manière qu'elle estime aussi indigne et dangereuse que l'enfermement des Juifs dans des ghettos. *Comme ce doit être difficile,* pense Melitta en l'écoutant, *pour un être plus âgé de se pénétrer vraiment de l'esprit national-socialiste. Tant qu'on ne s'identifie pas totalement avec lui, on ne comprend pas la nécessité de toutes ces rigueurs et, vraisemblablement, on en souffre même quand elles ne vous atteignent pas personnellement... Si un être aussi exceptionnel que cette femme ne nous comprenait pas, qui, de la génération antérieure, pourrait nous comprendre* [1]*?*

Ce sentiment de supériorité est mis à rude épreuve lorsqu'elle est, à son tour, traitée en inférieure indésirable par les rédacteurs de *l'Ostdeutscher Beobachter,* le journal officiel de la N.S.D.A.P., installé dans les locaux de la *Gazetta Polska* dont il a pris la place, afin d'y préparer l'examen de chef de rédaction. *Mes nouveaux collègues étaient en quelque sorte des « militants des droits masculins », l'amabilité de leur accueil fut en conséquence. Des mois après, l'un d'eux m'avoua que la dernière conférence de rédaction « sans femme »* (frauenrein) *avait décidé de me faire déguerpir au plus vite. Je crois me souvenir qu'il avait même été question en plaisantant d'un prix attribué à celui qui réussirait à me débarquer le plus courtoisement : des procédés trop rudes étaient hors de question puisque j'avais dû être intégrée à la demande de la direction du parti.*

Les journalistes n'admettent pas qu'une femme puisse être autre chose qu'une secrétaire à leur service. Ils s'inquiètent aussi de la présence de cette intruse venue troubler la joyeuse vie de célibataires

---

1. Melitta MASCHMANN, *op. cit.,* p. 82.

qu'ils mènent avec leurs subordonnées, ce qui ne les empêche pas d'écrire des lettres tendrement préoccupées à leurs épouses restées dans le Reich avec les enfants. Les choses finissent par s'arranger quand ces professionnels se rendent compte que leur nouvelle stagiaire est une « fanatique du travail » qui ne cherche qu'à apprendre sérieusement le métier sans se préoccuper du reste.

Au camp de Francfort-sur-l'Oder, les épreuves de Nelly sont d'une autre nature : apprendre les vertus d'ordre et de discipline, qu'elle ne cultive guère à la maison. Sa mère lui rappelle souvent qu'un « Européen normal » se lave à fond tous les jours, cire régulièrement ses chaussures, range son linge, raccommode ses chaussettes et ses vêtements. Au camp, *il faut que ça boume,* comme dit son père à leur apprenti Erwin quand la boutique est pleine de monde le dimanche matin ou qu'il doit graisser le triporteur avant les livraisons. Et « ça boume » effectivement à tel point que son zèle de « responsable de chambrée » va jusqu'à signaler les défaillances des autres y compris de Hella Teichmann qui a laissé pourrir une pomme dans son armoire. L'amie, qui a très mal pris cette trahison, finit par admettre qu'il est nécessaire d'agir de la sorte quand on appartient, comme le dit la responsable du camp, à « l'élite de la nation ».

Dévouement et esprit de sacrifice

A son retour, bien qu'il fasse très chaud et qu'elle préférerait rester étendue dans un sillon de pommes de terre à écouter la radio installée sur la véranda, la jeune cheftaine va, avec ses *Jungmädel,* distribuer des vêtements et des gâteaux aux Allemands arrivés de la Volga et de Volhynie pour travailler dans les usines chimiques de l'I.G. Farben. Tâche peu agréable parce qu'il faut entrer dans leurs baraques qui sentent mauvais, subir les effusions des femmes qui portent toujours des châles noirs et pleurent en leur embrassant les mains. Il faut aussi ramasser les vieux papiers, les journaux remplis, depuis le début de la campagne de Russie, d'annonces de « soldats tombés pour la patrie », les illustrés avec, en couverture, les *camarades femmes, les mères allemandes à la charrue.*

D'après les communiqués officiels, *Le destin des Soviets va se jouer à l'automne 1941.* D'ici là, on peut s'enivrer de gloire militaire et de vertu patriotique au cinéma. Dans les films qui exaltent l'ardeur combative des cavaliers comme *La Chevauchée pour l'Allemagne,* des aviateurs de *L'Escadrille Lutzow* ou des *Stukas*, les femmes n'existent pas. Parfois elles servent de faire-valoir comme dans *Le Grand Roi* de Veit Harlan qui justifie la présence, contestée par Goebbels, de sa femme, l'actrice Kristina Söderbaum, par « le nécessaire concours du dieu Eros » sans lequel aucun grand créateur, fût-il Goethe ou Schiller, ne peut réaliser une œuvre d'art. Elles peuvent aussi intervenir, comme victimes exemplaires de la barbarie ennemie, dans *Heimkehr* de Menzel-Ucicky, *G.P.U.* de Karl Ritter ou de la dépravation du *Juif Süss*, rôle également dévolu à l'évanescente épouse du réalisateur, que le public a surnommée *le cadavre aquatique du Reich* en raison de ses nombreuses interprétations de suicides par noyade.

Comme il faut aussi remonter le moral des spectatrices délaissées pour les missions supérieures de la guerre, certains films mettent en lumière la grandeur de leur attente et de leur dévouement. Ainsi, l'héroïne d'*Au revoir Franziska*, qui passe sa vie à guetter le passage d'un mari grand reporter qui a tout juste le temps de lui donner deux enfants entre deux trains, proclame spontanément : *Pour la première fois, notre séparation a un sens*, quand il lui montre son ordre de mobilisation. Plus stoïque encore l'épouse du commandant de *Sous-marins vers l'ouest*, qui élève seule quatre fils et se contente d'observer : *chacun doit rester à son poste* après avoir entendu qu'il doit reprendre la mer au soir d'une seule journée de permission. L'abnégation que décrit *L'Amour maternel* plaît moins au public : les uns, surtout les membres du parti, trouvent que les enfants insupportables montrés dans ce film ne correspondent plus à la jeunesse allemande de l'ère hitlérienne, qu'ils devraient, s'ils existent, être éduqués plus sévèrement. D'autres, notamment les filles du B.D.M., pensent que le destin de la mère est présenté sous un jour trop tragique. Quant aux amours romanesques d'un Américain et d'une jeune Allemande qui le suit aux États-Unis, elles font rêver les jeunes spectatrices de *Je t'aime*, mais provoquent la colère du ministère de la Propagande, qui demande son interdiction [1].

Nelly persiste à préférer les comédies légères avec Heinz Rühmann qui vient de terminer *L'essentiel, c'est d'être heureux*. Quand elle rentre du spectacle, elle passe par la réserve s'approvisionner en chocolat avant de s'installer sur le divan pour la lecture du *Schwarze Korps*. Le journal des S.S., qu'elle lit en cachette, constitue à présent sa principale source d'information sur ces choses qu'elle et

1. BA. Coblence, NS 18/348. Rapport du 11.9.1942 : *Il est impossible de montrer une jeune Allemande qui suit par amour un jeune Américain aux États-Unis, en cette quatrième année de guerre.*

son frère brûlent de connaître mais dont les parents ne parlent pas avec eux. Lorsqu'elle a eu ses premières règles, sa mère l'a prise gravement par les épaules et a adjuré sa « grande fille » de veiller plus que jamais sur la pureté de son corps. Elle avait l'air plutôt contrariée d'ailleurs – les règles à treize ans, c'est vraiment tôt. Avec la guerre et tous ces soldats.

D'autres mères allemandes partagent cette inquiétude. A Schwerin, dans le Mecklembourg, Elsa Pitte, membre du parti, écrit à la *Reichsfrauenführerin* Scholtz-Klink à propos d'images de jeunes filles présentées dans des attitudes osées par les illustrés [1]. Le thème, elle n'en disconvient pas, est stimulant pour les artistes. Tellement, en vérité, que les musées du Reich regorgent de beautés anatomiques, offertes dans leur nudité tantôt à l'appétit d'un cygne, au jugement de Pâris ou à d'autres amateurs d'évocations mythologiques du directeur des Beaux-Arts Adolf Ziegler et de ses épigones, tantôt présentées sous les traits plus réalistes de Vénus rustiques, *Fruit mûr* dans l'attente d'être cueilli d'un Richard Heymann, *Jeunesse allemande* avec jeunes filles vêtues de voiles transparents courant à la rencontre d'éphèbes nus d'un Jürgen Wegener. Le général Gröffy leur trouve une vertu apaisante : *En rentrant du front, les soldats peuvent oublier les laideurs de la guerre en admirant la beauté physique.* Les compagnes habituelles ne semblent pas suffire à ce rôle. *Mais ne pourrait-on au moins montrer des femmes moins jeunes,* suggère la militante du Mecklembourg, car *la jeunesse féminine ne prendra que trop facilement pour argent comptant les situations esquissées et leur commentaire. Elle croira devoir y reconnaître l'image que le monde des hommes se fait aujourd'hui de la femme allemande* (...). *Les difficultés que nous connaissons chez les jeunes filles du Service du travail, de l'année obligatoire à la campagne ou en apprentissage ménager proviennent pour une large part de l'effet d'images de cette nature* [2].

En fait les Services de sécurité étaient vainement intervenus, dès le début de la guerre, pour que soient substituées aux cartes postales suggestives, largement employées dans la correspondance militaire, les reproductions de femmes « racialement valables » des diverses provinces du Reich ou des portraits de grands hommes allemands [3]. En mars 1942, après une note lui signalant que des publications destinées aux armées ont opposé des photos d'actrices à celles de femmes et

---

1. Lettre du 23.2.1941 citée par Sylvie POULEAU-LEGRAND, *Le Mythe de la mère sous le IIIe Reich*, mémoire de maîtrise, université de Tours, 1977-78.
2. Selon Marc HILLEL, *op. cit.*, près des deux tiers des pensionnaires du *Lebensborn* venaient du B.D.M. et du Service du travail.
3. Rapport SD/SS du 28.2.1940.

mères allemandes comme « idéal de beauté féminine », le Dr Goebbels ordonne une enquête dans les compagnies de propagande attachées aux armées. Un collaborateur du ministre, dépêché sur les lieux, rapporte qu'il s'agit d'un « malentendu des services du haut commandement (O.K.W.), que l'on s'efforcera désormais de concilier les présentations d'actrices *souhaitées par un grand nombre de soldats allemands* » avec l'image de la femme et mère allemande en les faisant poser dans ce rôle, les poses précédentes étant, selon l'émissaire, d'un genre très différent.

L'idéal de la maternité préoccupe aussi la jeune Nelly : faut-il écouter sa mère qui vous recommande de veiller à la pureté de votre corps ou les S.S. qui vous invitent à donner un enfant au Führer? Pourquoi songe-t-elle à ce propos à l'histoire de cette jeune fille qui se dévoue pendant la guerre de Trente Ans en contractant la peste afin de la porter dans le camp ennemi? Est-ce le souvenir de ses peurs de l'impureté? Ces choses sont vraiment compliquées, se dit-elle en dégustant les flocons d'avoine au chocolat qu'elle vient de se préparer.

C'est aussi l'avis de Lieselotte, dix-neuf ans, plongée dans des réflexions analogues devant sa machine à écrire du ministère de la Propagande [1]. D'après l'avis officiel, on doit se marier le plus tôt possible. A y réfléchir, ce n'est pas évident si on veut trouver un mari avec une profession intéressante, disposer des moyens d'installer un joli logement, parcourir un peu le monde afin de pouvoir raconter plus tard ses impressions aux amis et aux enfants. Elle aimerait passer une année à Budapest. Peut-être aussi à Paris : il paraît que la ville est sale mais qu'on y mange « fabuleusement ». Un rapport qu'elle vient de taper prévoit l'agrandissement de la section culturelle de l'ambassade du Reich dans la capitale française, ce serait une bonne occasion d'y aller apprendre la langue et un séjour là-bas serait du meilleur effet dans son curriculum vitae.

Pas question, en tout cas, de *jouer les gentilles femmes d'intérieur* ou de rester dans son emploi mal payé avec cinq fois dix heures de présence par semaine.

L'idéal serait de rencontrer un officier d'aviation comme Udet ou Mölders, dont elle collectionne les photos et les citations à l'ordre de l'armée. On risque, il est vrai, de trembler constamment pour sa vie ou de le voir revenir invalide de guerre comme son père. Depuis quelque temps, on a du moins eu la bonne idée de préserver les meilleurs en les affectant à l'instruction des pilotes. Rester « sans homme »? Un moment, la tentation lui est venue de suivre une formation de

1. BA. Coblence, manuscrit inédit, 1942.

cheftaine des Jeunesses hitlériennes ou de rejoindre les auxiliaires de l'armée. L'écrivain Ina Seidel affirme, dans la préface à un recueil de leurs lettres [1], que ce service offre aux jeunes filles l'attrait d'un bel uniforme et la découverte du monde avant l'enracinement au foyer. D'après un major de la Luftwaffe, qui l'a invitée à dîner avec trois amies et leur a offert du chocolat, du café, des cigarettes rapportées des Pays-Bas, la vie des 1 500 auxiliaires féminines de leurs services de transmissions est plutôt difficile. D'ailleurs, depuis le Service du travail, elle sait *ce que ça signifie d'être avec des filles privées d'une manière ou d'une autre de leur liberté. C'est affreux. Sans homme, elles deviennent littéralement enragées.*

Une collègue revenue d'Iran lui a expliqué que c'est pire là-bas parce que *les femmes ne sont pas considérées, on en fait ce qu'on veut.* Et puis, toujours l'uniforme, les cheveux tirés, les talons plats, c'est par trop masculin; son genre à elle, ce sont les femmes soignées, élégantes sans excès, comme on en voit dans certains films ou au théâtre. *C'est dommage, très dommage : de nos jours, on est tellement bousculé que l'art passe à l'arrière-plan.*

Ses amies la trouvent sportive, moderne, sans se douter qu'elle pleure souvent de fatigue, de pitié sur sa jeunesse gâchée par la guerre. Lorsqu'elle feuillette des magazines américains comme *Life* ou *Time*, la misère allemande lui paraît stupéfiante comparée à cet univers, certes « kitsch », avec ses publicités de rouge à lèvres, de cigarettes, sans parler des images de Nègres, mais tellement plus élégant et plus dynamique. Les aventures passagères qu'elle peut avoir s'avèrent bien décevantes et les histoires d'amour qu'on voit au cinéma correspondent si peu à la réalité qu'il est impossible de s'en inspirer. Dans la rue, les regards des hommes qui l'aspirent littéralement l'irritent. Son patron aussi : il s'imagine qu'elle s'intéresse à lui, parle « d'affinités électives », murmure son prénom avec ravissement. Généralement, elle se sent plutôt flattée d'être remarquée par des hommes mûrs. Mais celui-là, malgré ses quarante-sept ans, un séjour prolongé en Bulgarie, dix années d'études, se comporte comme un benêt de village au lieu de la faire profiter de son expérience comme l'officier serbe qu'il a fait attendre durant deux heures dans l'antichambre. La conversation entre eux avait été passionnante : il lui avait raconté la dépravation qui règne à la prison de femmes de Berlin où il avait rendu visite à sa domestique incarcérée pour vol. Lorsqu'elle lui avait fait remarquer que les détenues devaient manquer d'affection, il avait répondu en riant qu'elles étaient toutes lesbiennes. A sa question si cet

1. Ina SEIDEL, *Dienende Herzen, Kriegsbriefe von Nachrichtenhelferinnen*, Berlin, 1942.

amour anormal et affreux était fréquent, la réponse avait été affirmative. Il lui avait expliqué que cela venait de l'Antiquité où on le glorifiait dans la littérature et les arts. Ce genre de tendresse, avait-il ajouté, est d'ailleurs compréhensible entre femmes, surtout quand il n'y a pas assez d'hommes comme en Grèce ou en Espagne, qui sont restées des terres d'élection de l'homosexualité. Il est par contre affreux chez l'homme parce que celui-ci doit répugner à la féminité. Devant sa machine à écrire, Lieselotte repense à cet entretien si instructif. *Si on veut être une vraie femme, il faut comprendre ces choses pour pouvoir les pardonner et les changer.*

Juliane Strauch, dite « Julia », la professeur d'allemand et d'histoire à laquelle Nelly voue une admiration passionnée, n'a manifestement pas envie d'être une vraie femme, même pas une femme tout court. Son élève s'en rend compte quand elle exalte les héros nordiques – jamais les héroïnes – avec une prédilection pour le chant de la mort de Hagen :

Maudites soient les femelles.
La femelle est fausse et mauvaise.
Ici près de deux corps blancs périt la lignée des Burgondes.

Avec Frau Lehmann dont le mari a été renvoyé du collège pour « origine raciale douteuse » – Charlotte l'a engagé depuis pour donner des cours d'anglais à ses enfants –, Juliane Strauch est la seule intellectuelle qu'elle connaisse. En dépit de sa petite taille, de cheveux noirs, d'un visage *de type plat, slave,* selon le manuel de biologie, son humour, sa force de caractère, sa culture – elle est la fille d'un industriel, bienfaiteur de la ville – inspirent crainte et respect à ses collègues comme à ses supérieurs. Tout le monde l'appelle *Frau Doktor* bien qu'elle soit célibataire et personne n'oserait rire quand, en sa qualité de responsable de la *Nationalsozialistische Frauenschaft,* elle décrit avec passion l'Allemagne idéale que sa personne contredit en tout point. Il est vrai que, prévenant les objections, elle ne manque jamais d'expliquer que les mélanges de sang souvent inférieur, malheureusement intervenus au cours des temps en Europe, font que l'on rencontre une âme germanique chez des gens dont l'apparence ne permet pas de la soupçonner. Peu importent à son admiratrice les chaussures à talons plats, les bas grossièrement raccommodés quand Julia traverse la cour du collège d'un pas assuré, s'arrête près de ses élèves, les fixe de ses yeux bleus en les interrogeant sur leur santé, leur famille, leurs conditions de vie quand elles sont pensionnaires en ville. L'intérêt que lui porte cette femme « supérieure » la flatte de même que son invitation à lui rendre visite dans son modeste logement mal chauffé pour parler du relâchement de la discipline en classe, de l'incapacité de la plupart de ses camarades à écrire une rédaction sur la première neige alors qu'elles dissertent facilement sur « le peuple sans espace » ou « l'esprit nordique dans la littérature ancienne ».

Flattée certes, mais plutôt mal à l'aise dans son rôle d'élève modèle qui n'ose pas avouer qu'il est plus facile de répéter des thèmes constamment entendus ou lus que de formuler des impressions personnelles. Que penserait sa chère Julia si elle savait que sa propre rédaction qui lui a tellement plu a été conçue selon la méthode éprouvée dès la classe de Herr Wasinski, en pensant aux goûts du professeur? Lui privilégiait l'ardeur patriotique, Julia, le dévouement. Si l'on veut briller à ses yeux, il suffit d'exalter et, si possible, de pratiquer le dévouement : travailler avec zèle, accomplir les missions qui vous sont confiées – aider les élèves en difficulté, préparer les sorties de classe, participer activement aux cérémonies officielles, surtout à l'anniversaire du Führer, célébré en grande pompe dans la salle des fêtes du collège, accomplir consciencieusement son « service » aux Jeunesses hitlériennes.

Tous les mercredis et les samedis, Nelly aligne ses *Jungmädel* par ordre de grandeur pour le comptage sur la place Hindenburg : c'est au comptage qu'on reconnaît les bonnes cheftaines. Au retour des sorties, obligation de passer pour le rapport au siège du mouvement où elle n'entre jamais sans battements de cœur. Peut-être parce qu'elle ne se sent pas vraiment à la hauteur de la tâche. La perfection de Julia qui sait parler aux jeunes, les *toucher intérieurement* par sa foi sincère, cette perfection à laquelle elle aspire toujours lui donne encore davantage le sentiment de sa faiblesse. A l'école, sa tenue est loin d'être exemplaire. Son zèle au cours de Julia s'estompe chez les autres professeurs : celle de mathématiques la glace avec ses cheveux à la garçonne, ses lunettes qui accentuent son air de « froide scientifique ». Herr Gassmann est tellement chahuté qu'elle s'autorise à manger à ses cours. En anglais, avec les leçons particulières de Herr Lehmann, celles de miss Woytman servent à jouer avec son amie Hella. Quant à la gymnastique, elle obtient certes de bons résultats mais son professeur, Rosa Kahn, qui anime aussi le mouvement Foi et Beauté l'ennuie plutôt avec son éternel survêtement, toujours à répéter *Un esprit sain, dans un corps sain, jamais entendu parler? Alors hop, hop, en avant!*

Sa faiblesse lui paraît encore plus insoutenable quand elle se rend durant l'hiver 1943 chez le pasteur Grunau qui les prépare, une fois par semaine, à la confirmation. Elle a bien essayé de fléchir ses parents : cette cérémonie n'a pas de sens puisqu'elle ne met jamais les pieds au temple. Julia assure qu'on n'est pas païen parce qu'on est simplement « croyant en Dieu » *(gottgläubig)* comme Hella Teichmann ou elle-même. Bruno Jordan, qui peut souvent revenir à la maison depuis qu'il a été affecté, en raison de son âge, au commandement régional, à la garde des prisonniers français, ne voit pas le problème. Charlotte, elle, se fâche : *on ne meurt pas d'apprendre les Dix Commandements. Quant à Julia, si Julia te dit : saute par la fenêtre, tu sauteras, sans doute?* Question à laquelle elle n'attend bien sûr aucune réponse puisqu'elle enchaîne aussitôt sur l'argument sans appel : la grand-mère y tient, elle est déjà en train de coudre la robe traditionnelle en taffetas noir, agrémentée d'une colerette blanche.

L'orgue, le chœur, la foule des parents entre lesquels s'étire le cortège des catéchumènes qui refrènent à grand-peine leur envie de pouffer de rire tandis que le pasteur Grunau les exhorte : *Pour l'amour du ciel, conduisez-vous en êtres humains tant qu'on vous voit.* Ne pas craquer les jarretelles en s'agenouillant, arriver à avaler l'hostie et le vin acide comme du vinaigre, baisser la tête – Dieu n'a jamais demandé pareille soumission, estime Nelly – pendant la prière et la bénédiction. Au retour, la confirmation est dûment fêtée : la grand-mère a tué trois lapins pour la circonstance. Après le déjeuner, les hommes fument le cigare en discutant de la guerre, les femmes passent à la cuisine laver la vaisselle et couper les gâteaux. Pour le café, Charlotte a invité la cousine Astrid, Hella Teichmann et le sergent Andrack, un ami de son mari, qui fait office de photographe et d'amuseur public. Au baptême du cousin Manfred, la « tante » Emmy, une belle-sœur de la grand-mère, venue de Königsberg, s'était déguisée en bohémienne pour lire les lignes de la main aux invités. Cette fois, tout le monde est réuni pour une séance d'hypnotisme. Malgré la fête, l'héroïne du jour se sent triste : elle ne s'aime pas, ronge ses ongles, mange en cachette des friandises dérobées à la réserve tout en sachant qu'elle se punira ensuite en marchant dix fois pieds nus sur le paillasson métallique de l'entrée, le soir, quand personne ne la verra. Pourquoi Charlotte l'a-t-elle envoyée à la cuisine chercher la tarte au citron juste au moment où elle se sentait parcourue par un courant bienfaisant au contact de la main douce et chaude du sergent Andrack, qui enserre le poignet de son « médium »? Sa cousine Astrid qui la remplace a tous les droits : se faire piquer à l'avant-bras sans ressentir la moindre douleur, monter sur la table où elle chante son répertoire, exécute une danse du ventre puis le maniement d'armes, qu'elle n'a jamais appris, avec un balai. L'assistance applaudit l'hypnotiseur et son médium : Nelly se demande si elle doit envier sa cousine ou jouir de sa supériorité de spectatrice désabusée.

Une expérience nouvelle dissipe bientôt son inexplicable tristesse : Horst Binder, le fils du secrétaire local des chemins de fer, s'attache à tous ses pas et l'attend sous le porche de Fräulein Miess quand celle-ci tente de lui inculquer l'art de l'accordéon en l'accompagnant de sa voix de fausset pendant qu'elle joue *Joyeuse est la vie des Tziganes*, une mélodie toujours en vogue bien que les Tziganes ne le soient pas. Charlotte s'inquiète : *Est-ce qu'il t'a encore importunée? C'est quand même incroyable. Surtout ne te commets pas avec ce garnement. Il est complètement cinglé.* C'est vrai qu'il est un peu fou à ne parler que de son idole, Adolf Hitler, dont il imite la coiffure, recherche et suit dans les moindres détails l'emploi du temps car, explique-t-il à son « amie », le Führer a besoin de fidèles, comme de l'air qu'il respire, pour recueillir ses moindres pensées. On peut cependant épater les camarades à exhiber ce chevalier servant dans son fringant uniforme à cordelière verte de chef du *Jungvolk*. Le résultat dépasse ses espérances, quand elle fait son entrée chez le glacier italien où elles ont l'habitude de déguster les spécialités de la maison.

La suite est moins agréable : quand Horst, en la raccompagnant, saisit sa main, elle la dégage, promptement, parce que la sienne est moite. Quand sa mauvaise haleine effleure son visage, elle détourne la tête. Son refus ne le peine pas trop du moment qu'elle accepte volontiers sa compagnie – elle l'accepte en fait pour se punir de sa conduite – et qu'il pourra l'entretenir de la beauté du sacrifice à une cause, à un homme supérieur. L'idylle tourne court un soir que Nelly, partie à la recherche d'un fournisseur d'asperges, découvre son soupirant en train d'être fouetté dans une cave par le chef d'une bande de garçons des bas quartiers. Son regard qui croise le sien exprime quelque chose qu'elle ne connaît pas, qui la pousse à s'enfuir à toutes jambes : Herr Wasinski avait sans doute raison de penser que les gens sont encore loin de la perfection à laquelle elle continue d'aspirer.

Reste le dévouement. Un rapport des associations féminines national-socialistes fait état de 384 120 bénévoles ayant accompli 25 700 000 heures au service des malades et des futures mères, à l'accueil des transports d'Allemands rapatriés, des convois militaires dans les gares et sur les routes, dans les cuisines et cantines de la Wehrmacht en 1940 [1]. Depuis l'intensification des combats sur le front de l'Est, les femmes et les jeunes filles se dépensent sans compter au chevet des blessés qui affluent : distribution de colis, lecture de journaux, correspondance avec les familles, organisation de distractions. Avec son groupe, Nelly a mis au point un répertoire de chansons

1. *Reichsfrauenführung Jahrbuch*, 1941.

adaptées à leur état. Les blessés légers ont droit au folklore, plus réconfortant que les chants de guerre, qu'ils retrouveront après leur convalescence. Les blessés graves, qu'il ne faut pas fatiguer, ont presque tous demandé *Rose-Marie, Rose-Marie, mon cœur te réclame depuis sept ans.* En apothéose, dans le couloir qui conduit aux deux salles de l'hôpital militaire, les *Jungmädel* entonnent *Lili Marleen* qui les émeut aux larmes. A leur tour, pour les remercier, ceux qui le peuvent chantent *A minuit, dans la forêt d'Argonne* et *Au loin, à Sedan, sur la colline.*

Le soir, c'est toujours le moment le plus terrible, observe une jeune infirmière en les raccompagnant jusqu'à la sortie. Charlotte qui attend, comme à l'accoutumée, sa fille dans l'embrasure de la fenêtre soupire : *Qui rendra leurs membres sains à ces pauvres bougres?*

Après les hommes de troupe, c'est le tour des gradés. Les jeunes cheftaines leur préparent une fête de Noël à l'auberge de *La Vigne :* tables garnies de nappes de papier – il faut économiser le linge – sapin, bougies, menus cadeaux. Pour la circonstance, Charlotte a confectionné de vrais pains d'épice, la grand-mère a tricoté des mitaines que Nelly doit offrir à son « protégé » d'un soir. Le sous-officier Karl Schröder se soulève de sa chaise malgré une blessure à la jambe, s'incline devant elle, veut l'aider à prendre place :

– Vous permettez?

Surprise, elle dévisage celui qui lui témoigne des égards auxquels elle n'est pas accoutumée. Avec ses cheveux noirs comme ses yeux, des joues pâles, presque bleutées, il n'est pas beau mais semble plein d'allant, un peu trop peut-être, à lever tout le temps la main en claquant des doigts pour répondre aux charades des jeunes cheftaines puis à imiter le chant tyrolien qu'il a appris dans une unité de chasseurs. Arrivé aux liqueurs, il confie à sa cavalière être un joyeux drille, bien vu de ses supérieurs mais sans succès auprès des femmes. Pourra-t-il la raccompagner tout à l'heure? Pour sa jambe blessée, c'est vraiment trop loin. Le sous-officier insiste : c'est un honneur pour lui et, le croira-t-elle, un besoin du cœur. A vingt-trois ans, il vit sans doute ses dernières belles heures avant le retour au front. Nelly sait à peu près ce qu'elle devrait éprouver si elle n'était pas aussi occupée à accorder ses pas à ceux de son compagnon boiteux, à se demander s'il est inconvenant de lui retirer l'appui de son bras qu'il a mis sous le sien, à réfléchir comment échapper à une étreinte prévisible d'un moment à l'autre. Tout se passe le mieux du monde : devant son refus, Karl Schröder suppose qu'elle est aussi idéaliste que lui, qu'elle perçoit sûrement la communion exceptionnelle de leurs âmes par cette nuit de lune sereine au firmament alourdi de nuages. La présence de Charlotte qui guette, comme à l'accoutumée, malgré le froid, le retour de sa fille, ne lui laisse que le temps d'une pression affectueuse de la main, d'une promesse de l'appeler avant son départ.

Charlotte juge utile de rappeler à sa fille qu'elle n'a que quatorze ans, que les militaires en partance pour le front ne se soucient de rien ni de personne *sur certains points.* Sa mère peut être rassurée, ce n'est pas *Le Grand Amour* qui fait pleurer vingt-trois millions de spectateurs allemands sur l'idylle d'un lieutenant d'escadrille de chasse et d'une chanteuse interprétée par Zarah Leander qui vient de rentrer en Suède pour se soustraire aux assiduités de son ministre de tutelle. Amour né au hasard d'une soirée au cabaret, brèves rencontres aux étapes guerrières ou artistiques de l'Europe occupée avec, en scène finale, la bien-aimée interprétant à la « Scala » de Berlin *Ma vie pour l'amour* et *Je sais qu'il y aura un miracle,* en présence de celui qui doit repartir vers son périlleux destin.

Mais au rêve du bel aviateur allemand couvert de gloire se substitue peu à peu la hantise de l'aviateur ennemi lâchant sa cargaison de bombes car les jeunes filles qui ne sont pas en service commandé à la campagne, dans les usines, à l'armée doivent à présent participer à la sécurité anti-aérienne. Dans les abris du ministère de la Propagande, Lieselotte essaie d'oublier son angoisse en écoutant des disques de jazz qu'un jeune stagiaire a rapportés des États-Unis. Hilde Hertow qui a pu commencer en 1942 des études romanes, après un essai malencontreux de la nouvelle filière Connaissance de l'étranger trop politisée à son gré, se demande comment elle va les poursuivre avec l'entraînement au pistolet, le remplacement aux usines de locomotives Borsig d'une ouvrière en congé puis une permanence aux Transmissions des mouvements aériens où les étudiantes doivent, faute de transports nocturnes, rester sur place quatre fois douze heures par semaine.

Au collège de Landsberg, les élèves de terminale se relaient par groupes de quatre, sous la responsabilité d'un professeur, à la garde nocturne des bâtiments scolaires. Une occasion inespérée pour Nelly de passer plus de temps avec sa chère Julia. Sous les tilleuls de la cour, on goûte les boulettes préparées pour le dîner par la seule des quatre filles à avoir quelques notions culinaires – une lacune à combler d'urgence d'ici l'examen d'enseignement ménager obligatoire même au baccalauréat qui n'est pas celui qu'on appelle « le bac pudding ». On chante l'air préféré de Julia, *Il n'est pas de plus beau pays à notre époque,* on parle des métiers que chacune voudrait exercer plus tard. Dora veut être infirmière, Hella reprendre la librairie de son père, Marga, une évacuée de Berlin, souhaiterait utiliser ses talents en dessin. Pour Nelly, très émue, le moment est venu d'avouer à Julia que son plus cher désir est de suivre son exemple, de devenir enseignante comme elle.

Aura-t-elle le temps et la possibilité de faire des études? Des rumeurs alarmantes commencent à circuler. Charlotte déclare à trois clientes que *même un aveugle peut sentir la défaite,* ce qui lui vaut la visite de deux messieurs – en imperméable malgré la chaleur – et une convocation à la Gestapo qui lui apprend que l'affaire est classée parce que les deux témoins n'ont pas confirmé le rapport de la troisième, que, de surcroît, le libraire Leo Siegmann, titulaire de l'insigne d'or du parti, est intervenu énergiquement en sa faveur. Peu de temps après, le 22 juillet 1944, tous les membres des Jeunesses hitlériennes sont alignés sur la place du marché : *Maintenant, plus que jamais!* s'écrie le chef régional *(Bannführer),* en fustigeant l'attentat perpétré contre Hitler. Durant les semaines suivantes, tous se rendent à l'école en uniforme afin de témoigner leur attachement au Führer. Charlotte trouve que la fidélité ne devrait pas s'exprimer par le port d'un chemisier, d'autant plus qu'il est impossible d'en avoir toujours un propre sur les deux réglementaires et qu'il n'y a pas moyen d'en avoir un troisième sur les cartes de textile. Nelly est peinée d'entendre sa mère traiter de sujets aussi sacrés dans l'optique de la buanderie. Mais l'heure n'est plus aux états d'âme : sa classe est mobilisée pour seconder Julia, munie d'une grande sacoche de la Croix-Rouge, dans l'accueil des réfugiés allemands qui fuient devant l'Armée rouge. Leur tour de prendre la route ne va pas tarder. A l'usine où elle est affectée, Hilde Hertow apprend le russe sous le regard complice du chef de bureau.

Le 29 janvier 1945, la radio appelle la population à évacuer Landsberg. Bruno Jordan a déjà pris la route avec ses prisonniers français auxquels il devra la vie au prix, il est vrai, de dures années de captivité. C'est alors que se produit l'ultime révolte de Charlotte. Tandis que son beau-frère charge sur le camion de son patron les biens à emporter, qu'il installe tant bien que mal les grands-parents, deux belles-sœurs, sa femme, son neveu et sa nièce, elle refuse de monter : *Je reste ici, je n'ai pas l'intention de laisser tout en plan.* Sa belle-sœur Lucie veillera sur les enfants. En dépit des cris, des supplications, elle tourne les talons afin de remettre de l'ordre dans la maison, décrocher le portrait du Führer qu'elle va brûler dans la chaudière de la cave après l'avoir haché en menus morceaux. Une fois remontée, elle se rend brusquement compte que tout est rangé, que son rôle de gardienne du foyer, de l'héritage de ses enfants n'a plus de sens puisqu'ils sont partis. Sa résolution est prise : les rejoindre coûte que coûte.

Après des semaines d'errance sur les routes encombrées, dans les localités bombardées où les réfugiés se disputent les places pour dormir et les vivres de plus en plus rares, elle retrouve les siens dans une cour d'école de Wittenberg. Nelly se jette en pleurant dans les bras de sa mère épuisée qui sent les dangers et la mort rôder sur la route de l'exil. *Pas mes enfants,* se promet-elle, *je les sauverai coûte que coûte.* D'abord veiller à la propreté : *On peut être pauvre, ce n'est pas une raison pour mourir dans la saleté,* déclare-t-elle à sa fille qu'elle oblige à frotter le plancher des deux chambres d'auberge qu'ils occupent à douze. Ensuite remettre de l'ordre dans la vie quotidienne : ses enfants iront à l'école du village, fût-ce en passant le plus clair de leur temps à la cave, à cause des alertes. Le 20 avril 1945, jour anniversaire du Führer, il faut reprendre la route : on gagne le Mecklembourg avec des voitures à bras, des chariots. Un soldat crie qu'Hitler est mort. Nelly et Ève, une Berlinoise de son âge, refusent de le croire et jurent de lui rester fidèles quoi qu'il advienne. Toutes deux notent les chants du mouvement à ne pas oublier, réfléchissent au moyen de rejoindre un groupe de jeunes défenseurs de la patrie *(Wehrwolf).*

Mai 1945 : des chars américains leur barrent l'accès à Schwerin. Les ordres sont formels : descendre du chariot, passer à la fouille, camper sur place, au bord de la route.

– *Water, please,* demande Nelly partie avec sa mère dans les villes environnantes avec deux seaux.

– *Bitte sehr,* répond dans un allemand sans le moindre accent un officier américain en désignant la salle de bains.

Hésitant, avec une expression de tristesse dans les yeux, il demande si elles veulent autre chose, peut-être des médicaments? Charlotte le remercie, refuse tout, y compris sa compassion quand il ajoute que tout s'arrangera aussi pour eux.

– Notre patrie est fichue, nous tous avec. C'est ça la guerre. Vous êtes les vainqueurs, nous les perdants. Nous n'avons rien à espérer.

– C'est Hitler qui a anéanti l'Allemagne, réplique l'officier à voix basse, comme s'il avait honte.

– C'est votre point de vue. Vous me permettrez de garder le mien : je ne piétine pas quelqu'un qui est déjà à terre.

En route vers leur campement de fortune, Charlotte se tourne vers sa fille :

– C'était un Juif, tu l'as remarqué? Sûrement un émigré d'Allemagne.

Non, Nelly ne l'a pas remarqué.

Elle remarquera par contre leur invité d'un soir, un concentrationnaire allemand que sa mère a convié à partager leur soupe aux pois cassés en le priant d'excuser la pauvreté du repas.

– Nous ne sommes pas si difficiles, ma bonne dame, répond l'homme au visage décharné qui a enlevé son béret rayé et s'est laissé tomber d'épuisement sur une souche en ajoutant d'une voix neutre, à peine perceptible :

– Mais où donc avez-vous tous vécu?

CHAPITRE VI

LES RÉPROUVÉES

Que celles et ceux qui me liront ne s'attendent pas à trouver ici une énième histoire de la Solution finale affublée – par qui au juste? – du terme absurde d' « Holocauste », comme si le massacre des innocents avait quoi que ce soit de commun avec le sacrifice expiatoire par le feu qu'il implique. L'injure aux victimes se double en l'occurrence d'une volonté consciente ou inconsciente de masquer la réalité de ce que Wilhelm Reich et Hanna Arendt ont appelé *la banalité du mal* [1]. C'est-à-dire, puisque la formule a été souvent mal comprise, qu'aucun être humain n'est immunisé contre lui, qu'il peut, s'il n'y prend pas garde, en devenir à tout moment l'acteur, le complice ou, pour le moins, le spectateur indifférent. En être conscient, c'est substituer au confort des bons sentiments, de la bonne conscience, l'inconfort de débusquer en soi comme à l'entour les formes brutales ou insidieuses du mépris d'autrui.

Nous savons mieux aujourd'hui à quel point les idéologies les plus diverses pervertissent jusque dans le vocabulaire des réalités insupportables. Par-delà les faux-fuyants, les mensonges, les falsifications, certaines évidences finissent pourtant par se frayer une voie. L'esprit critique naît parfois d'un mot qui choque, d'une simple interrogation comme celle du concentrationnaire allemand, que la jeune Nelly entendit un soir d'avril 1945 sur une route du Mecklembourg, mais ne fit sienne que bien des années plus tard. Mon propos n'a pas d'autre ambition.

S'il privilégie l'histoire des réprouvées, ce n'est pas par oubli de leurs compagnons d'infortune. C'est simplement parce que cette étude veut combler une lacune, inciter aussi à la réflexion sur leur situation particulière dans l'univers de la violence. Spectatrices, victimes ou bourreaux, elles vivent en effet presque toujours un rôle à l'intérieur

1. *Cf.* Wilhelm REICH, *Psychologie de masse du fascisme*, préface à la 3e éd. de 1942, vers. fr. Payot, Paris, 1972, et Hanna ARENDT, *Eichmann in Jerusalem, a Report on the Banality of Evil*, New York, 1963, vers. fr., Paris 1966.

ou en marge du destin masculin. Côté bourreaux, sadiques ou pas, elles ne sont que des « courroies de transmission » : une Ilse Koch, « la chienne de Buchenwald », dépend du commandant du camp, son mari, qui exécute les ordres d'Himmler, tout commer la *Reichsfrauenführerin* Scholtz-Klink exécute les ordres d'Hitler et de ses ministres. Côté victimes, leur destin est lié à une idéologie, une communauté qu'elles ont parfois choisies ou cru choisir sans y trouver une autonomie créatrice, quelques survivantes en ont tiré la leçon.

Sans craindre de lasser, ce chapitre projette des destins, des silhouettes en respectant la diversité de leur être et de leur pensée, dût-elle choquer certains. Je citerai beaucoup de noms, bien peu en regard de ceux qui ne figurent presque jamais dans les publications, les discours, les films, les émissions sur le IIIe Reich. On connaît tant soit peu l'histoire du théologien protestant Dietrich Bonhoeffer, celle du chanoine Lichtenberg, l'un assassiné, l'autre maltraité à mort pour leur opposition au national-socialisme. Combien ont entendu, fût-ce le nom, de la jeune vicaire protestante de Breslau, Käthe Staritz, abandonnée par son Église à la Gestapo qui fit périr à Ravensbrück celle qu'elle avait surnommée « la femelle aux Juifs » *(das Judenweib)* parce qu'elle avait appelé ses confrères à secourir les non-Aryens convertis de son diocèse?

Il ne serait pas inutile non plus d'apprendre aux élèves d'aujourd'hui que l'opposition allemande comptait près de 20 pour 100 de femmes. Proportion dépassée dans la branche allemande de l'Orchestre rouge, dont 19 collaboratrices furent condamnées et mises à mort, ou dans le réseau des jeunes Juifs communistes de Berlin, dit « groupe Baum », dont 9 des 16 membres exécutés ou déportés étaient des militantes âgées de dix-neuf à trente ans. Ils ou elles auraient une vision moins « virile » de l'héroïsme en connaissant l'attitude de ces femmes de tout âge et de toute condition avant leur exécution. On peut être une vieille femme juive dans une petite ville de Basse-Saxe comme Mme Goldberg et commander au S.A. venu l'abattre au pied de son lit : *Monsieur, visez bien, je vous en prie.* On peut être une artiste comme Ida Schottmüller, participer à l'action résistante de l'Orchestre rouge et confier comme ultime message à la vie sa dernière statuette de bronze avant d'aller au supplice. On peut être aussi secrétaire et mélomane comme son amie Erika von Brockdorff, surmonter sa propre angoisse et réconforter par son chant la codétenue Rosel Schlesinger qui vient d'apprendre que son mari mobilisé s'est tué au front à l'annonce de la condamnation à mort de sa femme. Démenti aussi à la « faiblesse féminine » que l'ultime hommage de Hans Coppi à sa femme enceinte, arrêtée comme lui, avant son exécution, la veille de Noël 1942 : *Lorsque j'ai appris que tu allais partager mon sort, j'ai songé avec effroi à ton état. Je croyais alors que tu n'y survivrais pas et tout s'est passé si différemment. Ton évolution intérieure qui te permet d'être sereine m'a communiqué cette paix dont nous avons besoin tous deux. N'est-il pas étrange que le souci de l'être à venir se transforme ainsi en force.*

Il ne saura jamais que Hilde sera également pendue après son accouchement et un « sursis d'allaitement » – le petit garçon qu'elle a mis au monde ne doit pas être perdu pour les futurs bataillons de la Wehrmacht.

On pourrait également s'interroger sur le fait que près des deux tiers des Juifs déportés d'Allemagne et d'Autriche vers les camps d'extermination étaient des Juives, en majorité seules et âgées, d'autres, épouses ou filles d'Aryens persuadées que leur présence suffirait à les préserver du danger. Cette conviction explique aussi, me semble-t-il, pour une large part l'attitude des opposants de toutes tendances qui sous-estimèrent les périls encourus par leurs compagnes de vie ou de lutte. Pour des aristocrates ou des bourgeois intégrés à la société allemande comme l'étaient les conjurés du 20 juillet 1944, même pour ceux qui connaissaient par leur expérience d'officier les prises d'otages civils en pays occupé, il était inconcevable que ce pouvoir dont ils faisaient partie osât s'attaquer à leurs proches. On conçoit moins que des révolutionnaires, habitués à la lutte clandestine et à la dureté de la répression au lendemain de la Première Guerre mondiale, aient souvent fait preuve de la même inconscience. Lequel d'entre eux songea, lorsqu'ils lancèrent, en 1933, une campagne internationale pour tenter d'arracher à ses bourreaux le dirigeant de la K.P.D., Ernst Thälmann, à y associer le cas de sa collaboratrice également arrêtée, la députée Franziska Kessel? Ne supportant plus les conditions inhumaines de sa détention et les interrogatoires de la Gestapo, cette secrétaire de vingt-cinq ans se pendit, le 17 novembre 1933, dans sa cellule de Mayence [2]. La présidence d'honneur que lui confèrent, à titre posthume, les 1 500 participantes au *Congrès international des femmes contre la guerre et le fascisme,* en juillet 1934 à Paris, ne devrait pas occulter le fait que les épreuves endurées par toutes les victimes du national-socialisme ont, dans bien des cas, touché plus durement les femmes. A cause de leur impréparation physique et psychique, à cause de leur isolement, de leur inexpérience de ces réseaux de solidarité que les hommes se forgent dès leur

---

1. Gunther WEISENBORN, *Der lautlose Aufstand,* Hambourg, 1953, 2e éd. augmentée 1954, p. 215.
2. *Cf.* Angelika REUTER et Barbara PONELEIT, *Frauen im Widerstand-Frauen im Faschismus 1933-1945,* Münter, 1977.

jeunesse dans la pratique de sports d'équipe, à l'armée, dans la vie professionnelle et politique.

Certains s'empressent d'affirmer que les femmes sont incapables de solidarité, attribuant à leur « nature » les effets d'une culture. D'autres veulent ignorer le problème : selon eux, la solidarité est affaire de « conscience sociale » ou de conscience tout court. Ils oublient ou préfèrent oublier que ces deux types de conscience s'acquièrent par les multiples voies de la connaissance, infiniment moins accessibles aux femmes. Ajouterai-je que la solidarité qu'ils pratiquent n'est pas aussi évidemment asexuée qu'ils le prétendent? Bien des rescapées, pas seulement celles du IIIe Reich, savent sans vouloir ou oser le reconnaître qu'à l'heure des périls, elles ont dû « se débrouiller » toutes seules parce qu'il y avait d'autres priorités : les instances nationales ou internationales, les chefs, les compagnons, avaient *des préoccupations plus importantes.* Cette sous-estimation des risques qu'elles encouraient se solde par un bilan de victimes particulièrement lourd que personne jusqu'à présent n'a eu l'idée ou les moyens d'établir avec précision.

Combien étaient-elles? Quel fut leur destin?

En l'absence de toute recherche spécifique d'ensemble, on ne peut qu'émettre des hypothèses à partir des témoignages de survivantes, des études générales sur l'émigration, l'opposition, la répression sous le IIIe Reich. Sans tenir compte des mesures discriminatoires et du travail forcé d'un million et demi d'étrangères – un grand nombre périt comme des ouvrières allemandes sous les bombardements – exposés dans les chapitres précédents, le nombre des victimes féminines de la répression hitlérienne sur le seul territoire de l'Allemagne hitlérienne et de l'Autriche annexée pourrait être évalué de la manière suivante * :

* Sources principales : *Yivo Annual of Jewish Science,* New York, 1953, vol. III, p. 197-204. Gunther WEISENBORN, *op. cit.;* ZORN *et al., Frauenkonzentrationslager Ravensbrück,* Berlin – R.D.A., 1971. *L'Autriche – les Années des ténèbres,* doc. officielle, Vienne, 1975.

Exilées (Comme plus de 90 % sont d'origine juive, un grand nombre seront déportées avec leurs coreligionnaires des pays occupés.)	Environ 200 000 dont : 140 000 d'Allemagne 60 000 d'Autriche annexée
Détenues dans les prisons et les camps à l'intérieur du Reich	Environ 160 000 dont : près de 100 000 de 21 nationalités et environ 20 000 Allemandes et Autrichiennes du seul camp de Ravensbrück et annexes
Mortes ou assassinées raciales ou politiques à l'intérieur du Reich	Près de 200 000 dont : 700 au camp de Ravensbrück (dont près de 10 % d'Allemandes et d'Autrichiennes) 50 000 victimes de l'euthanasie 15 000 dans les autres prisons et camps 30 000 Juives âgées mortes prématurément, suicidées, ou en cours de persécutions
Déportées du Reich vers les camps d'extermination	Environ 120 000 dont : 80 000 d'Allemagne 40 000 d'Autriche

Jusqu'à la guerre, on a parfois tendance à l'oublier, les victimes du national-socialisme sont des Allemands auxquels s'ajoutent des ressortissants de la Sarre, intégrée au Reich après le référendum du 13 janvier 1935, puis des Autrichiens, au lendemain de l'Anschluss de mars 1938. Traitées du jour au lendemain en parias de leur propre peuple, dénoncées par des collègues, des voisins fanatiques ou envieux. Par peur ou indifférence, les relations de la veille se détournent d'elles. Les amis, les camarades de jeu, de travail, voire des proches non impliqués, les évitent parce qu'ils redoutent des répercussions sur leur propre situation. On se souvient de Henny von Bastineller cherchant à faire oublier sa « liaison interdite » avec Kurt Goldschmidt afin d'éviter toute nouvelle sanction. De Melitta Maschmann acceptant d'espionner la famille de sa meilleure amie juive à la demande de ses supérieurs du B.D.M. Des fonctionnaires, des industriels, des artistes se séparent d'une conjointe dont la présence compromettrait leur emploi ou leurs commandes. L'inverse arrive parfois comme dans le cas de la scénariste Théa von Harbou devenant une des gloires du cinéma nazi tandis que son mari Fritz Lang juge prudent de prendre le chemin de l'exil malgré les propositions flatteuses de Goebbels.

Paradoxalement, l'égalité que le régime refuse par ailleurs aux femmes leur est pleinement reconnue quand il s'agit de répression. Il va de soi que l'éviction des non-Aryens de la communauté allemande, prévue par le programme nazi de 1925, s'applique sans distinction de sexe. Que la haine et la brutalité particulière des mercenaires de 1918 envers les « femelles rouges [1] » ne se démentent pas quand ils accèdent au pouvoir quinze ans plus tard. Leur cynisme atteint un comble quand ces champions de « la dignité de la femme allemande » s'acharnent aussi sur les mères, les épouses, les compagnes, les filles des opposants arrêtés ou en fuite. Dans la dernière phase de la guerre, j'ai relevé, pour la seule année 1943-1944, vingt condamnations à la peine capitale pour « défaitisme », dont celle de la couturière Elfriede Scholtz qui paie le fait d'être la sœur de l'écrivain pacifiste Erich Maria Remarque émigré et Emma Granget pour *profanation et perversion de l'amour maternel* (avec son mari, également condamné à mort, elle avait incité leur fils mobilisé à se soustraire à l'envoi au front [2]).

Dans tous ces cas, avec l'assentiment des juristes restés en fonction, la Gestapo peut exercer, en vertu des pleins pouvoirs obtenus en mars 1933 par Hitler, au nom de « la protection du peuple allemand » et sans la moindre garantie légale, des pressions physiques, psychiques, matérielles allant jusqu'à la détention préventive. A partir d'une ordonnance du 13 avril 1935, ce type de détention pourra, même après non-lieu d'un tribunal, être transformé en transfert dans un camp de concentration.

Durant les cinq premières années du IIIe Reich où il s'agit de consolider les assises du pouvoir tout en habituant la population à une pratique systématique de l'arbitraire, le souci de ne pas heurter de front une opinion encore imprégnée de conceptions traditionalistes incite à la prudence. La répression à l'encontre des femmes vise essentiellement des « politiques ». Quand Minna Hannen-Camens est arrêtée après une diffusion de tracts sociaux-démocrates, à Breslau, son mari reçoit l'avis suivant : *Minna Camens, née Hannen, arrêtée le 25.3.1933, morte d'un arrêt cardiaque. Incinérée selon le souhait exprimé avant sa mort. Il est interdit d'informer l'opinion publique de son décès* [3]. Celles dont le cœur ne flanche pas remplissent les caves de la Gestapo, les prisons de femmes, les pénitenciers de Ziegen-

1. Les deux tomes déjà mentionnés de Klaus THEWELEIT donnent un aperçu éloquent des fantasmes générateurs d'une telle attitude. Il est également conseillé aux jeunes qui admirent aujourd'hui Ernst Jünger de lire ce qu'il écrit à ce propos dans *Le Combat comme expérience intérieure*, publié en 1920, jamais, semble-t-il, récusé depuis.

2. Walter WAGNER, *Die deutsche Justiz u. der Nationalsozialismus*, t. III, Stuttgart, 1974.

3. BA. Coblence, NS 10/66, cité par Hanna ELLING, *Frauen im deutschen Widerstand 1933-45*, Francfort-sur-le-Main, 1978, p. 54.

hain, Cottbus, Waldheim, Lübeck, Aichach, Jauer, Stadelheim.

En juillet 1933, Martha L... [1] travaille à l'entreprise d'ampoules électriques Osram de Berlin, où sa mère était également employée depuis le décès de son père, atteint de tuberculose. Dans son enfance, elle avait entendu sa mère, qui n'aimait pas les communistes, dire de Rosa Luxemburg et de Karl Liebknecht qu'ils *étaient, en quelque sorte, des criminels.* Des voisins racontaient au contraire que des couturières berlinoises avaient attendu « Rosa » à sa sortie de la prison de la Barnimstrasse avec une robe de velours, confectionnée à son intention. Martha avait adhéré aux Jeunesses communistes : elle voulait voir ces gens-là de près. Les années avaient passé, elle y avait rencontré son mari. Tous deux avaient rejoint le parti en 1930. Lui militait comme photographe de presse à la *Arbeiter-Illustrierten-Zeitung,* Martha à la cellule de son entreprise où son action syndicale lui avait valu d'être, en 1932, la première élue au conseil d'entreprise. Depuis qu'ils avaient assisté à l'arrestation de voisins, qu'ils avaient vue de leur fenêtre, le père, la mère, leurs trois fils roués de coups et traînés dans un camion, les L... avaient jugé prudent d'abandonner leur logis de Moabit, de rechercher refuge en banlieue. Comme le mari ne pouvait plus travailler au journal, qu'il fallait au moins un salaire fixe, Martha s'était résolue, malgré le danger, à retourner à l'usine.

Assise devant le banc d'essai auprès de ses douze coéquipières, elle voit arriver des S.S. précédés d'un gradé. Ils marchent droit sur elle.

– Levez-vous et suivez-nous.

– Où?

– Vous le verrez bien.

– Vous ne pouvez pas venir comme ça m'enlever une de mes meilleures ouvrières, proteste le contremaître.

– Je le peux, rétorque le gradé.

Emmenée de cave en cave – toutes sont pleines – contrainte d'assister à l'interrogatoire poussé de ses collègues du conseil d'entreprise, elle atterrit finalement à la prison de l'Alexanderplatz. Par chance, elle y retrouve une surveillante, une ancienne de la S.P.D. qu'elle avait connue lorsqu'elle avait atterri deux ans auparavant dans les mêmes lieux parce qu'elle n'avait pas de quoi payer une amende pour *tenue indécente à la baignade.* Se croyant seule, Martha avait été surprise par des gendarmes cachés derrière un buisson en train de se baigner nue dans la Baltique. « Teddy » Thälmann est aussi dans le bâtiment. *Les femmes se trouvaient dans une aile latérale à quelques*

1. Jochen KÖHLER, *op. cit.*, p. 59-62 et 111-112.

étages au-dessus de lui. Nous pouvions voir la fenêtre de sa cellule. Il nous exhortait au courage : « Femmes, ne vous laissez pas abattre! D'autres temps viendront! » Quand il entendait qu'on nous malmenait, il hurlait dans la cour : «Arrêtez de maltraiter les femmes! Laissez immédiatement ces femmes en paix! » Cela nous donnait du courage.

Martha allait en avoir besoin à la Barnimstrasse où on la transfère.

Les trois mois d'isolement à la prison de femmes furent si terribles qu'on pouvait presque en crever. Pas de contact avec les autres détenues : je ne pouvais pas communiquer par signes ou par coups, NOUS AUTRES FEMMES, NOUS NE CONNAISSIONS PAS DU TOUT ÇA. *Une nuit pendant un interrogatoire je dus me déshabiller devant deux types... ramper à quatre pattes... nue autour de la table.* On connaît l'identité de quatorze détenues qui succombèrent à ce type de détention entre 1933 et 1937 dans les prisons de la Gestapo [1].

8 communistes :

– Franziska KESSEL, vendeuse, député, 25 ans, dans sa cellule à Mayence en 1933.

– Maria KROPP, militante, 49 ans, pendant l'instruction à la prison d'Essen en 1934.

– Helene GLATZER, vendeuse à Dresde, 33 ans, assassinée dans la prison de Halle en 1935.

– Käthe LARSCH, militante, 34 ans, torturée à mort à la prison d'Essen en 1935.

– Anna SCHUMANN, ouvrière de Leipzig, 60 ans, après interrogatoires au pénitencier de Waldheim en 1935.

– Margarete WALTER, permanente des Jeunesses communistes, 22 ans, dans les caves de la Prinz Albrecht Strasse à Berlin en 1935.

– Frieda SEIDLITZ, vendeuse, 29 ans, assassinée pendant l'instruction à Berlin en 1936.

– Helene BRAUBACH, couturière, 32 ans, « morte » à la prison de Preunsgesheim, en 1937.

4 social-démocrates :

– Minna HANNEN-CAMMENS, déjà mentionnée, à la prison de Breslau en 1933.

– Katharina CORLEIS, militante, 58 ans, « suicidée » à la prison de Hambourg-Fuhlsbüttel en 1935.

1. Extrait de la liste de 230 opposantes tuées entre 1933 et 1945 reconstituée par Hanna ELLING, *op. cit.*, p. 173-207.

– Mme Neumann, de Görlitz, torturée par la Gestapo en 1936. Son mari est exécuté.

– Leni Rosenthal, ancienne députée au Landtag de Prusse, assassinée, en 1936, par la Gestapo.

2 de tendance indéterminée :

– Ruth Cohnstädt, étudiante, membre d'un groupe d'opposition, se suicide après son procès à Francfort-sur-le-Main en 1934.

– Gitta Raff, employée, 39 ans, « suicide » à la prison de Düsseldorf en 1937.

La mort n'attend pas toujours la détention. Wilhelmine Struth est abattue par des S.A. à Duisburg en 1933. Klara Wagner, une militante des Jeunesses communistes de vingt-sept ans, est assassinée par des nazis en juillet de la même année. On connaît le sort de l'épouse du général Schleicher, assassinée avec lui lors de la « Nuit des Longs Couteaux ». J'ai relaté ailleurs celui des victimes de la « Nuit de Cristal [1] ». Il paraît presque impossible d'évaluer le nombre de ceux et celles qui, comme l'institutrice féministe Toni Pfulf, députée S.P.D. du Reichstag, en 1933, ou sa collègue Minna Bollmann, en 1935, devancent leur destin en mettant fin à leurs jours. Y en eut-il plusieurs centaines ou plusieurs milliers? Ce qui est certain, c'est que des événements comme la prise du pouvoir, l'incendie du Reichstag et les persécutions qui s'ensuivirent, le pogrom de novembre 1938 puis la perspective de la déportation provoquèrent de véritables vagues de suicides parmi les adversaires et les persécutés du régime.

La jeune et frêle actrice Margarete Köpke ne semble avoir été ni l'un ni l'autre. Elle venait d'interpréter la *Lulu* de Wedekind à la soirée de carnaval donnée comme tous les ans au célèbre hôtel des Quatre-Saisons à Munich. Une foule élégante d'artistes, d'intellectuels, d'habitués des festivités mondaines se presse dans les salons sous les lustres de cristal. Des couples déguisés dansent au son d'un orchestre de jazz. Quand Käthe Starke, descendante d'une famille juive établie depuis trois siècle à Altona, venue étudier l'art dramatique dans la capitale berlinoise, croise le cinéaste Wolfgang Liebeneiner, celui-ci lui lance au passage :

– Le Reichstag brûle!

– Tant mieux, les nazis seront enfin...

– Vous êtes folle, l'interrompt-il, oubliant le ton usité en ces lieux. C'étaient les communistes.

La nouvelle s'est répandue dans l'assistance. Délaissant les réjouissances, un groupe s'est formé autour des écrivains Klaus et Erika Mann, qui reviennent de Berlin. Derrière son masque de Pierrot

1. *Cf. La Nuit du Cristal*, éd. R. Laffont, 1972.

blafard, Margarete Köpke dissimule son angoisse : on la retrouvera morte dans son appartement à quelques jours de là. Erika et son frère Klaus se réfugieront à l'étranger d'où ils reviendront après la guerre, elle sous l'uniforme américain, lui las d'une vie qu'il préfère quitter quatre ans plus tard. Quant à l'actrice Käthe Starke, elle n'oublie pas, dans sa retraite israélienne, ceux et celles qui n'ont pas eu sa chance de survivre à la ville-ghetto de Theresienstadt [1].

L'ancienne ouvrière Martha L... a également survécu à Berlin-Est, où, *« pour des motifs politiques »*, elle préfère raconter anonymement ses souvenirs. Après les trois mois d'interrogatoires à la Barnimstrasse, on l'avait envoyée dans le premier camp de concentration mixte, ouvert en octobre 1933 à Moringen, près de Hanovre. Comparée à la forteresse de Lichtenbourg, en Saxe, où les détenues seront transférées en mars 1938, après « l'installation » des hommes qui s'y trouvaient au camp tout proche de Buchenwald, après les épreuves que la plupart ont endurées durant leur interrogatoire policier, la vie dans cette ancienne maison de correction mixte leur paraît plutôt supportable. Selon les dossiers retrouvés au Document Center de Berlin [2], cette ancienne maison de correction aurait accueilli en moyenne de 50 à 80 prisonnières. Sur les 328 dossiers de détenues encore existants, on dénombre environ 120 « politiques », une trentaine de Témoins de Jéhovah – elles seront huit fois autant à Lichtenbourg et bien davantage encore à Ravensbrück pour antimilitarisme –, une trentaine de Juives rentrées d'émigration après « l'accalmie » qu'elles croyaient définitive, de 1934, environ autant d'inculpées pour *atteinte à l'honneur racial*, les autres étant des *asociales*. Souvent, un simple geste, la suspicion d'activités, voire de pensées illégales, a motivé leur envoi à Moringen.

Ainsi, Grete Pieper-Dankwart, une Berlinoise de quarante-six ans, s'y trouve pour avoir fleuri les tombes de Karl Liebknecht et Rosa Luxemburg. L'ordre de la Stapo, notifiant sa détention préventive *jusqu'à nouvel ordre*, stipule que *le (sic)* détenu a, par son geste, *exprimé ouvertement sa sympathie pour le communisme et s'est mis ainsi consciemment en opposition au nouvel État et à la* Weltanschaung *national-socialiste. Son comportement et sa manière d'agir sont de nature à troubler l'ordre public* [3].

L'affaire serait aussi cocasse que l'arrestation, en 1952, de

1. Elle est l'auteur d'un très beau livre illustré de reproductions d'œuvres d'artistes assassinés : *Der Führer schenkt den Juden eine Stadt*, Berlin, 1975.
2. *Cf.* l'étude d'Ino ARNDT in *Studien z. Geschichte der Konzentrationslager*, Stuttgart, 1970, p. 93-101.
3. Stapo 7 D540 34/Sch. Berlin, 24.11. 1934, document reproduit par Hanna Elling, *op. cit.*, p. 26.

Jacques Duclos pour *complot contre la sûreté de l'État* après la découverte de deux pigeons dans sa voiture, si les criminels assermentés chargés de la suivre n'étaient pas capables de tuer pour moins que cela.

Enfermées la nuit dans un grand dortoir, le jour dans une salle commune avec une planche de dix cuvettes pour leur toilette, quelques tables et des bancs, les prisonnières partagent leur temps entre les corvées, des cours d'anglais organisés par une ancienne députée du Reichstag, les machines à coudre qu'elles ont obtenues à force de revendiquer pour confectionner des vêtements d'enfants destinés à un hôpital voisin. Le règlement est sévère : interdiction d'ouvrir une fenêtre, celle qui s'y risque est abattue sans sommation par les gardes S.S. L'autorité interne relève cependant – contrairement aux camps ultérieurs – d'un directeur de l'administration pénitentiaire assisté de deux médecins « ordinaires » et de surveillantes, membres de la *Nationalsozialistische Frauenschaft,* souvent très frustes, dénuées pourtant de la brutalité et de la cruauté souvent sadique des auxiliaires S.S. des camps d'extermination. L'une d'elles se montre particulièrement compréhensive : cette mère de deux enfants d'âge scolaire préfère la vie du camp à celle de son foyer où elle subit les injures et les coups de son ivrogne de mari S.S.

Martha L... est convoquée un jour chez le directeur : elle est libérée – cela existe encore jusqu'à la guerre – sans savoir pourquoi. De retour dans leur banlieue berlinoise, elle est informée avec ménagement par sa mère que son mari s'est consolé avec une camarade. Elle veut en discuter avec lui, retrouver la confiance qui les a toujours unis, dont elle a tant besoin après sa captivité, dans les tâches périlleuses que le parti lui confie presque aussitôt. Lui, assure qu'il n'avait voulu retrouver qu'elle dans l'autre. Sa liaison persiste, il y en aura beaucoup d'autres ensuite. Martha ne s'y résigne pas : elle cherche obstinément à restaurer l'harmonie perdue. A cause de leur fils qui vient de naître, affirme-t-elle. Peut-être tout autant ou davantage parce que le compagnon qu'elle aime est censé incarner l'idéal pour lequel elle risque sa vie à tout moment.

– Nous voulons pourtant être des communistes, comment concilier ta vie avec ça? répète-t-elle obstinément.

– Mes rapports avec les femmes n'ont rien à voir là-dedans, répond-il inlassablement.

Huit ans après la fin de la guerre, cette militante qui a affronté seule les geôles de la Gestapo, qui s'est engagée dans l'action clandestine dès sa sortie du camp de concentration, qui a échappé miraculeusement au sort de près d'une centaine de ses camarades du réseau Saefkow, exécutés en 1944, hésite encore à demander le divorce. Lorsqu'elle se décidera, il lui faudra au préalable l'assurance d'un médecin qu'elle est *tout à fait normale.* A soixante-treize ans, Martha L... ne sait que conclure : *Ce fut la plus grande déception de ma vie.*

L'émigration et la solidarité internationale

Il serait évidemment simpliste d'imaginer que le destin des L... aurait été différent sans l'incarcération de Martha. On peut du moins se poser la question pourquoi des militants aussi menacés qu'eux n'ont jamais songé à émigrer. Jusqu'à la guerre, il était possible de quitter le Reich. Fuir exigeait, il est vrai, soit des démarches de plus en plus complexes et onéreuses quand il s'agissait d'un départ légal, soit des relations facilitant le passage illégal d'une frontière. Environ 400 000 réfugiés d'Allemagne, de Sarre et d'Autriche eurent recours à l'une ou l'autre voie. Près des trois quarts étaient juifs ou d'origine juive, c'est-à-dire plus ou moins préparés par les migrations antérieures qui avaient dispersé des proches, des amis, des connaissances un peu partout dans le monde. Le quart restant comprenait une majorité d'intellectuels, d'artistes, de cadres politiques habitués aux relations internationales. Ce phénomène révèle l'étroitesse de l'horizon dans lequel vivait à cette époque la majorité de la population en Allemagne comme ailleurs. En dépit des livres, des journaux, de la radio, rares étaient ceux – y compris parmi les militants des partis « internationalistes » – à percevoir effectivement ce qui existait au-delà de leur contrée, voire de leur localité. Or l'appréhension du déracinement, surtout lorsqu'il est contraint, est d'autant plus vive qu'on ne connaît ni les gens ni les conditions de vie du pays d'accueil. D'où sans doute aussi la plus faible proportion de femmes seules parmi les exilés.

Dans le flot des partantes, des personnalités connues telles les écrivains Annette Kolb, Else Lasker-Schüler, morte dans la misère en Palestine, Anna Seghers, la future présidente des écrivains de R.D.A. après douze années d'errance de Paris à Mexico. Nelly Sachs, futur prix Nobel de littérature, morte en Suède, qui devint sa seconde patrie. Les philosophes Margarete Susman et Hanna Arendt. Les actrices Therese Giehse, Inge Wangenheim, Helene Weigel. Leontine Sagan, la réalisatrice de *Jeunes Filles en uniforme,* qui semble n'avoir plus tourné de films après s'être réfugiée en Afrique du Sud. La critique d'art Lotte Eisner, bien connue des cinéphiles du monde entier, exercera les métiers les plus divers, s'évadera du camp d'internement français de Gurs [1], avant l'arrivée des occupants, connaîtra la vie clandestine avant de devenir la cofondatrice de la Cinémathèque française et l'une des meilleures spécialistes du cinéma allemand [2]. D'autres journalistes moins connues, comme Gudrun Herzog ou Rose Casper, ne trouvent pas de moyens de survie : toutes deux se suicident, à trois jours d'intervalle, en juillet 1933 à Paris. Destin tragique aussi que celui de Gerda Taro, ancienne responsable des Jeunesses communistes et photographe de presse, arrêtée à vingt-deux ans, réfugiée après sa libération à Paris où elle gagne d'abord sa vie comme vendeuse de journaux et mannequin. Lorsque *Le Soir* et *Regard* lui offrent une chance de reprendre son métier, elle se rend en reportage auprès des Brigades internationales sur le front espagnol où une balle franquiste l'atteint mortellement, le 28 juillet 1937. Louis Aragon et le poète José Bergamin lui rendront un ultime hommage. Des seize élues du Reichstag [3], dépouillées de leur mandat, qui parviennent à quitter le Reich, deux, la comptable Martha Arendsee et l'ouvrière des Tabacs Roberta Groppert gagnent l'U.R.S.S. La syndicaliste Anna Zammert trouve refuge, après sa libération de prison, en Suède. L'écrivain Mathilde Wurm, qui avait représenté le Schleswig-Holstein durant toute la république de Weimar, se suicide en 1935, à soixante et un ans, en Grande-Bretagne. C'est là aussi que s'installe la spécialiste S.P.D. de la Protection maternelle et infantile, Adele Schreiber qui y jouera un rôle actif dans l'aide aux réfugiés jusqu'à la fin des hostilités. Élue vice-présidente du Conseil international des femmes (I.C.W.), elle passera ses dernières années, jusqu'à sa mort en 1957, à Zurich. Quatre ex-députées, socialistes ou communistes, rejoignent les États-Unis dont deux, la secrétaire Hanna Sandtner et l'écrivain Tony Sender directement, les deux autres, l'écrivain Ruth Fischer et l'assistante sociale Maria Juchacz, après avoir d'abord cherché refuge en France. Parmi les rares victimes du IIIe Reich à bénéficier du droit d'asile suisse, l'écrivain Marie Kunert et l'universitaire Anna Siemsen qui obtient même l'autorisation d'assurer la rédaction du magazine socialiste *La femme dans la vie et le travail*. Son prestige lui vaut sans doute aussi le privilège, plus rare encore, d'être l'unique signataire féminine des soixante-douze personnalités en exil qui appellent, en décembre 1936, à Paris, à la formation d'un Front populaire allemand [4].

---

1. *Cf.* Hanna SCHRAMM et Barbara VORMEIER, *Vivre à Gurs*, Paris, 1979.
2. Lotte EISNER a fait connaître notamment le cinéma expressionniste allemand et publié, entre autres, *l'Écran démoniaque*, Paris, 1955, et *F. W. Murnau*, Francfort-sur-le-Main, 1979.
3. *Parlamentarinnen im deutschen Parlament 1918-1976*, Bonn, Bundestag, 1976.
4. *Cf.* Ursula LANGKAU-ALEX, *Volksfront für Deutschland?*, Francfort-sur-le-Main, 1977.

L'ancienne élue silésienne, Marie Arning, secrétaire des femmes S.P.D., s'installe aux Pays-Bas jusqu'à l'invasion allemande : ses compatriotes l'arrêtèrent pendant sa fuite en France. Elle aura plus de chance que la syndicaliste Johanna Kirchner qui joua un rôle actif dans l'aide aux réfugiés à la frontière franco-sarroise et adressa à ce titre, en décembre 1935, un mémoire à la Société des Nations. Livrée par le gouvernement de Vichy à la Gestapo, elle sera exécutée après sa condamnation à mort par le sinistre *Volksgerichtshof* dans la non moins sinistre prison de Berlin-Plötzensee où tant d'opposants au régime, dont 83 opposantes, subirent le même sort. C'est là que furent mises à mort en 1938 les deux premières Allemandes condamnées à la peine capitale pour *haute trahison* : la Sarroise de trente-neuf ans Katharina Kneup avait favorisé l'infiltration de la Sûreté française au siège central de la N.S.D.A.P. L'étudiante communiste Lilo Hermann qui, avec trois de ses collègues de l'entreprise d'aviation de Stuttgart où elle avait été envoyée après son exclusion de l'université de Berlin, avait fourni des renseignements sur le réarmement du Reich ne fut pas graciée malgré une campagne internationale en faveur de cette jeune mère d'un enfant de trois ans.

Un sort moins tragique, mais exceptionnel dans le genre roman noir, attendait l'ex-députée du Hanovre-Braunschweig, la journaliste Maria Reese [1], dont les ennuis avaient commencé bien avant 1933. D'abord élue de la S.P.D. qui l'avait interdite de parole après qu'elle eut déclaré au cours d'une réunion que les Allemands, fussent-ils de gauche, mettaient les doigts sur la couture du pantalon dès qu'ils voyaient un uniforme, elle avait rejoint les communistes. Vraisemblablement surtout par sympathie pour Clara Zetkin qu'elle avait connue en 1921, à l'occasion d'une interview au congrès de Tours, ce qui lui avait d'ailleurs valu d'être convoquée ensuite par la Sûreté française à la recherche de l'« envoyée de Moscou ». Durant la période de crise et la montée du nazisme, Maria n'avait pas caché à sa vieille amie, déjà très malade et presque aveugle, en traitement à Moscou, les craintes que lui inspiraient l'état d'esprit triomphaliste – après les nazis nous aurons le pouvoir – de la plupart de ses collègues au parlement et des responsables de la K.P.D. Dans ses réponses du 12 mai et du 4 juin 1932, Clara Zetkin se dit aussi préoccupée par *le niveau terriblement faible de conscience de classe prolétarienne* aux élections législatives et les querelles intestines du parti communiste allemand.

Lorsque Hitler accède au pouvoir, Maria Reese dénonce le

1. Maria REESE-MAYER, *Journal*, manuscrit *in* BA. Coblence, Kleiner Erwerb 379.

comportement – qu'elle qualifiera plus tard de « trahison » – des dirigeants qui fuient le Reich sans avoir tenté d'organiser la grève générale contre l'instauration de la dictature. Menacée d'arrestation après l'incendie du Reichstag, elle doit fuir à son tour à l'étranger où elle compte participer à la campagne internationale de défense des inculpés. En butte à l'hostilité de ses camarades qui lui reprochent son « indiscipline », elle est expulsée du Danemark, puis de Suède, sur l'intervention de Berlin. Où peut-elle trouver un appui? Une fois encore, ce sera la dernière, auprès de Clara Zetkin. Maria se rend à Moscou où ses camarades allemands du Komintern veulent l'empêcher de la voir. Fritz Heckert lui conseille d'aller soigner ses nerfs. Elle parvient à forcer le barrage grâce à l'un des fils de Clara qu'elle revoit quelques semaines avant sa mort le 21 juin 1933. Très affaiblie mais lucide, la vieille militante lui fait promettre de toujours défendre les travailleurs allemands et leur indépendance.

Maria regagne alors l'Europe occidentale : Paris d'abord, puis Londres où se prépare le contre-procès de l'incendie du Reichstag. Elle sent que ses camarades de la K.P.D. – dont Willi Munzenberg, l'organisateur principal, qui subira ultérieurement le même sort qu'elle – cherchent à l'isoler. Les personnalités du Comité britannique de défense qu'elle rencontre, Lady Astor, Sir Stafford Cripps, le conseiller juridique de la reine N.D. Pritt ne lui cachent pas avoir été mis en garde contre elle. La confirmation de ses appréhensions ne tarde guère : le 11 septembre, la K.P.D. lui notifie que sa présence n'est pas souhaitée au contre-procès. Deux semaines plus tard, l'exécutif la convoque à Moscou. Maria devance la suite prévisible en faisant paraître, le 26 octobre, sa lettre de démission du parti communiste allemand dans le *Het Volk* d'Amsterdam et le *Folkets Dagblat* de Copenhague. A cette époque, on ne démissionne pas d'un parti communiste. Sous le titre *Maria Reese, traître au parti, est exclue du P.C.A., L'Humanité* du 9 novembre publie, en troisième page, les motifs de l'exclusion dont on appréciera le fond et la forme :

Par ses bavardages inconscients et mensongers et ses liaisons avec des éléments du camp trotskiste contre-révolutionnaire, l'ancien député du Reichstag Maria Reese a prêté son aide au gouvernement hitlérien et dénoncé ainsi à celui-ci des membres du parti et des sympathisants. Depuis des mois déjà, tout travail de parti lui était interdit et la question de son exclusion était envisagée en raison de son profond manque de foi en la force de la classe ouvrière allemande qui la faisait déraisonner et parler d'une ignoble défaite des ouvriers allemands.

Dès le lendemain, dans un article de *Unser Wort*, Trotski réfute ces allégations. L'avait-elle déjà rencontré auparavant ou le rencontre-t-elle seulement après : son *Journal* ne le précise pas. Toujours est-il qu'elle le voit à plusieurs reprises – chaque fois dans un lieu différent, pour des raisons de sécurité – et qu'elle adhère à la IVe Internationale. Ses problèmes politiques sont peut-être résolus, sa situation matérielle ne l'est absolument pas. Les divers comités d'aide et d'assistance aux réfugiés l'éconduisent : les officiels parce qu'elle est déclarée indésirable *pour attitude hostile envers la France lors du putsch des séparatistes rhénans en 1923* (!), les politiques et les confessionnels parce qu'ils réservent leurs moyens insuffisants à leurs camarades ou leurs coreligionnaires. Arrêtée *en situation irrégulière*, elle passe vingt-quatre heures dans la cage d'un commissariat entre des clochards et des prostituées. On la relâche. Mais le 2 février 1934, elle reçoit l'ordre de quitter le territoire français sous quinzaine. Vivant de pain, d'œufs et de fruits dans une chambre de l'hôtel Vendôme, rue d'Arras, elle passe ses journées à chercher un autre pays d'accueil pendant que la Ligue des droits de l'homme tente de faire lever l'ordre d'expulsion, que le député Gaston Bergery intervient vainement auprès du ministre de l'Intérieur Camille Chautemps. L'espoir un instant caressé d'obtenir un visa pour les États-Unis – elle a déjà reçu l'indispensable *affidavit* – s'effondre à son tour : les autorités américaines la refusent sous prétexte qu'elle abandonnerait son fils de dix ans resté chez ses parents en Allemagne.

C'est dans ces conditions qu'elle se résout à retourner dans le Reich. Avec l'argent des derniers objets qu'elle a pu vendre, elle règle ses dettes, achète un billet pour la Sarre – pas encore allemande à cette époque – où elle veut rencontrer son père qui a adhéré à la N.S.D.A.P., afin qu'il lui obtienne l'autorisation de rentrer en Allemagne. Autorisation qui implique la levée des poursuites engagées à son encontre. Six semaines plus tard, son père la ramène dans leur village de l'Eiffel. Ce retour, elle va le payer très cher. Surveillance permanente de la Gestapo, dénonciation et arrestation à deux reprises. Libérations, chaque fois grâce à son « protecteur », le Dr Eberhard Taubert, responsable de la Section anti-Komintern au ministère de la Propagande, pour lequel elle accepte de travailler. Son fils Harro, affecté à une compagnie disciplinaire, est fusillé à vingt ans pour tentative de désertion sur le front de Bessarabie. Ses épreuves ne s'arrêtent pas avec la guerre. De nouveau dénoncée, cette fois auprès des Alliés – peut-être par les mêmes qui veulent faire oublier leur passé? – elle est arrêtée par les Américains, relâchée puis réincarcérée par les Anglais, elle se retrouve finalement en détention française, en compagnie de militantes nazies dont l'aveuglement la désespère. *Ces femmes n'étaient ni sans valeur humaine ni sans bon sens, mais les événements de leur époque demeuraient pour la plupart aussi incompréhensibles qu'un livre sept fois scellé.* André Malraux ne peut obtenir sa libération qui n'interviendra qu'au bout de vingt-trois mois parce qu'elle a refusé d'implorer la clémence de ses juges.

Sans être aussi mouvementée, la vie de la plupart des émigrées exigeait des trésors de courage et d'imagination. Risquant à tout moment l'expulsion, certaines tentent d'y échapper en contractant un mariage blanc avec un autochtone. Faute d'autorisation de travail, beaucoup doivent vivre d'expédients : les unes comme les autres sont traitées d'*aventurières,* de *femmes de mœurs légères,* fichées par les services de police [1]. Pour celles qui sont mariées, les difficultés, les tensions, les séparations entraînent dans bien des cas un bouleversement, voire la rupture de l'existence familiale. Rupture définitive aussi la plupart du temps pour ces enfants juifs que les États-Unis, la Grande-Bretagne, la Suisse acceptèrent d'accueillir, à titre humanitaire, après la « Nuit de Cristal ». Ils furent environ 3 000 sur les 12 000 restant dans le Reich. Certains, comme Karola Siegel de Francfort-sur-le-Main qui avait un peu plus de dix ans à l'époque, ont fait une belle carrière depuis, grâce à leur obstination, non sans détours souvent douloureux. Pour elle, tout commence en ce matin du 16 novembre 1938 où, couchée entre ses parents, elle entend sonner à la porte. Il est six heures : la Gestapo vient arrêter Julius Siegel, jardinier du cimetière juif. Il s'habille en hâte, rejoint les coreligionnaires déjà entassés dans un camion en stationnement. Karola pleure. *Ton père reviendra,* affirment sa mère Irma Hanauer, trente-sept ans et sa grand-mère Selma, veuve d'un fermier de la région. Karola entend le camion démarrer, partir; elle ne sait pas encore qu'elle a vu son père pour la dernière fois. Fin novembre, Irma apprend que la Suisse accepte d'accueillir 300 enfants juifs pour six mois, jusqu'à ce que leurs parents puissent émigrer. Son mari est au camp de Dachau, elle ne sait pas ce qu'il adviendra d'elle et de sa mère. Qu'au moins l'avenir de Karola soit assuré : elle l'enverra seule en Suisse. Les 300 enfants ne seront qu'une centaine parce que la police fédérale suisse a

1. *Cf.* à ce sujet mes deux rapports sur « l'Émigration allemande et l'opinion publique en France », dont le premier in *L'Allemagne et la France 1932-1936,* C.N.R.S., 1980, le second in *Francia,* n° spécial de l'Institut historique allemand à Paris, Zurich-Munich, 1981. Sur les conditions générales de l'exil des réfugiés du Reich en France, *cf. Les Barbelés de l'exil,* P. U. Grenoble, 1979.

2. Alfred A. HÄSLER, *Die Geschichte der Karola Siegel,* Berne, 1976. Cet auteur suisse fut l'un des premiers à dénoncer dans un livre aujourd'hui porté à l'écran, *Das Boot ist voll (Le bateau est plein)* – expression utilisée à ce sujet par le conseiller fédéral Edouard von Steiger – l'attitude de son pays devant les persécutions raciales du IIIe Reich.

abaissé la limite d'âge de seize à quatorze ans, que beaucoup de cantons refusent de les recevoir. *Le droit d'asile,* déclare le conseiller national Heinrich Walter de Lucerne, *est une grâce que nous pouvons accorder ou refuser.*

Quoi qu'il en soit, Karola a la chance de figurer parmi la centaine de « graciés » que les assistantes sociales de l'Œuvre suisse d'aide aux enfants d'émigrants convoient, en janvier et en mai 1939, de Francfort à Bâle. Parmi les petites filles du premier groupe, qui roulent, désormais seules vers l'inconnu :

– Hannelore ADLER, 12 ans, orpheline de père. Sa mère Hélène et sa sœur aînée de vingt et un ans seront déportées de Bad Homburg en 1942.

– Alice BACHARACH, 8 ans. Son père Ludwig, commerçant, meurt en 1940 en France; sa mère Gerda et sa petite sœur de six ans et demi seront déportées,

– les jumelles Inge et Ruth KAPP, 10 ans. Le père agriculteur, la mère Johanna vendeuse, attendent à Mayence leur tour d'émigration aux U.S.A. : ils seront déportés à l'âge de cinquante ans.

– Mira KAHN, 10 ans. Son père Wilhelm, agriculteur, embarque en mai 1939 à Cuba. Son débarquement étant refusé, il retourne en Europe par la Belgique et la France où on l'interne au camp de Saint-Cyprien et le livrera à la déportation, fin août 1943. Sa mère Ruth, infirmière, est déportée un an plus tôt de Francfort.

– Ruth LŒWENBERG, 10 ans, est la cadette de cinq enfants. Seule famille juive de leur village, les siens ont dû se réfugier à Francfort où ils attendent des visas pour la république Dominicaine. Le père, marchand de bestiaux, la mère et deux sœurs sont déportés en 1941.

– Grete SUSSBAUM, 13 ans, part avec son jeune frère Manfred. Le père, enseignant dans le Palatinat, sa mère sont déportés en juin 1942. Sa sœur aînée, Else, le sera aussi de Berlin, en mars 1943.

– Marga SCHWARZ, 10 ans, fille d'un marchand de bestiaux de Villingen. Ses parents tentent d'émigrer au Canada. Ils font partie des Juifs d'abord transférés au camp de Gurs d'où ils sont déportés.

– Ilse, 14 ans, et Hannelore WEIL, 9 ans, de Breisach-sur-le-Rhin. Le père, quincaillier, est envoyé comme celui de Karola à Dachau. Il sera déporté avec leur mère Louise et leur frère – refusé par la Suisse parce qu'il avait seize ans. A Lublin, Ilse et Hannelore font partie des dix – sur les cent « anciens » installés en Suisse : l'une a épousé un juriste, l'autre un agriculteur. Quant à elles, il n'est pas sûr qu'elles aient appris d'autre métier que celui de ménagère.

A ce propos, il me reste un vieux compte à régler avec la patrie de l'horlogerie et du chocolat. Il y a quelques années, la télévision de

Suisse romande m'a donné l'occasion – c'est à son honneur – de raconter, entre autres, le destin d'un ami de jeunesse, Manny Herz, émigré du IIIe Reich avec ses parents et son frère à Dijon, refoulé de Suisse à deux reprises vers la France occupée qu'il tentait de fuir. La première fois, sachant ce qui l'attendait au retour, il s'ouvrit les veines près du poste frontière, qui refusait de le laisser entrer : on le soigna dans un hôpital helvétique. Une fois guéri, on le refoula à nouveau. Il périt en déportation.

Son cas est exemplaire, il n'est pas unique. Ceux qui eurent la chance d'être accueillis parce qu'ils étaient suffisamment fortunés ou pouvaient offrir la garantie de leur entretien soit par des proches soit par une institution suisse ont rarement gardé un bon souvenir de ce séjour. *Une orpheline ne fait pas d'études,* avait décrété ma grand-mère lorsque, au sortir de la clandestinité, après un passage en camp d'internement, j'avais pu rejoindre ma famille bâloise où m'attendait la nouvelle du décès de ma mère, leur fille et sœur de trente-neuf ans, dans des circonstances dramatiques. On m'envoya à l'École des travaux féminins *(Frauenarbeitschule)* avec, en complément pratique, le soin d'entretenir en partie la maison de dix pièces. Si j'ai eu le courage, de retour en France, cette fois doublement orpheline, de reprendre mes études interrompues depuis la débâcle, en me jurant d'arriver – contre vents et marées – au sommet, c'est pour infirmer une opinion qui n'était pas seulement celle de ma grand-mère.

Car il se trouve, Alfred Häsler en parle dans son enquête, que l'Œuvre suisse d'aide aux enfants d'émigrants chargea l'un des fils de ladite grand-mère – alors jeune professeur – de la tutelle pédagogique de près de la moitié des « enfants de Francfort ». On les installa dans un ancien hôtel à Langenbruck. Dix autres furent confiés à l'Orphelinat israélite de Bâle. Le reste, une majorité de petites filles, fut envoyé dans une maison d'enfants à Heiden. C'est là qu'atterrit Karola Siegel. Son aventure ressemble en bien des points à la mienne mais les obstacles qu'elle eut à surmonter avant de devenir ma collègue à l'université de New York constituent un exploit auquel je voudrais rendre ici un amical hommage.

Durant ses quatres années de scolarité à la célèbre école Samson Raphaël Hirsch de Francfort, Karola s'était montrée une élève douée. Comme beaucoup de petites filles éveillées de nos générations, elle rêvait d'être médecin. Arrivée en Suisse, il n'en fut plus question. Si les sauveteurs n'avaient pas – comme ce fut ultérieurement souvent le cas pour les enfants juifs en France – l'intention de les baptiser [1], ils

1. Mon travail de 1946 à 1948, à l'Œuvre de secours aux enfants (O.S.E.), dans les centres de La Mulatière et de Haguenau, puis ma participation à l'affaire des enfants Finaly m'en ont fourni beaucoup d'exemples.

avaient par contre une conception très arrêtée de leur éducation. Tous devaient être préparés à leur réémigration vers d'autres pays. Les garçons pouvaient, s'ils obtenaient de bons résultats, poursuivre au moins des études secondaires ou entrer en apprentissage dans un secteur conforme à leurs goûts. Toutes les filles étaient par contre indistinctement orientées vers l'enseignement ménager – de qualité – cela va sans dire au royaume de l'hygiène.

La petite Karola est souvent triste; les lettres de ses parents la réconfortent. Son père a été libéré de Dachau en février 1939, après s'être engagé à émigrer avec les siens dans les plus brefs délais. Les mois passent, les Siegel sont toujours à Francfort : leur fille les supplie d'activer l'émigration. En mai 1941, sa mère lui envoie encore de Francfort des vœux d'anniversaire. Le courrier se fait rare. Fin septembre, la grand-mère écrit : *Rien n'est encore arrêté pour notre émigration. En ce qui me concerne, je ne partirai qu'avec la dernière fournée.* Le 22 octobre 1941, des amis lui annoncent que ses *parents et la grand-mère paternelle ont émigré. Ils ne savent pas où mais espèrent qu'ils n'ont pas été déportés* – Karola lit ce mot pour la première fois – *et qu'ils vont bien.* Une carte des trois lui parvient de la Rembrandtstrasse 10 Zm 4 à Litzmannstadt (Lodz), puis c'est le silence définitif. Après la guerre, l'orpheline de dix-sept ans quitte Heiden afin de préparer son émigration en Palestine au Centre agricole *(Harschara)* de Bex. Avant son embarquement à Marseille, ses sauveteurs lui offrent en cadeau d'adieu une bourse d'un an qui lui permettra de suivre une formation de jardinière d'enfants – ses premières études. La longue marche commence.

4 juin 1948 : vingtième anniversaire, blessée aux deux jambes lors d'un bombardement. L'hôpital – la rééducation.

1950 : mariage et naissance de la petite Miriam, mais elle quitte bientôt le nouvel État d'Israël à destination de Paris où elle va travailler comme jardinière d'enfants tout en suivant un stage de neuropsychiatrie dans les services des professeurs Heuyer et Leibovici.

1954 : elle divorce.

1956 : nouvelle émigration, cette fois aux États-Unis. Un emploi à l'ambassade de France lui permet de préparer une maîtrise sur *La Socialisation des enfants réfugiés en Suisse,* puis une thèse à l'université Columbia sur *la Planification familiale chez les Noirs et les Portoricains de Harlem.*

1961 : remariage avec l'ingénieur Manfred Westheimer.

Miriam n'eut qu'un petit frère Joël : sa maman avait étudié la régulation des naissances.

Dans les différents pays d'accueil – on sait aujourd'hui à quel point ils mesurèrent leur aide, on sait aussi à quel point ces réfugiés accueillis avec réticence contribuèrent au développement de leur nouvelle patrie [1] : les organisations de toutes natures, hostiles au national-socialisme manifestèrent, du moins jusqu'à la guerre, leur soutien aux victimes : réunions publiques, campagnes de protestation, de boycottage économique, articles et appels, création de comités d'aide et d'assistance. Les contacts personnels, un réconfort amical demeurèrent l'exception, en France comme ailleurs. Même des personnalités, comme les époux Breitscheid : Rudolf, qui avait été sous la république de Weimar l'un des dirigeants de la S.P.D. les plus attachés au rapprochement franco-allemand, ne trouva chez ses camarades de la S.F.I.O. à laquelle il avait adhéré qu'un seul ami véritable : le sous-secrétaire d'État Pierre Viénot, tué comme lui par les Allemands. L'un tomba pour la France, l'autre à cause d'un gouvernement français – celui du maréchal Pétain qui le livra avec l'ancien ministre des Finances Rudolf Hilferding à la Gestapo. Toni Breitscheid encore en liberté n'obtint pas l'aide requise à l'ambassade américaine et demande à rejoindre son mari à Buchenwald où elle survécut.

Attitude identique chez les notables juifs. J'entends encore – ce devait être en 1938 – les responsables d'une communauté, qui furent eux-mêmes déportés par la suite, reprocher avec véhémence à leurs coreligionnaires allemands, sarrois, autrichiens de s'attabler dans les cafés à converser publiquement dans une langue alors éminemment impopulaire. Dans le climat de crise et d'incertitude de l'époque, ils redoutaient l'antisémitisme sous-jacent à la xénophobie ambiante. Ils auraient du moins pu tenir compte de la suggestion de ma mère, active, depuis la guerre d'Espagne, dans un comité contre la guerre et le fascisme, d'organiser des cours de français à leur intention, d'offrir à ces exilés, désireux d'échapper, ne fût-ce qu'un moment, à leurs angoisses solitaires, un lieu de rencontre pour échanger des nouvelles de « là-bas », évoquer souvenirs et projets, sentir un peu de chaleur et d'amitié. De cette expérience suivie de bien d'autres pendant la guerre me vient une sensibilité vigilante à toutes les formes de discrimination,

1. *Cf.* la lettre de démission de James G. McDonald, haut-commissaire de la S.D.N. pour les Réfugiés provenant d'Allemagne, reproduite par Maurice RAJFUS in *Sois Juif et tais-toi*, Paris 1981, qui brosse aussi un tableau très critique des « Français israélites » entre 1930 et 1940. Pour la conférence d'Évian, en juillet 1938 et l'attitude des « États spectateurs », on se reportera à ma *Nuit de Cristal* déjà mentionnée. Quant au rôle des émigrés du Reich, il est attesté par le *Dictionnaire des Émigrés du Reich* publié conjointement par l'International Biographical, Archives of Central European Emigrées 1933-1945 de New York et l'institut d'Histoire contemporaine de Munich.

l'attachement aussi à ces associations humanitaires, au style parfois archaïque : Ligue des droits de l'homme, L.I.C.A. devenue L.I.C.R.A., Société des amis (Quaker), C.I.M.A.D.E. Pauvres en moyens, elles apportèrent à tous ceux dont la détresse leur était connue cette générosité du cœur que les proscrits attendirent vainement de la Société des Nations, de la Croix-Rouge ou de certains comités qui ne prêtaient assistance qu'à la vue d'une carte de parti, d'un certificat ou d'une promesse de baptême. Sur ce point le problème était plus complexe pour les comités juifs, étant donné la proportion des coreligionnaires parmi les réfugiés du Reich. L'effort financier des Juifs d'Europe occidentale et d'Amérique du Nord et du Sud fut indéniablement supérieur à celui du reste de la population. Leur disponibilité humaine le fut rarement.

Quant aux mouvements féminins, les quelques études que j'ai mentionnées dans le chapitre introductif ne permettent pas d'apprécier exactement leur action. Les faits connus semblent démontrer qu'à quelques exceptions près, ils ne se montrèrent pas davantage à la hauteur des événements. Il serait certes injuste d'ignorer le rôle d'une Eleanor Roosevelt, de la journaliste Dorothy Thompson, d'Emily Green-Balch aux États-Unis, des Françaises Camille Drevet et Gabrielle Duchêne, de la Suissesse Clara Ragaz, de l'extraordinaire Quaker britannique Edith Pye qui se rendit personnellement dans le Reich, intervint auprès d'Hitler lui rappelant le rôle des femmes dans le soutien à l'Allemagne vaincue, fit libérer des prisons du chancelier Dolfuss, la députée socialiste Emmy Freundlich incarcérée avec ses camarades de la S.P.Ö. Emmy contribua ultérieurement à l'élaboration des objectifs de paix aux États-Unis. Toutes ces femmes appartenaient, soit à la Ligue internationale des femmes pour la paix et la liberté (W.I.L.P.F.), soit au Conseil international des femmes (I.C.W.), parfois aux deux. La première permit notamment à ses amies Anita Augspurg et Lida Gustava Heymann [1] respectivement âgées de soixante-quinze et soixante-cinq ans d'animer, à partir de 1933, avec le concours de Gertrud Baer, élue coprésidente de la W.I.L.P.F., la section allemande du mouvement à Zurich où elles vécurent jusqu'à leur mort, à cinq mois d'intervalle, en 1943. Frida Perlen, la dynamique organisatrice des rencontres franco-allemandes des années 20, n'y resta que quelques semaines : malgré les mises en garde, elle voulut retourner auprès des siens à Stuttgart où elle

1. Le Sénat de Hambourg a donné le nom de Lida Gustava Heymann à une rue de sa ville natale. Aucune autre cité allemande ne semble s'être souvenue de ses amies pacifistes exilées alors que le foudre de guerre nationaliste Walter Flex a sa rue dans le quartier gouvernemental de Bonn.

mourut, en décembre 1933, dans des circonstances non éclaircies. Quant à Helene Stöcker, la pionnière du *Mutterschutz*, spoliée et déchue elle aussi de sa nationalité, elle juge préférable de ne pas rester dans le pays qu'elle avait jadis traité de « plus arriéré du monde » – concernant les droits des femmes évidemment. A soixante-dix ans, cardiaque, elle poursuivit sa route d'exilée par Londres, Stockholm, l'U.R.S.S., le Japon jusqu'aux États-Unis où elle parvint à la veille de la guerre et mourut en 1943, léguant à la Peace Collection du Swarthmore College le dernier témoignage d'une vie aussi riche que mouvementée.

Il y eut sans doute peu de membres aussi aveugles – du moins momentanément – que la Suédoise Selma Lagerlöf, prix Nobel de littérature, écrivant le 9 mars 1933, à la chancellerie du Reich : *Les temps difficiles suscitent les grands esprits. Il en est ainsi chez vous, Adolf Hitler est venu comme un envoyé de Dieu pour rassembler les plus nobles forces de votre grande nation en vue de l'objectif commun : le salut de la patrie opprimée. Rarement ou jamais, l'Histoire a connu une régénérescence nationale aussi puissante. Qu'elle abatte avec une force authentiquement germanique tout ce qui est vermoulu et ne laisse lever que le bon grain. Que Dieu protège l'Allemagne!*

Avec en post-scriptum : *La publication de ces lignes spontanées me tient à cœur.*

Le régime n'en était qu'au début de ses crimes. Avant d'écrire ses « lignes spontanées », la pacifiste suédoise aurait pu méditer sur ce que les médias rapportaient de la terreur que « l'envoyé de Dieu » et « les forces authentiquement germaniques » exerçaient contre ses adversaires. Son inconscience ne semble pas avoir persisté puisqu'elle aida sa consœur juive allemande Nelly Sachs à gagner la Suède. A moins que l'un n'ait pas empêché l'autre?

D'une manière générale, l'absence de toute réflexion approfondie sur le pacifisme et la non-violence conduisit les mouvements féminins scandinaves et anglo-saxons à maintenir l'orientation traditionnelle au sein de l'I.C.W. et de la W.I.L.P.E., contre l'avis de la branche française stimulée par la branche allemande en exil. De ce fait, la *responsabilité du monde civilisé dans le retour à la barbarie en Allemagne* qu'évoquera, en 1942, Emily Green-Balch devant le Congrès juif mondial est aussi la leur. Part minime, certes, en regard des atermoiements, des concessions, des complaisances des États, part réelle cependant comme le prouvent les archives des Affaires étrangères du IIIe Reich [1] et sans doute aussi d'autres, notamment

1. A. A. Bonn, dossier VM 42/4.

celles du ministère de la Propagande dont l'analyse dépassait le cadre de mes recherches.

Celles qui, de nos jours encore, refusent toute forme de pouvoir ou qui, à l'inverse s'imaginent qu'elles n'en ont aucun, devraient méditer l'importance que les maîtres du IIIe Reich accordèrent initialement à l'influence de l'*International Council of Women* et la marginalisation méprisante qui s'ensuivit lorsqu'ils constatèrent son incapacité à s'en servir contre leur politique. L'affaire débute le 9 décembre 1933, lorsque le secrétaire d'État von Bulow [1] attire l'attention de la chancellerie du Reich, de Rudolf Hess et du Dr Goebbels sur la part active de l'I.C.W. dans le formation de l'opinion, surtout en Grande-Bretagne et aux États-Unis, en matière de sécurité et de désarmement. La situation lui semble d'autant plus préoccupante que les seules Allemandes restées à sa direction depuis « l'autodissolution » du B.D.F. sont des « élues à titre personnel » émigrées ou hostiles au nouveau régime, dont elles dénigrent l'action avec le soutien actif de la branche française. Pour contrecarrer ce courant qui risque de gêner la diplomatie du Reich, von Bulow suggère qu'un contact confidentiel soit établi avec Lady Aberdeen, la présidente de l'I.C.W., en vue d'obtenir une intégration du *Deutsches Frauenwerk* qui remplacerait ainsi l'ancien B.D.F.

La suggestion est reprise en février 1934, à la suite d'un télégramme de l'ambassadeur Koester à Paris, demandant si sa femme peut accepter de figurer au comité d'honneur de la Conférence internationale de l'I.C.W. prévue en juillet dans la capitale française. L'accord est donné et les experts, réunis le 10 février à l'*Auswärtiges Amt*, confient à Martha Unger [2] le soin d'engager les négociations pour obtenir le remplacement des trois responsables allemandes par d'authentiques représentantes de l'Allemagne nouvelle et l'intégration du *Deutsches Frauenwerk*. Cette juriste de trente-deux ans – elle est née à Yokohama en 1903 – chargée depuis peu du secteur « Régions frontalières et Étranger » compte sur ses relations personnelles avec Lady Penton, la fille de Lady Aberdeen, pour être reçue en Grande-Bretagne par la présidente de l'I.C.W.

Retardée, en raison du décès de Lord Aberdeen, la fin de non-recevoir que l'*old Lady* écossaise envoie le 5 mai 1934 ne manque

1. A. A. Bonn, dossier VM 42/4.

2. Le « dossier personnel » existant au Documenter Center de Berlin semble avoir été expurgé des principaux documents, dont l'obligatoire biographie. Des pièces restantes, il ressort son appartenance depuis 1933 à la N.S.D.A.P., ses fonctions à la *Reichsfrauenführung* et dans les services d'Himmler, et fort curieusement, sa domiciliation à l'ambassade du Reich à Paris, attestée par la direction de la N.S.D.A.P. en janvier 1938 et le 14 avril 1945.

ni de fermeté ni d'humour. Tout en appréciant la volonté du gouvernement allemand et le désir qu'a sa représentante de se rendre auprès d'elle, la démarche lui paraît sans objet : *Je dois vous dire franchement qu'il semble tout à fait inutile que vous engagiez les frais d'un tel voyage puisque l'injonction de votre organisation à ne pas voir figurer à la réunion de notre Conseil à Paris Madame le Dr Alice Salomon ainsi que Frau Emmy Beckmann et Frau Blank fait apparaître l'impossibilité d'une affiliation avec nous. Ces trois femmes ont été élues non pas parce qu'elles étaient allemandes, mais parce que l'I.C.W. les considère comme les plus qualifiées aux fonctions pour lesquelles elles ont été choisies. Alice Salomon, en particulier*[1], *qui assume des responsabilités depuis 1909, d'abord comme secrétaire correspondante, puis comme vice-présidente a été élue et réélue pour sa compétence, son expérience du travail social et non parce qu'elle est allemande. Dans le respect de nos statuts, nous ne connaissons ni foi, ni race, ni classe. Dans ces conditions, votre voyage en Angleterre serait réellement une perte de temps et d'argent. Je ne peux que répéter de façon tout à fait définitive qu'à l'I.C.W., tous les pays, toutes les races, toutes les croyances et toutes les classes sont sur un pied d'égalité.*

Après cette réponse jugée « abrupte », le premier réflexe des experts est d'en rester là. Craignant cependant de voir adopter à la conférence de Paris des résolutions hostiles au Reich, qui empêcheraient toute adhésion ultérieure du *Deutsches Frauenwerk*, ils demandent à Martha Unger de rédiger une nouvelle lettre en trois points : 1. Regrets que la discussion n'ait pas eu lieu de *femme à femme* (!); 2. Contestation de la représentativité des trois élues allemandes; 3. Espoir que la conférence de Paris ne fermerait pas les portes à une discussion ultérieure. Alors que l'*Auswärtiges Amt* ne semble avoir accordé aucune attention au Congrès international des femmes contre la guerre et le fascisme qui doit se dérouler presque au même moment dans la capitale française[2], laissant vraisemblablement aux agents de la Gestapo le soin d'espionner un mouvement trop proche des partis communistes pour peser sur l'opinion occidentale, les services de la Wilhelmstrasse multiplient les initiatives à l'approche de la conférence de l'I.C.W. Les informations sur cette affaire sont

1. On se souvient (*cf.* chap. I) qu'Alice Salomon avait, entre 1919 et 1924, préféré quitter le B.D.F. plutôt que d'accepter comme celui-ci la rupture des relations avec l'I.C.W.

2. Dans les archives de l'*Auswärtiges Amt*, je n'ai trouvé qu'une brève lettre d'information à ce sujet du comte von Welczek, alors en poste à Madrid, datée du 15 mai 1934.

communiquées aux ambassadeurs en poste à Londres et à Paris. De plus, ce dernier reçoit des instructions précises. Une note du 28 mai l'avise que Frau Koester ne doit pas se retirer du comité d'honneur de la Conférence afin d'éviter toute aggravation des relations, probablement aussi – comme le suggère une note antérieure – afin d'utiliser ce contact qui peut permettre d'endiguer *des réactions défavorables.* L'*Auswärtiges Amt* estime néanmoins que *dans ces conditions, une participation des membres et des dames de l'ambassade allemande aux séances de la Conférence n'est pas possible. L'ambassadeur est prié cependant de fournir un rapport détaillé sur son déroulement.*

Ces précautions semblent encore insuffisantes. Huit jours avant l'ouverture de la conférence, les services de la Wilhelmstrasse jugent nécessaire de convoquer Elisabeth Lüders. L'entretien porte sur l'interdiction qui lui est signifiée de se rendre à Paris et son appréciation de la situation. L'ancienne responsable internationale du B.D.F. indique qu'elle n'avait pas eu l'intention de participer à la conférence sauf si elle en avait reçu l'ordre officiel, que le *Deutsches Frauenwerk* ne pouvait pas espérer son intégration à l'I.C.W. en raison de la clause raciale de ses statuts, que l'absence de toute représentation allemande lui semble d'autant plus dommageable aux intérêts du Reich que la Conférence allait renouveler la présidence de l'I.C.W. L'auteur de la note du 25 juin ajoute que la remarque de son interlocutrice *vaut particulièrement en un moment où certains milieux ne se contentent pas d'engager une campagne de boycottage économique contre l'Allemagne mais travaillent aussi à l'isoler intellectuellement et moralement.*

En lisant les onze coupures du *Journal des Débats* transmises par l'ambassadeur Koester, les responsables allemands comprennent l'inanité de leurs craintes. Conférence brillante, avec réception des 600 déléguées de 40 nations au Ritz par Mmes Avril de Sainte-Croix, Pichon-Landry du Conseil national des femmes françaises, discours de bienvenue de la comtesse « Jean » de Pange et de la princesse Cantacuzène – qui invitera, en décembre 1938, la *Reichfrauenführerin* en Roumanie [1]. Hommage en Sorbonne, en présence du ministre de l'Éducation nationale à Marie Curie, membre de l'I.C.W. et du Conseil des femmes polonaises, décédée le 5 juillet. Soirée à l'Opéra,

1. A. A. Bonn – *Dienstelle Ribbentrop 26/1, Deutsches Frauenwerk.* La note de Martha Unger sur ce projet préparé par Calliope Dimescu, « chef » des Femmes roumaines, ne précise pas s'il fut réalisé. La *Reichsfrauenführerin* – en tournée dans les Sudètes – avait proposé de la déléguer à sa place. A. A. Bonn, VM 42/4, lettres des 5 et 31 mars 1935.

vernissage d'une exposition internationale des femmes artistes, visites à la cité universitaire et au bâtonnier de Paris. Conférence studieuse. On entend Marguerite Thibert du B.I.T., Marie Hoheisen et l'Américaine Madison Philipps sur les problèmes du travail féminin. Me Maria Vérone, Lady Simon et Marcel Griaule évoquent la condition des Africaines – on parle déjà d'excision et d'infibulation – et de leurs enfants. On parle aussi de la presse et de la paix. La politique du IIIe Reich ne semble pas avoir été abordée ni dans les manifestations publiques ni dans les résolutions ni au banquet d'adieu, qui propose la candidature de Janet Adam Miller au prix Nobel de la paix. La conférence s'achève : l'I.C.W. a prouvé que sa représentativité ne risquait pas de gêner la diplomatie hitlérienne. En mars 1935, lorsque Agnes von Zahn-Harnack, l'ancienne présidente du B.D.F., signale à l'*Auswärtiges Amt* que l'abonnement au *Bulletin d'information de l'I.C.W.* risque d'être arrêté si personne ne le paie, il lui est répondu sèchement que cela ne présente aucun intérêt [1].

La W.I.L.P.F. adopta par la suite, grâce à l'action de Gabrielle Duchêne et des Allemandes exilées – toujours combattues par les Scandinaves et les Anglo-Saxonnes –, le principe d'une coopération aux actions contre la guerre et le fascisme. En septembre 1935, elle lança un appel aux non-Juifs d'Europe – que publia notamment le *Manchester Guardian* en faveur des victimes de la législation raciale de Nuremberg. En 1936, le mouvement entreprit des démarches auprès de la S.D.N. pour un débat urgent sur le désarmement. Les vieilles divisions resurgirent lorsque les coprésidentes Gertrud Baer et Clara Ragaz ajoutèrent à la demande de retrait des troupes allemandes de Rhénanie celle de sanctions économiques contre le Reich.

Un sursaut général ne viendra qu'en 1938 avec la condamnation de l'Anschluss puis de *la honteuse paix de Munich.* Les Britanniques organisent alors l'accueil des victimes de la « Nuit de Cristal » et de Tchécoslovaquie, du moins celles que leur gouvernement laisse entrer dans le pays, les Scandinaves envoient des secours matériels, les Américaines pressent le président Roosevelt d'élargir les quotas d'immigration en faveur des réfugiés. Tout cela relève du combat d'arrière-garde. La véritable bataille – en l'occurrence, le terme s'appliquait aussi aux pacifistes – s'était jouée et avait été perdue en juillet 1934.

Des recherches ultérieures permettront sans doute d'établir s'il y eut encore des relations officielles entre l'I.C.W., la W.L.P.F. et le Reich après la déclaration méprisante de l'*Auswärtiges Amt* en mars

1. A. A. Bonn, VM 42/4, lettres des 5 et 31 mars 1935.

1935. Les documents concernant les relations féminines internationales trouvés aux archives des Affaires étrangères ne reprennent qu'à l'ère Ribbentrop, c'est-à-dire en 1938. Tous reflètent la nouvelle orientation de la diplomatie allemande en matière d'échanges culturels : une diversification tous azimuts destinée à masquer les véritables objectifs de la politique hitlérienne. Une seule lettre de Martha Unger, adressée au Centre allemand des Congrès du ministère Goebbels en janvier 1939, mentionne *l'interruption par la* Reichsfrauenführung *des relations avec les grandes associations féminines internationales à cause de leur nature politiquement insoutenable*[1] *(politisch untragbar).*

Disposant depuis 1938 d'une équipe de douze assistantes responsables chacune d'un secteur géographique déterminé – y compris les « colonies » –, la responsable féminine pour les Régions frontalières et l'Étranger coopère avec les ministères concernés à l'organisation des rencontres internationales, d'échanges de délégations, de visites de personnalités. A l'extérieur, cette activité permet d'endormir l'opinion internationale. Si on laisse – pour rassurer les milieux conservateurs – une Gertrud Bäumer publier *Die Frau,* toujours considérée comme l'ultime survivance du B.D.F. alors qu'elle est sous le contrôle du ministère de la Propagande comme toutes les autres publications conservatrices, on diffuse aussi l'information par les divers canaux officiels et les organisations étrangères favorables à l'Allemagne nouvelle. Quand cela paraît nécessaire, comme par exemple aux congrès de l'Union mondiale des ménagères rurales, à Washington en 1936, à Londres en 1939, on insère dans la délégation allemande quelques conservatrices comme la comtesse Margarete von Keyserling ou Frau D[r] von Roemer. Les contacts établis durant les congrès permettent, comme en témoignent les rapports, d'enregistrer les réactions positives et négatives des délégations des divers pays comme de leurs membres, ce qui permet d'inviter ensuite les sympathisantes. A cet effet, Martha Unger a fait établir une liste des réalisations du régime à montrer aux visiteuses étrangères : Maison de la *Reichsfrauenführung,* Écoles nationales des mères, Écoles de formation des cadres, camps du Service du travail féminin, écoles, institutions sociales, entreprises modèles et même la prison de femmes de la Barnimstrasse. A titre d'exemple – il y en a beaucoup – Martha Unger note l'attitude réservée de la sous-secrétaire d'État Eliane Brault lors de sa visite à Berlin, en mars 1938, alors que ses comptes rendus dans le *Petit Journal* de son premier séjour en 1935 étaient *absolument*

1. A. A. Bonn, *Dienstelle Ribbentrop* 26/1, lettre à la *Deutsche Kongress Zentrale Berlin* du 24-1-1939.

irréprochables (*durchaus einwandfrei*). Qu'elles soient sportives comme les jeux Olympiques de 1936, sociales comme les invitations de spécialistes américaines du Wisconsin envoyées par Miss Madison Philipps de l'I.C.W., d'information comme les visites de journalistes, d'associations, de personnalités féminines, toutes ces rencontres – que les médias allemands répercutent largement – donnent aussi à la majorité de la population du Reich le sentiment que le régime a restauré l'autorité et le prestige international de l'Allemagne détruits par la défaite et le « système » de Weimar. Sentiment qui pousse même des victimes, comme les Klepper, à partager, jusqu'à leur suicide, en décembre 1942, la *ferveur nationale,* incitant les morts en sursis à creuser leur propre tombe. J'ai relaté [1] à l'intention des Allemands d'aujourd'hui les dix années d'illusions de Hanni Gerstel-Klepper, de sa fille cadette Reni Stein et de son second mari, l'écrivain luthérien Jochen Klepper dont le *Journal,* partiellement publié, la correspondance et le *Journal de guerre* révèlent jour après jour les effets de l'intoxication qui permit au régime de consolider, sans résistance notable, son assise politique et économique avant de rompre les digues ultimes de la respectabilité, étouffant dans le fracas de la guerre les appels au secours des victimes du Reich et de tous les pays conquis par ses armées.

L'ultime engrenage

Au-delà du débat sur les responsabilités dans la « résistible ascension » du national-socialisme jusqu'à la guerre et des crimes qui s'ensuivirent, tout être humain devrait s'interroger sur les effets d'une civilisation dont les camps d'extermination ne sont pas une simple excroissance. Cette interrogation concerne au premier chef les minorités existentielles – les femmes en font partie jusqu'à nos jours – qui constituent en fait la majorité du genre humain. En dépit de leur marginalisation, ces minorités contribuent le plus souvent, par leur passivité ou leur docilité, à prolonger un ordre social exclusivement fondé sur les rapports de force. Or, même à l'intérieur de ces minorités, les femmes restent généralement dépendantes des priorités masculines. Leur absence d'autonomie explique leur inexpérience

1. *Cf.* Jochen KLEPPER, *Unter des Schatten deiner Flügel,* Stuttgart, 1956, *Uberwindung,* Stuttgart, 1958, ainsi que R. THALMANN, *J. Klepper, Ein Leben zwischen Idyllen u. katastrophen,* Munich, 1978.

d'une réalité qu'elles ne perçoivent la plupart du temps qu'indirectement, à travers un père, un mari, un supérieur, des structures économiques qui leur sont étrangères.

Cette dépendance s'est avérée particulièrement lourde de conséquences dans un univers aussi brutalement « viril » que le IIIe Reich qui, nous le savons, n'a pas disparu avec lui. Or, sans vouloir le moins du monde confondre les victimes et leurs bourreaux, force est de constater qu'à l'intérieur de cet univers – hormis quelques exceptions notables – la majorité des femmes ont continué à jouer, avec plus ou moins de zèle, leur rôle traditionnel d'auxiliaire ou de servante.

En abordant cet aspect particulièrement douloureux de notre histoire récente, j'ai conscience de heurter des convictions sincères, d'enfreindre les tabous encore attachés à l'évocation des persécutions et du génocide nationaux-socialistes. J'ai eu trop de proches atteints, dont ma mère et mon père tués l'une dans la France occupée, l'autre dénoncé par des Français à ceux qui l'envoyèrent dans les chambres à gaz, pour sous-estimer la nécessité de s'opposer activement à toute banalisation d'une expression quelconque du fascisme. Pour être efficace, cette opposition ne peut se contenter de dénoncer le mal, de combattre ses instigateurs et ses complices. Elle doit aussi, certains l'ont compris, étudier ses causes et ses racines. Ma responsabilité de survivante, l'expérience que j'ai vécue m'ont conduite depuis plus de trente ans à l'étude de la civilisation allemande qui comporte – comme toutes les autres – des aspects positifs et des aspects négatifs. Parmi ces derniers qui ont prévalu bien avant l'arrivée d'Hitler au pouvoir, j'ai été frappée très tôt, sans doute parce que j'ai été la disciple d'Edmond Vermeil et, davantage encore, de Robert Minder, par le poids d'un ordre patriarcal né du luthéranisme prussien qui a imprégné depuis plus de trois siècles la majorité de la population allemande et l'imprègne encore partiellement de nos jours. J'ai tenté d'analyser dans mes travaux antérieurs le conformisme social, la rigidité psychique et intellectuelle, l'absence d'esprit critique qui en résultent. Ces traits – il me paraît utile d'y insister – ne sont pas l'apanage d'un seul peuple : le luthéranisme prussien leur a seulement conféré un développement particulier.

Ce qui est plus frappant encore – la préparation de ce livre m'en a apporté des preuves supplémentaires –, c'est à quel point les minorités existentielles se sont identifiées à une tradition qui les excluait. On sait

1. Notamment dans ma thèse sur « Protestantisme et nationalisme en Allemagne de 1900 à 1945 », Paris 1976, dans la biographie de Klepper, *La Nuit de Cristal* déjà mentionnés et dans une étude sur le judaïsme allemand durant l'ère libérale in *Revue d'Ethno-Psychologie*, Le Havre, décembre 1973.

aujourd'hui que bien des Juifs allemands refusèrent ou hésitèrent à abandonner une patrie, une culture qu'ils étaient les seuls à croire leur. Le cas de Hanni Klepper illustre de manière tragique mais nullement exceptionnelle les effets de cette identification. Son second mari l'a accompagnée, comme je l'ai déjà mentionné, avec sa fille dans la mort plutôt que de les abandonner à une déportation solitaire. Acte de solidarité au sens le plus profond du terme qui prend tout son sens quand on sait que l'écrivain aurait été sans ce lien compromettant – *belastende Bindung* dans la terminologie de l'époque – l'un des écrivains les plus en vue. *Jochen aurait pu devenir le Goethe du III*^e^ *Reich,* me déclare avec l'humour non conformiste qui était le sien son frère Erhard pendant l'un de mes séjours de travail à la biographie préparée durant six étés dans la villa que les Klepper s'étaient fait construire à la veille de la guerre.

Boutade assez juste : son roman historique *Le Père,* titre significatif pour une évocation du Roi-sergent Frédéric-Guillaume Ier de Prusse, lui avait valu, dès sa parution en 1937, l'hommage des plus hautes instances de l'Église, de l'État et de la Wehrmacht. Hitler avait coutume de l'offrir à des visiteurs, le ministre de l'Intérieur Wilhelm Frick avait assuré l'auteur de sa sympathie. De là à penser, comme le pense toujours sa sœur, qu'il s'est sacrifié paraît pour le moins contestable. Lorsque, bravant l'hostilité de presque toute sa famille, l'ancien étudiant en théologie de vingt-huit ans avait épousé, en mars 1931, Hanni Stein, veuve juive de treize ans son aînée, mère de deux enfants, il avait ressenti cette union comme *un sauvetage psychique.* Huit ans après, à l'issue d'une conversation avec sa condisciple Käte Staritz, il confirme son sentiment : *Si Hanni n'était pas venue, j'aurais sombré dans la folie.* Déjà, en 1930, Hanni et Jochen avaient pris conscience de la crise politique et économique : lui, « socialiste religieux », était en butte aux attaques de la presse d'extrême droite pour ses articles et ses causeries à la radio de Breslau, elle, notait dans son Journal les répercussions de la crise sur son entourage juif. J'ai trouvé dans ses papiers une coupure de journal dans laquelle Wilhelm Frick, alors ministre de Thuringe, explique pourquoi il a fait fermer la section expressionniste du musée, *art de la sous-humanité ostique et des autres races inférieures.* Un voyage d'étude aux ateliers des couturiers Patou et Lanvin à Paris leur avait fait percevoir la *très grande inquiétude des Français* à l'annonce des 107 sièges conquis par les nazis au Reichstag. Installé à Berlin lorsque ceux-ci prennent le pouvoir, Jochen note dans son Journal, le 19 février 1933 : *Nous savons que, dans des circonstances déterminées, nous nous retrouvons encore une fois devant l'effondrement de toutes nos possibilités d'existence.* Or, quand une amie de Hanni leur propose de s'installer dans une villa qu'elle possède près de Toulon, l'écrivain s'insurge contre *la psychose de l'émigration. Le peuple,* notera-t-il après avoir signé l'engagement de loyauté envers le nouvel État pour être admis à la Chambre des écrivains du Reich, *dont j'écris la langue, fait partie, comme on dit, à la vie à la mort de mon être et de mon existence. Même lorsqu'il prend dans une grande cohésion des voies qu'on ne peut pas emprunter.* Ce sentiment, il va le faire partager à Hanni dans un repli volontaire sur ce qu'il appelle *l'idylle tragique* que Robert Minder a qualifiée de *confusion provocante du rempart de l'âme avec le foyer bourgeois dans lequel on s'enferme avec sa Sulamite en se confiant aveuglément à la « bonté » de son peuple alors que le mot mort est inscrit au-dessus de sa seule issue* [1].

En 1938, Brigitte, l'aînée des filles, décide d'émigrer seule en Grande-Bretagne où elle vit toujours. La guerre les isole. Dès novembre 1939, ils apprennent par le syndic de la communauté juive et leur ami, Harald Poelchau, l'aumônier de la prison de Plötzensee, les préparatifs de transfert des Juifs du Reich à Lublin. En février 1940 leur parviennent des témoignages précis sur les « déportations » – le terme est déjà employé par leurs correspondants, les autorités parlent « d'évacuation » – des Juifs de Prusse-Orientale. Ils se décident à l'émigration de Reni, la fille cadette. Mais les démarches piétinent malgré sa conversion au protestantisme [2]. Quelques mois plus tard, elle est astreinte au travail forcé dans les entreprises Siemens – elle rencontrera l'épouse du propriétaire au cours d'une réception à laquelle son beau-père l'a emmenée afin qu'elle voie une fois au moins « le grand monde ». Malgré tout, l'écrivain veut servir la patrie de Frédéric-Guillaume Ier. Note du 16 octobre 1940 : *Hanni éprouve plus douloureusement que je l'imaginais le fait que je devienne soldat. Mais elle comprend que je veuille devenir soldat en dépit de mes faibles aptitudes et de tous les aspects négatifs que nous connaissons. Un homme doit avoir vécu cette expérience.* Sous l'uniforme de *la magnifique Wehrmacht* il parcourt la Pologne, l'Autriche, la Roumanie, la Bulgarie, participe à l'invasion de l'U.R.S.S. pendant que Hanni, seule avec sa fille, vit dans l'angoisse permanente que trahissent les lettre pleines de tendresse attentive qu'elle adresse à son mari. Où sont les brillants amis, les charmants

1. Robert MINDER, *Kultur u. Literatur in Deutschland,* 1re éd., 1962, éd. ult. poche, Francfort-sur-le-Main, 1977, p. 67.

2. Le pasteur Grüber, fondateur du Bureau d'aide protestant aux chrétiens d'origine juive, action qui lui valut, comme à sa collaboratrice Käthe Staritz, le camp de concentration – il survécut à Dachau – m'a expliqué après la guerre que ses correspondants à l'étranger n'acceptaient d'accueillir que des Juifs convertis.

voisins, les nombreux admirateurs qui assiégeaient il y a peu encore leur villa de Nikolassee?

A l'automne 1941, Jochen Klepper est renvoyé de l'armée : *indigne de servir (wehrunwürdig)* à cause de sa femme d'origine juive. *L'idylle tragique* devient alors selon l'expression de l'écrivain, *l'anneau de l'effroi* qui se resserre progressivement autour d'eux. L'idée du suicide, déjà évoquée en 1933, reparaît après l'annonce de la fin de l'acteur Joachim Gottschalk avec sa femme et leur fils de dix ans, qui étaient dans la même situation qu'eux. Trude Weil, une vieille amie devenue cuisinière dans un hospice juif, vient régulièrement s'adonner à son ultime plaisir : le piano. Un jour, elle ne vient plus : c'était son tour de déportation. Par ses collègues juives chez Siemens, Reni entend parler de suicides par familles entières devant la déportation imminente. Dans leur propre détresse, les Klepper veulent encore aider la célèbre sculpteuse Käthe Kollwitz privée de ressources à soixante-quinze ans et presque paralysée. L'écrivain obtient une « lettre de protection » pour sa femme et Reni du ministre de l'Intérieur qui le reçoit mais qui ne lui cache pas les limites de son pouvoir. *Ces mesures sont dictées par le souhait exprès du Führer.* Grâce à ses relations, il rencontre à deux reprises l'historien suisse Carl J. Burckhardt, futur président de la Croix-Rouge, en mission dans le Reich au sujet des prisonniers de guerre. Entretiens courtois sans le moindre résultat au célèbre hôtel Adlon de Berlin. Démarches aussi vaines auprès de l'ambassadeur d'Uruguay. Lorsque la Suède accorde finalement un visa, le 5 décembre 1942, il est trop tard. Toute sortie de « suspects » du Reich dépend désormais du seul Adolf Eichmann. Le *Journal* de Klepper relate les ultimes entrevues avec lui les 9 et 10 décembre 1942. Relation qui figura parmi les pièces à conviction au procès de Jérusalem.

Et c'est le dernier message du jeudi 10 décembre 1942 : *Cet après-midi, les négociations au Service de sécurité. Nous allons mourir maintenant – cela aussi appartient à Dieu. Cette nuit nous irons ensemble à la mort. En ces dernières heures, au-dessus de nous, l'image du Christ bénissant qui lutte pour nous. Notre vie s'achève en sa présence.*

Hanni avait confié son sort à Jochen. Reni s'en était remise à ses « protecteurs naturels ». Ceux-ci voulaient se fier à l'autorité établie *(Obrigkeit).* En désespoir de cause, ils confièrent leur sort à Dieu.

Ces rapports de dépendance n'avaient, on l'a vu, rien de fatal. Tragique dans les cas individuels comme celui des Klepper, l'absence d'autonomie l'était encore davantage dans le monde clos des ghettos et des camps. Les témoignages des survivants permettent d'entrevoir les relations complexes qui ont existé entre la hiérarchie des bourreaux et celle des victimes. Aspects longtemps tabous comme l'administration [1] interne des ghettos *(Judenrat)* avec sa police, ses représentants de groupes ethniques, politiques, culturels. Hiérarchie aussi des concentrationnaires avec ses marginaux : Témoins de Jéhovah, Tziganes, artistes, homosexuels [2] dont le statut mériterait d'être aussi sérieusement étudié que celui des « cobayes humains [3] ». Concernant les femmes, je voudrais m'en tenir essentiellement au modèle le plus caractéristique de leur enfermement qu'était le camp de Ravensbrück. Pourquoi ?

Avant d'arrêter ce choix, j'ai lu ou relu des études, récits, témoignages sur leurs divers lieux de détention. D'emblée, j'ai exclu les camps d'extermination des territoires de l'Est bien que des persécutées raciales d'Allemagne et d'Autriche y aient péri en grand nombre. Outre les raisons déjà mentionnées, il m'a semblé que leur destin, bien qu'il présente de nombreux points communs avec celui des autres réprouvées du Reich, ne peut, dans sa portée, être confondu avec le leur. On regrettera d'autant plus que les ouvrages consacrés à la « Solution finale » ne leur aient accordé qu'une place infime et l'on peut espérer que les nouvelles générations auront à cœur de rendre au moins un visage aux plus réprouvées d'entre les réprouvées.

Restaient alors les prisons et les camps de « haute répression » à l'intérieur du Reich. A l'exception de la Barnimstrasse à Berlin et du centre de Cottbus [4], le seul à être dirigé par une « conseillère du gouvernement » *(Regierungsrätin)*, où ont été exécutées notamment certaines « Nuit et Brouillard » durant les dernières années de la guerre, la plupart étaient des lieux de détention mixtes où le pourcentage des détenues variait entre 10 et 40 pour 100. Ainsi, la prison-camp de la Gestapo à Hambourg-Fuhlsbüttel [5] avait une section féminine qui accueillit de nombreuses « politiques ». Käte Leipelt, la mère d'un des étudiants exécutés de la Rose blanche, détenue à titre d'otage, s'y donna la mort. Ce fut aussi la dernière étape des résistantes françaises [6], Susanne Masson, Berthie Albrecht, l'amie de la suffragette anglaise Sylvia Pankhurst, cofondatrice avec

1. Les femmes y étaient secrétaires ou bibliothécaires documentalistes comme dans une administration « normale ».

2. Il existe quelques ouvrages à ce sujet, notamment : Hans Joachim DÖHRING, *Die Zigeuner im N.S. Staat*, Hambourg, 1965 ; Franz HEGER, *Le Triangle rose*, trad. fr., Paris, 1980, et Fania FÉNÉLON, *L'orchestre continue*, Paris, 1980 – histoire, par l'une de ses participantes, de l'orchestre féminin d'Auschwitz que dirigeait la violoniste Alma Rose, nièce de Gustav Mahler.

3. Dr Yves TERNON et Socrate HELMAN, *Les Médecins allemands et le national-socialisme*, Paris, 1973.

4. Erich KLAUSENER, *Frauen in Fesseln*, Berlin, 1962.

5. Gertrud MEYER, *Nacht über Hamburg*, Francfort-sur-le-Main, 1971.

6. *Les Femmes dans la Résistance*, Paris, 1977, p. 78-79.

Madeleine Braun du Comité des femmes contre la guerre et le fascisme. France Bloch-Sérazin – le cas rarissime mérite d'être signalé – y fut réconfortée dans son ultime épreuve par la directrice du quartier des femmes, qui appartenait déjà à l'administration pénitentiaire sous la république de Weimar. Lorsque France arriva, le 10 février 1943, Frau Sommer remarqua que son dossier ne comportait pas la fiche habituelle d'accompagnement, ce qui signifiait qu'il s'agissait d'une « Nuit et Brouillard » dont l'identité devait être effacée par-delà la mort. Elle fut bouleversée par le sort de cette intellectuelle de cinquante-deux ans qui avait été l'assistante de Marie Curie et devait affronter la mort loin des siens – son mari, syndicaliste, arrêté depuis 1939 fut retrouvé, assassiné par ses geôliers, près de Saint-Étienne en 1944. Durant la dernière journée du 12 février où elle avait été transférée dans une cellule de condamné à mort, avec deux gardiennes à l'intérieur et une sentinelle devant la porte, France, d'abord réticente, accepta qu'elle reste à ses côtés, lui faisant apporter le café qu'elle souhaitait, de quoi écrire, des albums illustrés de la France, des vues de Poitiers, la ville de son enfance, récitant à sa demande des vers de Goethe qui était avec Stendhal son auteur préféré. A neuf heures du soir, les cheveux relevés, une pèlerine recouvrant son buste dénudé, les mains attachées derrière le dos, déjà encadrée par le procureur et le directeur de la prison, France déposa un baiser d'adieu sur le front de cette Allemande dont l'élan avait brisé l'ordre carcéral, la haine de « race » et de classe, ne laissant subsister que la communion de deux femmes dans un ultime espace de liberté.

C'est dans la même prison et le camp tout proche de Neuengamme qui accueillit plus de 100 000 concentrationnaires dont 13 500 femmes – 12 500 déportées des territoires occupés de l'Est, 600 Belges et Hollandaises, 500 Françaises, 400 Allemandes – que furent encore pendus les 21 et 22 avril 1945, 58 hommes, 13 femmes, 20 garçons et filles de 5 à 12 ans, « cobayes humains » amenés d'Auschwitz dont on voulait effacer la trace. Parmi les 13 femmes, deux Soviétiques Sinaïda Strelzowa et Anna Jakuditsch, accusées de sabotage, Margarete Mrosek, membre de la Rose blanche, Erna Behling « l'infirmière rouge » du soulèvement ouvrier de 1923, mais aussi Marie Fiering et Margit Zink, arrêtées avec leurs maris communistes bien que ne partageant pas leur activité politique et exécutées comme eux. Les gardiens s'acharnèrent particulièrement sur la cadette, Erika Etter dont toute la famille – excepté sa mère – fut assassinée ainsi que sur Senta Dohme, épouse d'un importateur de café et l'actrice Hanna

1. Gertrud MEYER, *op. cit.*, p. 106.

Maertens – arrêtées toutes deux pour propos défaitistes –, éprouvant comme un défi leur rayonnement, leur esprit d'indépendance. *Ces femmes,* raconte la survivante Ellen Katzenstein, *ne soupçonnaient pas ce qui les attendait. Comme il n'y avait aucune procédure judiciaire en cours contre elles, elles supposaient qu'elles allaient être libérées après un court séjour à la « prison des baraques ». Toutes ressentaient une excitation joyeuse. Elles se montraient les photographies des maris, des enfants – Erika ne savait pas que son mari avait déjà été exécuté. Elles essayaient d'arranger un peu leurs vêtements. Erika la plus jeune portait des chaussettes blanches. Elles remettaient de l'ordre dans leur coiffure et se prêtaient le rouge à lèvres de celles qui en possédaient encore un*[1].

Contraintes de se dévêtir complètement, elles furent pendues en deux groupes de six. La plus jeune, Erika, dut attendre qu'un crochet se libérât. Après une révolte des hommes que les S.S. matèrent à coups de grenade explosive, ils retrouvèrent la jeune femme qui respirait encore sous les décombres et l'achevèrent avec un bloc de pierre. Si j'évoque ici ce paroxysme de violence alors que je me suis efforcée d'éviter leur énumération, c'est parce que je voudrais inciter à un jugement moins sommaire, non pas sur les actes mais sur les racines de la violence. Violence illustrée de nos jours notamment par certains groupes de jeunes révoltés où l'on trouve, comme dans le groupe Baader-Meinhof – Ensslin, ou les Brigades rouges, jusqu'à 60 pour 100 de jeunes femmes de la bourgeoisie cultivée.

Par rapport à ces lieux de répression majeure et d'autres, comme les camps de Mauthausen et Bergen-Belsen, Ravensbrück présente trois particularités :

– son installation comme Buchenwald et Sachsenhausen, dès avant la guerre au cœur de l'Allemagne;

– sa destination exclusivement féminine, même s'il y eut par la suite une petite annexe masculine, avec des détenues correspondant à l'ensemble des catégories prévues par la nomenclature nazie, à l'exception des « triangles roses » puisque l'homosexualité féminine ne constituait pas un délit;

– la diversité et l'étendue du système répressif dont l'évolution durant les six années de son fonctionnement présente toute la gamme des moyens utilisés contre les adversaires et les persécutés du régime.

Le camp fut construit en cinq mois, à partir de décembre 1938,

1. Gertrud MEYER, *op. cit.*, p. 106. Le camp de Neuengamme était appelé « prison des baraques » par rapport au Centre de détention de Hambourg-Fuhlsbüttel construit en dur.

par 500 concentrationnaires amenés de Sachsenhausen dont certains restèrent dans une annexe pour l'entretien des lieux. Comme pour la plupart des camps, trois facteurs avaient dicté le choix de l'emplacement : disposer d'un terrain suffisamment vaste, proche mais naturellement isolé d'une localité, disposant également d'une bonne communication ferroviaire pour les convois. Avec ses 800 habitants, le village de Ravensbrück n'était qu'à un kilomètre de la gare de Furstenberg, sur la ligne de Berlin-Neustrelitz. Le site du camp en était séparé par le lac de Schwedt à l'est, une forêt au nord, la Havel au sud, une muraille de pierre pourvue de barbelés électrifiés tout autour. C'est là qu'arrivèrent, le 18 mai 1939, les 860 Allemandes et 7 Autrichiennes transférées, avec la direction et le personnel, du camp-forteresse de Lichtenburg. Jusqu'à son affectation, en août 1942, au camp de Lublin, le *Hauptsturmführer* S.S. Max Koegel, qui avait « fait son apprentissage » comme adjoint au commandant de Dachau, mit en place une organisation qui correspondait exactement à celle des camps masculins. Les cinq secteurs de direction : commandement du camp, détention préventive, section politique, administration, infirmerie, incombaient selon les principes de « l'ordre masculin » à des gradés S.S. Durant l'ère Koegel, ils étaient assistés de 250 à 500 sous-chefs, techniciens et gardiens S.S.

Avec l'arrivée, à l'automne 1942, du *Hauptsturmführer* Fritz Suhren, précédemment commandant adjoint du camp de Sachsenhausen, l'extension numérique et géographique du camp, qui correspondait au nouvel objectif de production intensive de matériel de guerre, provoque un doublement des effectifs S.S. Transformation qui se répercute aussi sur le recrutement du personnel féminin de surveillance. Sur le noyau initial, recruté par annonces demandant des Aryennes de 21 à 45 ans en bonne santé, avec un casier judiciaire vierge, sans qualification particulière pour un *camp d'asociales* (le terme allemand *verwahrloste Frauen* implique la déchéance physique et morale), viennent se greffer un contingent d'Allemandes envoyées de force après s'être soustraites à plusieurs reprises au « service de guerre » et des ouvrières d'usines d'armement recrutées directement par les S.S. qui leur font miroiter les conditions de travail moins pénibles dans *les camps de rééducation.* Ce triple mode de recrutement explique la diversité des origines sociales et des professions antérieures. Les ouvrières voisinent avec des gardiennes de prison, des paysannes avec des institutrices et des veuves d'officier, des coiffeuses avec des écuyères de cirque et des chanteuses d'opéra. La diversité semble avoir provoqué d'abord une certaine anarchie que l'on peut déceler dans le règlement édicté à leur intention par le commandant du camp [1]. Les tenues de service (uniforme gris de drap en hiver, de toile en été, bottes de mouton noir ou chaussures basses, chemisier blanc, calot de service ou chapeau de sortie) ne devaient plus être mélangées avec des vêtements civils. *Il n'est pas rare,* commente le règlement, *que des robes de soie soient portées avec des bottes de service, des vêtements de ville avec la musette. A l'avenir la tenue de sortie sera soit réglementaire avec chaussures basses, chemisier blanc et chapeau, soit entièrement civile. Toute contrevenante sera signalée par l'*Oberaufseherin.

L'accès aux ères industrielles et techniques leur est interdit sauf autorisation expresse. Interdiction absolue d'accepter des cadeaux des détenues, d'expédier leur courrier, de converser avec elles ou toute autre personne étrangère aux nécessités du service. Interdiction aussi de chanter ou de siffler, de s'éloigner d'un kommando, fût-ce *pour cueillir des fleurs ou des baies,* de porter un sac personnel, de se défaire du calot ou du pistolet pendant les surveillances. Les entrées et les sorties des kommandos doivent être effectuées selon le dispositif réglementaire, qui prévoit aussi les absences aux toilettes. Les chiens mis à leur disposition doivent être traités sévèrement mais sans rigueur excessive, tout comme les détenues. L'engagement signé par les postulantes stipulait qu'il ne leur appartenait pas d'infliger des châtiments corporels de leur propre autorité.

La reprise en main s'accompagna aussi d'une formation idéologique hebdomadaire. A partir de cette époque, Ravensbrück devint le centre de stage obligatoire pour les auxiliaires S.S. des camps. Le groupe initialement hétérogène devint un corps d'environ 3 500 membres, modelé par l'esprit et la discipline de ses maîtres. Outre les cas fréquents de dépassement des sorties quotidiennes au-delà de 24 heures ou des congés dominicaux et spéciaux, des rapports concernant *les relations amoureuses* avec des S.S. ou des ouvriers allemands donnent lieu à des sanctions allant jusqu'à la mutation. Même une *Oberaufseherin,* Ilse Schmidt, fait l'objet d'un ordre de mutation après une dénonciation de sa liaison avec un contremaître de l'atelier qu'elle surveille. Six surveillantes aux usines de Chemnitz se plaignent au commandant de ne pas disposer du temps nécessaire pour rentrer chez elles prendre un bain et laver leur linge. *On ne peut pas demander aux femmes que nous sommes de passer notre temps libre à Chemnitz où les conditions d'hébergement nous donnent l'impression d'être nous-mêmes des détenues* [2].

1. BA. Coblence, NS 4 RA/Vorl. 1 fol 1-25-*Kommandanturbefehl* Nr. 3 du 24.7.1942.
2. BA. Coblence, NS 4 Fl/la requête du 12 novembre 1944.

Toutes ces santions relèvent du chef du kommando ou du camp. Je n'ai trouvé que deux cas relevant d'une juridiction S.S. supérieure. Celui de six surveillantes, anciennes « droits communs » et prostituées allemandes mises à mort par injection, à l'automne 1942, après le massacre, dans des circonstances non éclaircies, de quatre-vingt-dix détenues d'un kommando de Birkenau, l'inculpation et l'incarcération, en août 1943, pour détournement de biens d'une valeur de 70 000 marks, d'Ilse Köhler-Koch, la femme du commandant de Buchenwald. Ces « châtiments exemplaires » ont permis, en fait, de masquer des délits et crimes de leurs instigateurs S.S.

Hormis de rares gradées comme l'*Oberaufseherin* Maria Mandel, affectée en octobre 1942, après six mois dans ce poste à Ravensbrück, comme *Lagerführerin* de la section féminine de Birkenau – elle fut jugée et exécutée à Cracovie le 22 décembre 1947 – et son adjointe Irma Greese [1], condamnée à mort au procès de Bergen-Belsen, ou la sadique Dorothea Binz, *Oberaufseherin* de Ravensbrück entre août 1943 et la libération du camp par les troupes soviétiques, ces femmes compensaient leur propre asservissement en s'acharnant sur celles qui étaient plus opprimées qu'elles. L'ethnologue résistante Germaine Tillion [2] observe qu'à leur arrivée au camp, certaines employaient encore les formules courantes de politesse envers les détenues qui mesuraient le temps d'acquisition de leurs « galons de brutalité » – variable d'une semaine à un mois. Accoutumance rapide et sans problème, semble-t-il, puisque je n'ai trouvé que deux cas de surveillantes, l'une mutée pour *incapacité à s'adresser à une détenue*, l'autre, partie de son propre gré.

La journaliste résistante Brigitte Friang, arrivée en mai 1944 avec le troisième convoi de Françaises, parti du fort de Romainville, raconte [3] qu'une surveillante lança son chien berger sur elle alors qu'elle sortait des toilettes où elle s'était rendue sans permission – le souci d'un minimum d'hygiène exigeait une persévérance à toute épreuve. Mais, dans un réflexe de défense, elle s'arrête, se protège la gorge de ses mains, concentre son regard sur l'animal prêt à bondir. Celui-ci s'arrête à cinq pas, fléchit sur l'arrière-train, se couche. Sa maîtresse arrive en hurlant, brandissant un ceinturon pour cingler la bête et l'inciter à foncer sur l'adversaire. Le chien refuse, ce qui lui laisse le temps de s'éclipser. Une Polonaise moins avisée sera égorgée dans des conditions analogues.

---

1. Roger MANWELL et Heinrich FRAENKEL ont décrit – vers. fr. : *Le Crime absolu*, Paris, 1967, p. 98-102 – la personnalité singulière de cette fille de vingt et un ans.
2. Germaine TILLION, *Ravensbrück*, Paris, 1973.
3. Brigitte FRIANG, *Regarde-toi qui meurs*, Paris, 1970 p. 170.

Erika Bergmann qui s'était spécialisée dans cette pratique reconnut à son procès – elle fut condamnée à la réclusion perpétuelle – avoir malmené personnellement soixante-dix détenues qu'elle trouvait trop lentes au travail. Dix périrent d'hémorragie ou de jets d'eau administrés pour leur réanimation. L'une avait soixante et un ans, l'autre était une Tzigane de vingt ans [1].

Face à l'univers hiérarchisé des bourreaux unis dans l'exercice de la répression, le monde des victimes n'offrit pas – comme le prétend une historiographie plus soucieuse de conforter ses convictions que de faire comprendre la réalité – un contre-univers des victimes. S'il y eut – et j'en donnerai des exemples – des témoignages multiples et souvent admirables de solidarité, les réflexes logiques d'autodéfense, les préjugés idéologiques et nationaux renforcés par l'inexpérience sociale des femmes – combien connaissaient autre chose que leur foyer ou leur lopin de terre? – aggravèrent les clivages imposés par les maîtres et leurs servantes. Les divisions nationales, marquées dès l'arrivée en convois groupés, furent généralement accentuées par les préventions historiques et personnelles. La hiérarchie des catégories, des fonctions, du traitement, savamment entretenue selon le principe *diviser pour régner*, se développa sous l'effet des besoins élémentaires mais aussi des luttes d'influence et des priorités entre *droits communs*, et *politiques*, militantes de diverses nationalités et minorités ethniques ou culturelles. Ce constat n'est pas un jugement *a posteriori* : il ne vise qu'à éclairer les méfaits de schémas culturels fondés sur les rapports de force et les préjugés. Méfaits particulièrement douloureux – comme le note aussi l'écrivain Luise Rinser dans son *Journal de Prison* [2]. Ses codétenues françaises et belges ne cachaient pas – malgré une relative courtoisie – leur haine et leur mépris de tous les Allemands.

– Vous êtes tous des boches.

– Pourquoi?

– Vous n'avez pas de manières, vous êtes grossières et laides, vous êtes toutes des nazies.

La jeune Belge qui formule ces griefs tourne le dos, mécontente, lorsque Luise lui répond qu'elle est là parce qu'elle a parlé contre les nazis. Quelques semaines plus tard l'écrivain se trouve dans une autre cellule pendant un bombardement avec des codétenues allemandes :

1. *Frauenkonzentrationslager Ravensbrück*, ouvrage collectif, Berlin, R.D.A. 1973.

2. Luise RINSER, *Gefängnistagebuch*, Munich, 1946. L'écrivain fut arrêtée en novembre 1944 et figura parmi les 75 condamnées à mort par la « Cour du Peuple » pour propos défaitistes. Elle avait été dénoncée par une interlocutrice qu'elle croyait être une amie. La Libération la sauva.

deux auxiliaires de la Croix-Rouge arrêtées pour vol et « relations interdites », deux évadées d'une usine de munitions, Frau von L... l'amie d'un major S.S., emprisonnée pour trafic de ravitaillement, et Betty, une jeune Juive communiste. Quand Betty tutoie Frau von L... pour lui demander le motif de la détention, celle-ci s'indigne.

– Calme-toi, tu n'es qu'une détenue comme les autres, intervient l'une des jeunes ouvrières.

– Je dois dire, s'écrie une plus âgée, en martelant chaque mot, que ce ton est inadmissible. Ces jeunes sont impertinentes. Nous sommes certes des détenues mais il y a une différence entre une dame et une employée de maison.

– Des gens qui pensent comme vous sont aussi fautifs que les autres de la mouise dans laquelle nous sommes enfoncés, observe Luise.

– Bravo, s'écrie Betty en administrant un baiser sonore à l'écrivain et en sifflotant *l'Internationale.* Ma chérie, tu as mérité un mégot. Tu devrais adhérer au parti communiste. Puis, tournée vers les autres : Vous ne la vouliez pas cette mouise, non? Vous ne l'avez pas élu ce type, ce fou?

Une bombe éclate non loin de la prison. La nervosité augmente, une détenue explose.

– Ma vieille, si tu ne la fermes pas maintenant, je te flanque une baffe.

– Je te le déconseille. Va d'abord passer cinq ans à Auschwitz.

La discussion s'arrêta net.

Dans la logique de la répression national-socialiste, les victimes désignées étaient en priorité les faibles – enfants, personnes âgées, infirmes, malades – et les groupes dits « inférieurs » : Juives, Tziganes, Témoins de Jéhovah, ethnies de l'Est. Même dans cet ensemble, les différences de traitement furent sensibles selon les degrés d'autodéfense ou d'assistance de groupes moins menacés. Ainsi les femmes juives non allemandes bénéficient du soutien de leurs groupes nationaux – à l'exception des Hongroises, arrivées dans un état d'épuisement et d'apathie extrêmes dans la dernière période du camp. Les Polonaises et les Tchèques, arrivées dès 1940, surent compenser « l'opprobre ethnique » par une organisation efficace – à commencer par l'occupation des « bonnes places » aux cuisines, à l'infirmerie, comme chefs de block (*Blockowas*) ou de chambrée (*Stubowas*). Les Juives non intégrées à un groupe national, qui figuraient déjà dans le premier convoi de mai 1939, et les Tziganes dont 404 femmes et enfants arrivèrent de l'Autriche annexée un mois plus tard, étaient logées dans des blocks spéciaux, recevaient des rations alimentaires inférieures et des brimades physiques supplémentaires. A partir de l'automne 1942, les premières sélections, dans le cadre de l'opération 14 f 13 (extermination des « indésirables »), 808 détenues juives furent envoyées à Auschwitz, des Tziganes, puis des infirmes et des malades furent acheminées sur les centres d'euthanasie de Buch et de Bernsburg. L'objectif était de dégager des places pour les grands convois de « matériau humain » destinés au travail – onze heures par jour – dans les 61 entreprises sous contrat avec les S.S. D'après les statistiques, environ 70 000 détenues furent ainsi « employées » dans le camp ou l'un des 43 kommandos dispersés dans une grande partie du Reich jusqu'en Tchécoslovaquie.

Les près de 10 000 Soviétiques venues à partir de 1942 en grands convois, suivies en 1943 par environ 8 000 Françaises, subirent le plus fort taux de mortalité des « groupes nationaux ». Leur arrivée tardive qui ne leur laissait presque aucun « poste de survie », la haine particulière des S.S. – exemple d'injure courante : *Putains de Françaises enjuivées* –, l'absence de colis de la Croix-Rouge, dont bénéficiaient d'autres nationalités – surtout les Norvégiennes et les Hollandaises peu nombreuses – qui ne songèrent pas souvent, semble-t-il, à les partager expliquent ce phénomène. A quoi s'ajoutait chez les Françaises la vulnérabilité de l'individualisme le plus poussé. Une de ses camarades de détention m'a raconté que Marcelle Pardey [1], la directrice du lycée de Dijon, qui porte aujourd'hui son nom, officier de la Résistance à qui je dois pour une large part d'être encore en vie, préféra se laisser mourir plutôt que de participer en quoi que ce soit au « système concentrationnaire ».

En plus de l'inexpérience sociale déjà évoquée, deux autres aspects semblent avoir particulièrement entravé la formation d'une contre-société des victimes : la forte proportion – près de 25 pour 100 « d'asociales » souvent classées « politiques » par l'administration et le « problème des Allemandes ».

Si les prostituées étaient pour la plupart regroupées dans le block 2 aux fins de « rééducation par le travail » ou envoi dans les bordels des camps, les « droits communs », allemandes ou étrangères, étaient mêlées aux autres groupes nationaux sans s'y intégrer effectivement. Situation doublement épineuse, lorsqu'il s'agissait d'Allemandes, qu'évoque Germaine Tillion. *Quant aux politiques allemandes à l'exception d'un petit nombre de communistes allemandes et de*

1. Assurant des liaisons de renseignements avec les Américains qu'elle avait connus comme jeune ambulancière en 1917 puis, comme assistante associée au Brynn Mawr College près de Philadelphie, qui lui a consacré une section de son musée, elle fut capturée au retour d'une mission en Turquie.

quelques personnalités isolées très internationales de formation, elles étaient d'un niveau moral et intellectuel absolument décourageant : hargneuses, mouchardes, grossières, dépravées et voleuses. Mais il serait injuste de ne pas signaler à quel point l'étiquette « politique » avait peu de signification dans les camps... chez les Françaises toutes les détenues avaient uniformément le triangle rouge, ce qui nous a fait à nous, politiques, un tort considérable [1].

Politiques ou non, les Allemandes qui représentaient près de 20 pour 100 des détenues [2] étaient dans l'ensemble mal acceptées, l'ostracisme allant du rejet en bloc par la majorité aux réserves des militantes et des intellectuelles d'autres nations. Margarete Buber-Neumann qui dirigea le block des près de 600 Témoins de Jéhovah – presque toutes allemandes à l'exception de quelques Hollandaises – observe à ce sujet : *Pour la masse des apolitiques de toutes nationalités, tout ce qui était allemand était l'équivalent de S.S. On haïssait les S.S., on haïssait les détenues allemandes. Quant au gros des communistes des diverses nations, elles refusaient leurs « camarades » allemandes* [3].

L'opinion de la communiste dissidente d'origine juive, livrée par Staline à Hitler, qui subit un véritable interrogatoire et la mise en quarantaine de la part de ses ex-camarades allemandes parce qu'elle était trotskiste, peut paraître excessive.

Indéniablement, des militantes allemandes comme Erika Buchmann, Änne Kassing – tuée lors d'un bombardement allié à la Libération – Olga Körner, Margarete Jung coopérèrent avec les Soviétiques Evguenia Klemme, Lolja Boïka, la Norvégienne Anna Lisa Rakel, la Tchèque « Mama Zapotocka », l'Autrichienne Mela Ernst, la Polonaise Wanda Kiendrzyńska, les Françaises Marie-Claude Vaillant-Couturier, Martha Desrumeaux, Simone Marti à l'organisation de la résistance intérieure du camp. Mais comme le soulignent de nombreux témoignages, l'internationalisme ne fut pas aussi évident que l'affirme l'historiographe communiste. *Les communistes idéalisent rétrospectivement la situation,* déclare Charlotte

1. Germaine TILLION, *op. cit.*, p. 59.

2. Selon Wanda KIENDRZYNSKA, *Das Frauenkonzentrationslager Ravensbrück in Internationale Hefte der Widerstandsbewegung*, Vienne, 1960, n° 3 p. 82, le pourcentage des principaux groupes nationaux ou ethniques sur un contingent de 25 000 concentrationnaires était le suivant : Polonaises 24,9 pour 100, Russes et Ukrainiennes 19,1 pour 100, Juives de diverses nationalités 15,1 pour 100, Françaises 7,3 pour 100, Tziganes 5,4 pour 100, Belges 2,9 pour 100 – Autres 8,3 pour 100. Ces statistiques polonaises ont vraisemblablement intégré les Autrichiennes aux Allemandes mais exclu les Juives des deux groupes.

3. Margarete BUBER-NEUMANN, *Als Gefangene bei Stalin und Hitler*, Stuttgart, 1958 p. 366.

Delbo, rescapée de Birkenau [1]. *Entre les communistes allemandes et autrichiennes, il n'y avait pas de contacts cordiaux,* observe la militante autrichienne Toni Lehr [2] qui insiste sur la surévaluation par la République démocratique allemande, conservatrice du mémorial du camp, du rôle de ses compatriotes à Ravensbrück au détriment de camarades d'autres pays, dont sa propre compatriote Mela Ernst, engagée volontaire dans les Brigades internationales, qui fut l'une des cofondatrices du comité de résistance du camp.

En fait, beaucoup de rescapées dont la Polonaise Wanda Kiendrzynska, l'intellectuelle allemande Isa Vermehren [2], les Françaises Brigitte Friang et Germaine Tillion s'accordent à penser que les relations les plus exemptes de préjugés nationaux s'établirent entre détenues d'un haut niveau culturel, qui ne semble pas avoir été fréquent parmi les concentrationnaires allemandes. Isa Vermehren affirme sans ambages : *Je n'ai jamais rencontré une intelligence politique allemande,* l'intelligence se trouvant, selon elle, plus aisément chez ses compatriotes détenues pour *atteinte à l'honneur racial.* Wanda Kiendrzynska se souvient de discussions animées, néanmoins amicales, avec la socialiste allemande Maria Grollmuss. Brigitte Friang a sympathisé avec une jeune Allemande juive, envoyée en kommando à Ravensbrück après avoir travaillé à la récupération d'objets sur les gazées de Birkenau. Germaine Tillion parle des affinités des Françaises avec des Autrichiennes, des Yougoslaves, des Turques juives, des Tchèques – ces dernières malgré l'amertume toujours vive de la trahison du gouvernement Daladier lors des accords de Munich.

En dépit des obstacles, la solidarité s'exprima sous des formes variées. Au péril de leur vie, des communistes travaillant dans les vestiaires restituèrent les chapelets et les missels confisqués aux chrétiennes à leur arrivée au camp. Des Polonaises firent parvenir sur leurs maigres rations de quoi survivre à des Juives privées de nourriture pendant trois jours. Des « Nuit et Brouillard » comme Rosa Thälmann et sa fille Irma furent sauvées par leur substitution à des détenues mortes dans un autre block. Grièvement blessée au cours d'interrogatoires de la Gestapo, la résistante autrichienne Mathilde Auferbauer fut introduite dans un convoi de Françaises évacuées par la Croix-Rouge, en avril 1945. Sa camarade Irma Trksak, cachée sous un bat-flanc, répondit à sa place à l'appel de son identité d'emprunt qu'elle avait oubliée dans son émoi. La petite Lena Salomon, âgée de

1. Témoignages recueillis par Hermann LANGBEIN *Nicht wie die Schafe zur Schlachtbank,* Fischertaschenbuch Francfort-sur-le-Main, 1980, p. 177 et 137.
2. Isa VERMEHREN, *Reise durch den letzten Akt,* Hambourg, 1947.

onze ans, fut soustraite à un convoi de gazage par des détenues de la Schreibstube qui l'inscrivirent, avec l'âge minimum de quatorze ans, dans une équipe des entreprises Siemens tandis que les coéquipières l'aidèrent à assurer une tâche au-dessus de ses forces. Les enfants, du moins ceux qui purent survivre à leur élimination systématique, furent l'objet d'une assistance prioritaire. Pour Noël 1944, le comité clandestin du camp put organiser une fête à l'intention des 400 petits survivants avec des cadeaux dus à l'ingéniosité d'un véritable réseau de tendresse et la représentation – combien symbolique dans ce cadre – de la fable de La Fontaine *Le Loup et l'Agneau*.

S'il est impossible d'énumérer ici les gestes d'altruisme quotidiens qui permettaient de survivre dans cet univers de promiscuité permanente, démuni des objets les plus élémentaires d'hygiène, il paraît nécessaire d'insister sur l'importance de la résistance culturelle. Souvent ignorée ou traitée avec condescendance par les amateurs d'exploits spectaculaires, cette forme d'opposition à un régime destructeur de toute culture exigea souvent autant d'énergie que la résistance armée. Compte tenu du dénuement physique, psychique, matériel, la lutte contre la résignation, l'apathie, la déchéance, voulues, organisées par les bourreaux, constitua un moyen primordial du maintien de la vie et de la dignité. Dans ses expressions les plus modestes, elle préfigurait aussi une contre-culture, une transformation des valeurs agressives de nos sociétés actuelles. La gymnastique instaurée par la Hongroise Irene... qui avait participé au Conseil ouvriers et paysans de 1918, les chants fredonnés, les plaisanteries, les anniversaires fêtés en cachette – un morceau de pain tenant lieu de gâteau – les objets d'art fabriqués avec les moyens du bord [1], les discussions, les causeries clandestines nourrissaient la flamme vacillante de l'énergie vitale. Evguenia Klemme et Lolja Boïka apprenaient le russe à leurs amies françaises et polonaises. Jozefa Kontor, l'ancienne dirigeante des éclaireuses de Pologne, formait des enseignantes pour les enfants arrivés de son pays. L'amour de la poésie unit jusque dans la mort, au centre de Bernburg en 1942, Olga Benario-Prestes – une communiste d'origine allemande livrée en 1936 par le Brésil à la Gestapo, qui atténua inlassablement les souffrances des femmes juives de son block – et la socialiste autrichienne Käte Leichter [2]. Véritable Pénélope des temps modernes, une victime des

1. Ursula WINSKA, *Kulturelle Bildungsarbeit als eigentümliche Form der Widerstandsbewegung im K.L. Ravensbrück*, manuscrit en tr. allemande, en possession de H. Langbein, Vienne.

2. La biographie de Käte Leichter publiée par Herbert Steiner, Vienne, 1973, est préfacée par Hertha Firnberg, ministre autrichienne de la Recherche et de l'Enseignement supérieur.

éliminations physiques, instaurées à l'automne 1944 dans l'ancienne annexe de jeunes à Mittwerda, essaya de gagner des rations alimentaires et des jours de survie en inventant sans cesse de nouveaux motifs dans son tricot pour la surveillante Vera Salveguart, surnommée « l'empoisonneuse » parce qu'elle administrait un « somnifère » dont on ne se réveillait plus. Elle épargna la Française Irène Ottelard parce qu'elle chantait bien.

C'est sans doute dans ce domaine de la criminalité médicale que le pouvoir du savoir s'avéra le plus efficace. Confrontées au refus de soins, à la non-assistance à personnes en danger, aux empoisonnements par strychnine, aux injections de phénol – selon le terme intraduisible dans sa sinistre concision *abspritzen* – des détenues médecins, étudiantes en médecine – 63 médecins soviétiques figuraient dans un seul convoi de 1943 –, des infirmières professionnelles ou improvisées tentaient de limiter les dégâts. Violette Le Coq, auxiliaire au block des tuberculeuses, s'étant aperçue des méthodes de sélection du médecin-chef S.S. rectifiait les courbes de températures fatales avant son passage. Une assistante du Dr Percy Treite imitait sa signature sur les dispenses de travail, qui permettaient aux plus éprouvées de récupérer un peu. Des médecins affectées au *Revier,* comme la doctoresse Morhange, gardaient clandestinement des malades « à remonter ». La Yougoslave Maja Maskovac présidait aux opérations des tatouages de matricules figurant dans les séries « *à éliminer* ». Avec l'aide de détenus masculins de l'annexe, on « organisait » la nuit les médicaments qu'on n'avait pas pu subtiliser le jour. Ils permettaient de soigner les affections courantes et les plaies infectées du travail ou d'interrogatoires de la Gestapo. Celles aussi des fustigations administrées les mardis et vendredis, par série de vingt-cinq, sur un billot d'exécution, initialement par une *Oberaufseherin* puis par des détenues – généralement des « droits communs », les étrangères n'ayant pas le droit de châtier des Allemandes – en présence du commandant, de son adjoint et d'un médecin S.S. du camp. Quatre Polonaises durent être soignées durant six mois après leur « correction ».

Sur les huit médecins S.S. attachés au camp, il y eut deux femmes : Erika Jantzen dans la période « clémente » des deux premières années, Herta Oberheuser qui lui succéda en 1943 jusqu'à la fin du camp. Cette dermatologue – née en 1911 dans la bourgeoisie catholique de Cologne, qui décida d'y venir – selon les uns, après avoir lu une annonce de journal, selon d'autres après une visite à Ravensbrück où elle découvrit des possibilités étendues de « recherche médicale » – fut condamnée à la fin de la guerre à vingt ans de réclusion, bénéficia d'une remise de peine et put à nouveau exercer sa profession jusqu'à ce qu'en 1956 une protestation britannique la fît rayer de l'ordre des Médecins. Avec l'aide de Gerda Quernheim, une infirmière détenue pour trafic de stupéfiants, elle procéda à des avortements forcés dans les conditions les plus atroces et participa aux « essais » sur les cobayes humains. Les méthodes d'avortement pratiquées systématiquement sur les détenues enceintes à l'arrivée – toute procréation ultérieure était rigoureusement interdite – visaient à éliminer la progéniture *racialement impure* et à hâter l'insertion dans la production. Je ne m'appesantirai pas sur ce point ni sur les « expériences » pratiquées par le professeur Karl Gebhardt, président de la Croix-Rouge allemande, le médecin amateur de jeunes victimes, Horst Schumann, le gynécologue Carl Clauberg, « spécialiste » de la fertilisation des Aryennes et de la stérilisation des « races inférieures », qui ont fait l'objet d'études spécifiques. Leur activité, celle des équipes médicales S.S. des camps, révèle une forme paroxystique du « pouvoir médical » et pose le double problème des limites de la recherche scientifique et de ceux qui la commanditent. Plus significative de la condition féminine est, me semble-t-il, la complicité des infirmières S.S. Dans leurs robes bleues impeccables, leurs tabliers et leurs bonnets blancs immaculés, avec à leur tête l'*Oberschwester* Elizabeth Marschall à l'apparence affable de vieille supérieure de couvent – elle avait soixante ans –, une autorité et une haute compétence qui cachaient un sang-froid et un sadisme hors du commun, elles incarnent la forme pervertie du mythe de « l'ange blanc », soupape obligée d'une société de violence.

Quant aux victimes de toutes nationalités qui subirent des avortements forcés, aux Juives, Tziganes à partir de huit ans, et aux Polonaises qui servirent de *lapines* – la révolte de certaines, une pétition de Polonaises au commandant Suhren, en mars 1943, ralentirent le rythme des essais poursuivis dans l'isolement du *Bunker* de Ravensbrück ou transférés à Auschwitz –, on peut se demander où étaient alors les défenseurs inconditionnels du *droit à la vie* dont les plus notoires au moins étaient informés grâce aux renseignements que les concentrationnaires faisaient parvenir à l'extérieur au péril de leur propre existence. Des détenues, comme la doctoresse française La Rochefoucauld, préférèrent risquer les châtiments les plus graves en refusant toute coopération. Elle fut envoyée au block disciplinaire parce qu'elle n'acceptait pas de pratiquer les examens gynécologiques initialement réservés aux « asociales » puis étendus, à partir de 1943, à l'ensemble des arrivantes, avec un gant pour trois cents femmes. La plupart des médecins, infirmières, aides soignantes professionnelles ou improvisées optèrent pour une politique de présence, qui offrait des possibilités d'entraide, d'observation et d'information. Peut-on, en ce domaine comme en d'autres, discuter des règles non écrites de *survie des plus aptes* qui prévalurent dans tous les camps de concentration et dictèrent les priorités? Les survivants les assument douloureusement, les autres, renseignés par leurs témoignages, devraient contribuer à construire un monde où de pareils dilemmes ne se poseraient plus. On peut, par contre, discuter l'attitude du monde extérieur resté sourd et aveugle.

A l'époque des camps, le monde était en crise d'abord, en guerre ensuite. La plupart des gens n'ignoraient ni les persécutions raciales pratiquées depuis six ans, ni l'existence des camps dont les premiers furent installés en 1933, ni les traitements infligés aux adversaires intérieurs puis étrangers du IIIe Reich. La plupart des gens ignoraient le plus souvent les atrocités commises à l'intérieur des camps, pas celles des territoires occupés. La remarque vaut pour les États spectateurs dont les plus puissants finirent par combattre ce régime criminel sans chercher pour autant à atténuer les souffrances des victimes les plus menacées. Elle vaut aussi pour la majorité des Allemands de l'époque, qui furent les témoins d'une escalade de l'arbitraire allant des évictions, spoliations, boycottages, arrestations de 1933 aux crimes de la guerre, en passant par le pogrom de la « Nuit de Cristal », l'euthanasie et les déportations. Plus la dictature se renforçait, plus l'opposition devenait difficile. Les partis, avec les organisations qu'ils contrôlaient, étaient dissous, leurs dirigeants, leurs militants les plus actifs exilés, pourchassés, réduits au silence. Dans ce contexte, seuls les piliers traditionnels du Reich, les Églises et l'armée, auraient pu, comme le demanda vainement le théologien Dietrich Bonhoeffer, « entraver la roue ». D'autant plus que la majorité de la population adulte restait imprégnée de valeurs chrétiennes et conservatrices. Des exemples comme la libération du cardinal Faulhaber, de l'évêque luthérien Wurm, l'arrêt de l'euthanasie, du moins pour les victimes aryennes, montrent que cette attitude n'était nullement irréaliste. L'opposition de ces institutions, dont l'ampleur a été souvent exagérée dans l'historiographie d'après-guerre, oscilla – hormis quelques notables exceptions – entre les luttes de chapelles et de castes, sans atteindre la masse.

Que pouvaient alors les individus? Sans aller nécessairement jusqu'au sacrifice d'un Bernhard Lichtenberg ou d'une Käthe Staritz, ils auraient pu se soustraire à certaines tâches, exprimer une solidarité agissante selon les possibilités et le degré de courage personnel. Ces gestes existèrent. Mais dans quelle proportion?

EN GUISE DE CONCLUSION

Elsbeth, Nelly, Hilde et les autres...

> *Elle vivait. C'était sans doute indigne et cependant intéressant. Longtemps l'indécision subsista entre l'autodestruction par la mélancolie – le deuil de son pire ennemi – et le désir de développer son aptitude mutilée à interpréter correctement les expériences et de survivre. Longtemps, des années durant, la lutte oscilla, indécise, même lorsqu'elle la croyait depuis longtemps tranchée en sa faveur.*
>
> Christa WOLF, *Kindheitsmuster.*

L'Histoire ne s'est pas arrêtée en mai 1945. Beaucoup de celles que j'ai tenté de sortir de l'ombre sont mortes dans leurs pays, en exil, ont volontairement quitté un monde qui les effrayait ou ont été contraintes de le quitter. Parmi les survivantes, les plus engagées sous le IIIe Reich ont suivi des voies diverses : retirée, après sa libération, dans une maison du Wurtemberg, l'ex-*Reichsfrauenführerin* Scholtz-Klink s'obstine à justifier son passé [1]. Melitta Maschmann a parcouru un long chemin pour comprendre ce qui était arrivé à sa génération. D'autres, anciennes des camps de jeunesse, veulent communier dans le souvenir des « moments positifs ». D'autres encore, la majorité, restent silencieuses même devant leurs propres enfants. Irrécupérables? Les victimes ou celles qui s'étaient résignées à subir le régime n'ont pas toutes – loin s'en faut – tiré les leçons de leur expérience. Le poids du passé n'est pas facile à assumer, il bloque souvent l'aptitude à en analyser les causes, à combattre son retour sous d'autres formes.

Celles qui parlent, souvent après des années de mutime, apportent à la recherche présente et future une contribution qui dépasse l'histoire des femmes sous le IIIe Reich parce qu'elle éclaire

1. Gertrud SCHOLTZ-KLINK, *Die Frau im Dritten Reich*, Tubingen, 1978 : bilan « positif » de son activité, dédié aux condamnés de Nuremberg et à leurs femmes.

les mobiles et les mécanismes d'une oppression séculaire. Quand Jochen Köhler, un jeune Berlinois de trente-quatre ans, projeta en 1978 d'enquêter pendant un an auprès d'une vingtaine de ses aînés de toutes conditions sur leur vie durant le national-socialisme, son schéma d'entretiens fut balayé par l'explosion d'une réalité insoupçonnée. Parmi les personnes à interroger, il avait prévu Paul Tiez, un ouvrier retraité dont il connaissait le fils. Sa compagne, Elisabeth Grassmann, assistait aux entretiens en figurante servant le café et les gâteaux. Un jour, alors que Paul était en train de reconnaître sa part de lâcheté, Elisabeth lança brusquement à l'adresse du jeune sociologue : *Vous ne pouvez même pas imaginer tout ça! Mon mari d'alors et moi avons aidé secrètement pendant des mois, au péril de notre vie, un ami évadé de prison. La vie de notre famille était en jeu, nous éprouvions une peur indescriptible.*

Jochen Köhler partit content de ses deux enregistrements sur la lâcheté et le courage. Des mois plus tard, il revint. Au fil de ses entretiens, il s'était aperçu que ses schémas ignoraient les transitions vécues entre la peur et le courage, l'adaptation et la résistance. Il écouta Elisabeth Grassmann, celle qui n'était pas prévue au programme, et s'aperçut – comme je m'en aperçus à mon tour lorsque je choisis d'insérer une partie de son récit au cœur de mon livre –, que l'écrasement de cette femme avait commencé bien avant le national-socialisme et ne s'était pas achevé avec lui. Elle avait dû continuer à travailler pendant trente ans après la guerre, dans les pires conditions. Ne trouvant pas d'emploi fixe, elle avait en 1953 accepté un travail dont les hommes ne voulaient pas : pendant six ans, sur un échafaud, elle devait actionner un jet de nitrate jusqu'au jour où une secousse trop brusque avait provoqué l'accident : brûlures au visage et au corps. A sa sortie d'hôpital, l'accident n'ayant pas été dûment constaté, elle ne reçoit ni indemnité ni retraite anticipée – Frau Goering en a sûrement obtenu une. Tour à tour monteuse dans un atelier radio, dans une usine de compteurs à eau, employée dans une teinturerie, femme de ménage à l'aéroport puis au conservatoire, elle perd son fils en 1960, doit s'occuper de son mari atteint d'un cancer qui meurt trois ans plus tard. Ce n'est qu'en 1975-76 que l'État « du miracle économique » lui accorde, après des années de procédure, ses droits à pension et retraite. Après tout, elle n'a « que » soixante-quatre ans. Est-ce l'âge de commencer à vivre?

Elsbeth Kötting doit avoir soixante-six ans maintenant. Elle a été candidate à Berlin-Neukölln sur la liste « Alternative pour la démocratie et l'écologie ». Elle n'a rien oublié mais n'a trouvé l'occasion d'en parler que lorsque Jochen Köhler est venu l'interroger. Comme Martha L... en R.D.A. qui préfère rester anonyme, comme

Vera Z..., née en 1923, une ancienne des Jeunesses hitlériennes qui *a peur que tout cela puisse se reproduire.* Elsbeth se souvient aujourd'hui de l'indifférence de sa classe, en 1933 – elles avaient dix-sept ou dix-huit ans –, devant les protestations de deux condisciples juives qu'elles avaient utilisées comme sujets-objets d'étude au cours de science raciale *(Rassenkunde).* Rétrospectivement, elle attribue leur attitude à l'immaturité et à l'enseignement reçu même avant, sous la république de Weimar : retenir des noms, des dates, apprendre des textes suffit-il à former l'esprit critique indispensable? Quant au professeur, un vieux démocrate, il appliquait les instructions par crainte de perdre son emploi. Pendant la guerre, quand son mari, ingénieur, venait en permission de l'Est, il parlait du traitement infligé aux populations, aux prisonniers, des fossés creusés avant les exécutions, de la terre qui bougeait encore des heures après, des gazages dans des camions hermétiques. *Mais on n'avait pas beaucoup le temps de discuter. Quand on était au lit pour une fois qu'il n'y avait pas d'alerte, on avait d'autres préoccupations... Je n'y ai plus réfléchi. Je n'ai pas voulu y réfléchir. Je n'ai pas vraiment oublié non plus...*

Quand Jochen Köhler lui demande pourquoi elle qui n'était pas nazie n'a pas chassé du lit un mari qui l'était, qui trouvait logique – sans y avoir participé – de tuer les Juifs dès le berceau – Elsbeth le traite d'idéaliste : *Tu ne peux pas isoler cela de tout le contexte de ces années-là. Une chose était imbriquée dans l'autre... Plus tard j'ai divorcé. Mais à l'époque je ne prenais peut-être pas pour argent comptant tout ce qu'il racontait. Et les autres événements s'y ajoutaient, nous tenaient en haleine : les alertes, les enfants, la brièveté de ses permissions, le souci pour les parents. Quand j'y réfléchis, être mariée avec un homme qui est partisan de faire périr tous les enfants juifs, c'est vraiment un effondrement de toutes les valeurs culturelles.*

Pourquoi Elsbeth n'a-t-elle pas parlé des révélations de son mari? *Quand on était isolée... que devait-on faire d'une information de ce genre?*

La raconter à des étrangers était impossible. Quant à la famille, elle était déchirée : depuis l'entrée de son frère dans les S.A., elle n'osait plus lui parler, son père, instituteur social-démocrate, avait été réintégré dans l'enseignement mais il était étroitement contrôlé par ses supérieurs et n'avait plus ni nerfs ni intérêt pour quoi que ce soit. Sa mère devait s'occuper de lui. *Et puis,* se défend-elle, *il y avait des gens qui voyaient ces choses-là directement, qui y participaient : ils n'ont rien fait non plus!* A la question s'il n'est pas important de savoir quelle est, au fond de soi, la raison d'un tel silence, Elsbeth acquiesce :

Je crois que c'est un mélange de sentiment d'impuissance et de culpabilité qui vous ferme la bouche.

Hilde Hertow a préféré changer de pays, de milieu, de nationalité. Elle a parcouru les pays latins qui l'attiraient depuis son enfance silésienne. Son choix s'est fixé sur la patrie de Molière et d'Anatole France qu'elle continuait à lire sous le national-socialisme. Je la connais depuis douze ans : nous avons parlé pour la première fois de son passé sous l'uniforme des Jeunesses hitlériennes, du Service rural, du Service de guerre, il y a un an et demi lorsque je lui ai raconté la difficulté de mes recherches pour ce livre. Elle m'a offert spontanément de contacter d'anciennes camarades qui pourraient témoigner – aucune n'a accepté. Sa déception était sincère : à cinquante-huit ans, cardiaque, Hilde exerce son métier d'enseignante, lit beaucoup, suit de près les événements du monde, les ressent, réfléchit, agit quand elle le peut, selon ses moyens.

Le chemin de Christa Wolf a emprunté le détour de la fiction. Son premier roman *Le Ciel partagé,* aussi partagé que son pays natal et son être, lui valut la célébrité. *La méditation sur Christa T...,* méditation solitaire sur la mort d'une jeune femme solitaire, considérée comme une œuvre pessimiste par les autorités, lui valut une relative disgrâce politique. Sa promotion au Comité central était compromise. Elle choisit néanmoins de rester, de continuer à écrire sans souci de plaire ou de déplaire. Tolérée en République démocratique allemande, couverte de lauriers en République fédérale, elle n'a refait le chemin de sa jeunesse qu'en 1971, dans cette quête de la petite Nelly Jordan dont elle parle à la troisième personne. Sa conscience enfouie sous les mots d'ordre, les défilés, les discours du chef, du parti, de l'école, des médias, du mouvement de jeunesse, qui exaltaient le renouveau, le bonheur, la paix, a sans doute resurgi sur la route de leur fuite, cette route du Mecklembourg qui fut, comme elle le dit, sa première éducatrice. C'est là qu'ils rencontrèrent les fantômes décharnés qu'elle a souvent revus par la suite dans ses rêves – alors qu'elle se jurait encore de respecter le serment de fidélité à celui qui incarnait l'autorité et l'espoir, qu'elle méprisait les adultes qui l'avaient abandonnée dans l'adversité. Son réveil s'est fait, me semble-t-il, par un élan de solidarité devant l'humiliation des femmes. Elle avait entendu le concentrationnaire leur demander où ils avaient tous vécu – la phrase lui reviendra beaucoup plus tard. Mais elle a réagi immédiatement sur la route lorsque sa grand-mère, lui montrant des détenues qui se soulageaient publiquement devant leurs gardiens, avait dit : *Elles n'ont plus de pudeur.*

Pourquoi l'avaient-elles perdue? Pourquoi ces gardiens, ces hommes ne s'étaient-ils pas au moins détourné? avait-elle observé.

Quelques mois plus tard, une révolte analogue l'avait conduite à la première contestation ouverte de « l'autorité établie » *(Obrigkeit)*. Promue, à seize ans, dans la tourmente de la défaite, secrétaire de mairie d'un village, elle devait procéder à l'appel des femmes convoquées dans une vieille ferme pour détecter les maladies vénériennes. Liste en main, elle devait faire passer une à une ces femmes alignées sur la route pendant que les hommes présents au village, attirés par le spectacle, passaient et repassaient avec des rires et des plaisanteries grivoises. Certaines pleuraient. Nelly avait tenté de fléchir la doctoresse militaire soviétique pour qu'elle accorde au moins quelques dispenses. Imperturbable, celle-ci poursuivait ses examens précédés d'un interrogatoire sur le statut conjugal. L'assistante improvisée se demandait pourquoi. La réponse vint le soir lorsque la doctoresse, qui lui offrait le thé, déclara brusquement : *Femmes allemandes, toutes cochons.* Elle s'attendait à trouver vierges toutes les femmes non mariées. Était-ce la colère devant cette journée d'humiliation ou le dégoût de l'examen à la chaîne sur la toile cirée d'un vieux divan? Nelly, surprise de sa propre réaction, s'entendit vivement contester le dogme de la viriginité prénuptiale. La seconde révolte ouverte éclatera un an plus tard au collège de la petite ville voisine où Charlotte – qui a sauvé tous les bulletins de ses enfants – a tenu à inscrire sa fille qui doit poursuivre ses études même s'il faut se « débrouiller » pour lui assurer le gîte et le couvert. Admirable Charlotte – cette femme m'a fascinée par son bon sens obstiné dès que je l'ai découverte derrière sa fille qu'elle voulait aider à devenir « quelqu'un ». Elle était quelqu'un sans le savoir, cette comptable épicière avec son bon sens allergique au discours, aux cérémonies officielles, se méfiant de l'armée et de ceux qui font subir la guerre aux autres, son sens sûr mais prudent des autres. Elle avait aidé le professeur d'anglais renvoyé pour « origine raciale suspecte » parce qu'elle avait trouvé ce renvoi injuste; en 1944, elle avait fait parvenir, en secret, des langes dont elle avait soigneusement décousu tout signe d'identification pour le nouveau-né d'une Ukrainienne du « camp de travailleurs de l'Est » du stade mucinipal : quelques jours après, en ouvrant sa boutique, elle avait trouvé un bouquet de fleurs des champs. On se souvient de son refus de partir avec les siens quand elle avait pensé que son rôle de gardienne du foyer n'avait plus de sens, de la recherche obstinée de ses enfants quand elle avait réalisé qu'elle devait les sauver. Ce mari qui l'avait bien souvent laissée seule, y compris quand elle avait failli mourir d'une fausse couche, elle y tenait au point d'injurier – en présence d'un tiers – ce Führer qui l'envoyait à la guerre – attitude qui à l'époque pouvait coûter la prison, plus tard la vie –, de le chercher partout quand tout le monde le déclarait tué, de le

« remonter » quand il était revenu méconnaissable de captivité. En la regardant se démener, j'ai souvent pensé : quel gâchis, que n'aurait-elle pu réaliser avec tant d'énergie et d'intelligence.

Sa fille lui doit sans doute cette obstination à ne pas s'en laisser conter, à ne pas être dupe d'un monde où les discours de renouveau de justice et de paix masquent toujours les vieux préjugés, l'injustice et l'affrontement destructeur. Riche d'une culture que sa mère n'a pas pu acquérir, elle débusque aujourd'hui dans la vie des femmes de son temps comme dans celles des grandes solitaires du romantisme les effets de la double morale que dénonçaient déjà ses aînées du *Frauenwohl*, leurs amies les suffragettes anglaises et américaines, une Flora Tristan comme une Alexandra Kollontaï. Double morale qui était encore la sienne quand elle se heurtait, en octobre 1946, à Maria Kranhold, sa professeur de mathématiques et de littérature allemande. Avec ses cheveux sombres tirés en chignon, son air déterminé, son dédain de l'élégance, Maria lui rappelait, en plus jeune, sa chère Julia. Mais tout ce qu'elle disait avait le don de l'irriter parce qu'elle mettait radicalement en cause les idées et le comportement de son idole. La sourde hostilité tourne à l'affrontement quand Maria affirme à l'un de ses cours que le IIIe Reich avait exclu des programmes scolaires le *Don Carlos* de Schiller à cause de la tirade du marquis Posa sur la tyrannie de Philippe II. Nelly s'insurge contre cette « calomnie ». Dans sa dissertation, elle explique que la conception qu'un peuple se fait de la liberté n'a jamais pu et ne pourra jamais être comprise par d'autres peuples. Résultat : une mauvaise note pour style ampoulé et une remarque de Maria en fin de cours : *Quand on prononce le mot de liberté, il faut savoir au moins que la liberté des uns ne peut signifier l'asservissement des autres.* Pour elle, le sommet de la liberté avait consisté à ne pas saluer *le drapeau rouge frappé de l'araignée noire*, une liberté apparemment mineure qu'elle avait dû néanmoins conquérir à tout moment par l'imagination et la ruse.

Intriguée par ces propos qu'elle entend pour la première fois de la bouche d'une Allemande qui n'a connu ni les prisons ni les camps, l'élève récalcitrante se décide, après bien des hésitations, à accepter l'invitation de lui rendre visite à l'occasion. La similitude de la pièce tapissée de livres – sans doute les mêmes à certaines exceptions près, le même genre de tisane et de gâteaux secs aux flocons d'avoine, qui l'avaient accueillie quinze mois auparavant chez sa chère Julia, lui font oublier le prétexte de sa visite. Elle entre aussitôt dans le vif du sujet : des enseignantes comme Julia ont-elles menti durant toutes ces années? Menti? reprend d'un ton interrogateur Maria qui sent la difficulté de la réponse : si elle heurte trop violemment son élève, elle risque de l'enfoncer davantage dans sa révolte stérile au lieu de l'inciter à réfléchir. Ce serait trop simple poursuit-elle sur le ton du raisonnement auquel son interlocutrice paraît réceptive. Est-ce que l'on ment aux autres quand on croit soi-même, du moins partiellement sans doute, à ces mensonges? La croyance ne constitue cependant pas une excuse : il faudrait au moins examiner ce que l'on croit. Or Hitler n'avait jamais caché ses objectifs essentiels : l'espace vital pour le peuple allemand ne pouvait pour tout être pensant que signifier la guerre. Il avait dit et redit qu'il voulait éliminer les Juifs – même s'il n'avait pas précisé les méthodes de leur élimination. Il avait repris les théories antérieures de l'infériorité des Slaves et des Noirs, des Latins. Qui pouvait acquitter des gens comme Julia d'avoir mis leur pensée en vacances?

– Julia, j'en suis certaine, était incapable de tuer.

– C'est possible. Mais elle vous a donné mauvaise conscience, elle a retourné votre conscience contre vous-même de sorte que vous ne puissiez ni être bonne ni bien penser sans vous sentir coupable. Car comment concilier les commandements *tu ne tueras point, tu aimeras ton prochain comme toi-même* avec l'enseignement de l'infériorité des autres?

– Et vous, comment les avez-vous conciliés?

– Mal, très mal, répond franchement cette fille de pasteur.

Toujours à la limite entre le pénitencier et la trahison de Dieu et des êtres qui m'étaient confiés. Mais je n'ai pas adoré les faux dieux, ce qui m'enlève, il est vrai, l'excuse d'avoir cru en eux. Pourquoi Nelly a-t-elle rêvé cette nuit-là qu'elle volait des gants dans la vitrine d'un magasin et se rendait ensuite comme espionne dans sa ville natale tuer deux malfaiteurs de la pire espèce, dont l'un était camouflé en médecin? Rêve de sa fille Lenka en 1971 : avec des amis, en blue-jeans délavés, elle s'introduit dans une réception officielle pour se régaler au buffet mais s'enfuit quand elle s'aperçoit qu'elle a enfilé une robe de cérémonie et commence à imiter les manières du « pseudo-monde ».

Les sentiments de solitude, d'impuissance, de culpabilité n'ont pas disparu un beau matin pour toujours de la vie de Christa Wolf. Pas plus de celle d'une Elisabeth Grassmann, d'une Elsbeth Kötting ou d'une Hilde Hertow. Elles ont appris à parler, à ne plus laisser à d'autres le soin de penser, d'agir à leur place. Elisabeth a été trop longtemps écrasée dans son être pour aspirer à autre chose qu'un peu d'air et de lumière. Elsbeth, Hilde, Christa ont acquis des connaissances qui leur permettent de comprendre leur expérience, de communiquer avec d'autres. Leur vision dépasse aujourd'hui le foyer petit-bourgeois de leur enfance. L'une rencontre les jeunes, les moins jeunes, les immigrés à la recherche d'une société différente dans cette ville carrefour qu'est devenue l'ancienne capitale du Reich. L'autre étudie les cultures étrangères proches et lointaines, la troisième observe les luttes et les contradictions du monde moderne, soutient les exilés du Chili, les « folles de Mai », mais aussi les femmes de son pays qui ne se satisfont plus d'une relative égalité économique, toujours octroyée par un « ordre masculin ». En achevant ce livre, j'ai sous les yeux le dazibao d'une étudiante de l'université de Pékin intitulé « La femme est aussi un être humain ». Dans une langue, un style, qui ne sont ni ceux de Christa Wolf, de Tatiana Mamonova, des Africaines et de toutes les femmes du tiers monde, qui refusent la mutilation de leur corps et de leur esprit sous prétexte de « traditions », des Américaines de « Now », ou de Simone de Beauvoir, cette jeune Chinoise exprime la même aspiration : être enfin elle-même, exister enfin à part entière.

Ma pensée ressemble à un serpent dont on essaierait de recoller les morceaux. J'ai du mal à la structurer. La gaieté et l'entrain m'ont abandonnée. Mes larmes coulent sans fin. Je veux crier très fort : la femme aussi est un être humain... Ces difficultés et cette violence, je comprends peut-être aujourd'hui seulement leurs causes objectives ou tout au moins une partie d'entre elles : je suis une femme. Peuple, ce n'est pas parce que je suis une femme qu'il faut repousser mes forces, mon combat.

Je suis une femme. La femme aussi est un être humain. Pourquoi ne pourrait-elle porter en elle une réflexion et des passions comme d'autres êtres humains?

Le courage et l'esprit de sacrifice seraient-ils par hasard l'apanage du sexe masculin? ... La femme aussi est un être humain. Pourquoi ses caractères spécifiques, ses intérêts, mais aussi le développement du genre féminin et bien d'autres aspects encore ne seraient-ils pas une question importante? Les intérêts des femmes ne se mêleraient-ils pas à l'océan des intérêts du peuple? Les droits des femmes ne seraient-ils pas inclus dans les droits démocratiques? Pourquoi me blâme-t-on uniquement quand la question des femmes est abordée? Certains trouvent mes affiches insupportables à lire. Ainsi, au nom de l'honneur de l'université de Pékin, de celui de la démocratie, je n'aurais pas le droit de m'exprimer? ...Ainsi, on pourrait discuter en toute égalité des grandes affaires de l'État, mais on ne pourrait pas aborder de façon scientifique la question des femmes?...

La femme aussi est un être humain et doit, en tant que tel, lutter pour ses droits, ses intérêts, son épanouissement. Pourquoi ne faudrait-il pas s'y accoutumer? Le point de vue des femmes ne pourrait-il donc élargir et renforcer la compréhension globale des choses?

La femme aussi est un être humain. Pourquoi serais-je plus faible que les hommes? Et même si je le suis, je veux en être responsable, être responsable de moi-même.

Je souhaite que les futures citoyennes, les futures candidates soient plus heureuses, plus fortes, plus parfaites que moi. J'espère que nous autres femmes acquerrons par la lutte le droit à devenir des êtres humains ainsi que le droit de recueillir les responsabilités et l'honneur qui en découlent [1].

Dans ce siècle qui a commencé par une guerre, qui a continué avec Auschwitz et Hiroshima, qui s'achève sur la décolonisation des peuples, les femmes sauront-elles se rejoindre par-delà les frontières et se décoloniser à leur tour?

1. Cité par Anita RIND, « Être féministe à Pékin », in *Le Monde*, 26 juillet 1981.

ABRÉVIATIONS ET SIGLES UTILISÉS

A.A.	*Archives Auswärtiges Amt*, ministère des Affaires étrangères à Bonn.
A.D.F.	*Allgemeiner deutscher Frauenverein*, Association générale allemande des femmes.
A.E.G.	*Allgemeine Elektrizitätsgesellschaft*, Compagnie générale d'électricité.
A.S.T.A.	*Allgemeiner Studentenausschuss*, Commission générale des étudiants.
B.A.	*Bundesarchiv*, archives fédérales à Coblence.
B.D.C.	*Berlin Document Center*, Centre américain d'archives du national-socialisme à Berlin.
B.D.F.	*Bund deutscher Frauenvereine*, Union des associations féminines allemandes.
B.D.M.	*Bund deutscher Mädel*, Union des jeunes filles allemandes (Jeunesses hitlériennes).
CIMADE	Conseil international du mouvement d'aide à toute détresse (œcuménique).
D.F.A.D.	*Deutscher Frauenarbeitsdienst*, Service allemand féminin du travail (IIIe Reich).
D.D.P.	*Deutsche demokratische Partei*, Parti démocrate allemand.
D.N.V.P.	*Deutschnationale Volkspartei*, Parti populaire national allemand.
D.V.P.	*Deutsche Volkspartei*, Parti populaire allemand.
Gestapo	*Geheime Staatspolizei*, police secrète d'État.
I.C.W.	*International Council of Women*, Conseil international des femmes.
I.f.Z.	*Institut für Zeitgeschichte*, Institut d'histoire contemporaine à Munich.
I.G. Farben	*Interessengemeinschaft der Farbenindustrie*, Communauté d'intérêts de l'industrie des colorants (société anonyme).
K.P.D.	*Kommunistische Parteil Deutschlands*, Parti communiste d'Allemagne.
L.I.C.A.	Ligue internationale contre l'antisémitisme – aujourd'hui L.I.C.R.A., Ligue internationale contre le racisme et l'antisémitisme.
M.A.	Microfilms Alexandria (Virginie-U.S.A.).
NAPOLA	*Nationalpolitiche Anstalten*, Instituts de politique nationale (IIIe Reich).
N.S.D.A.P.	*Nationalsozialistiche deutsche Arbeiterpartei*, Parti national-socialiste allemand des travailleurs.

ABRÉVIATIONS ET SIGLES UTILISÉS

N.S.V.	*Nationalsozialistische Volkshilfe*, Secours populaire national-socialiste.
Ogruf.	*Obergruppenführer*, général S.S.
S.A.	*Sturm Abteilungen*, Sections d'assaut.
S.D.	*Sicherheitsdienst*, Services de sécurité du IIIe Reich.
Sipo	*Sicherheitspolizei*, Sûreté du IIIe Reich.
S.P.D.	*Sozialdemokratische Partei Deutschlands*, Parti social-démocrate d'Allemagne.
S.S.	*Schutz Staffeln*, Sections de protection du IIIe Reich.
T.M.I.	Tribunal militaire international (procès de Nuremberg).
U.S.P.D.	*Unabhängige sozialdemokratische Partei Deutschlands*, Parti social-démocrate indépendant d'Allemagne.
W.I.F.	*Women's International Foundation*, Fondation scientifique internationale des femmes.
W.I.L.P.F.	*Women's International League for Peace and Freedom*, Ligue internationale des femmes pour la paix et la liberté.

ORIENTATION BIBLIOGRAPHIQUE

L'histoire complète et détaillée des femmes dans les sociétés germanophones contemporaines reste à écrire. Ses sources sont multiples mais dispersées. La bibliographie qui suit est nécessairement sélective. Elle ne mentionne que les principales archives et publications effectivement utilisées.

I. ARCHIVES

Auswärtiges amt – Bonn :
Dossiers : – VM 42/4.
– AA *Dienstelle Ribbentrop* 26/1.
– N.S.D.A.P. *Reichsfrauenführung.*

Bundesarchiv – Coblence :
Collection Schumacher
Dossiers : – N.S. 2-10-18-26-44.
– N.S.D. 43-47-61.
– *Reichskanzlei,* Séries R 43 – R 55.
– *Legs :* Gertrud Bäumer, Emmy Beckmann, Camilla Jellinek, Lang-Brumann, Maria Reese, Adele Schreiber, Dorothee von Velsen. Collection Griesel (Landjahr) et archives du film.

Document Center – Berlin :
Dossiers personnels N.S.D.A.P.

Institut für Zeitgeschichte – Munich :
Dossiers : – FA 19 *(Deutsches Frauenwerk)* – Db 40.09 (Pflichtjahr).
– DA 52-14.
microfilms (Alexandria-Virginie) : MA 47-130-135-205-253-306-341-387-422-441-468-609-739-1159-1163.

II. STATISTIQUES

BEYER, Hans : *Die Frau in der politischen Entscheidung,* Stuttgart, 1932.
BOLTE, K.M., et KAPPE, Dieter : *Struktur u. Entwicklung der Bevölkerung,* Opladen, 1964.
Deutsche Hochschulstatistik, 1933-1934, Berlin.
FALTER, Jürgen : « Wen verhalf der N.S.D.A.P. zum Sieg? », Beilage in *Das Parlament,* Bonn, 14.7.1979.
FUCHS, Dietrich et NEIDHART : *Wahlstatistik in Deutschland 1848-1975,* Munich, 1976.
SCHUMACHER, Martin : *Wahlen u. Abstimmungen 1918-1933,* Düsseldorf, 1976.
Statistik des Deutschen Reichs.

TINGSTEN, Herbert : *Political Behaviour*, New York, 1975.
WEBER, Martin : *Soziale Merkmale der N.S.DA.P. Wähler*, Dissertation, Fribourg-Brisgau, 1969.

III. COLLECTIONS ET PÉRIODIQUES

Archiv f. Bevölkerungspolitik, Sexualethik u. Familienkunde (1930-1932).
Archiv f. Frauenkunde u. Eugenik.
Die Frau (journal du B.D.F. – 1893-1944).
Frauenkultur im Deutschen Frauenwerk (national-socialiste).
Die Frau im Staat (féministe sous Weimar).
Die Frau am Werk (front du Travail).
Hauswirtschaftliche Jahrbücher (Reichsfrauenführung n.s.).
Jahrbuch der Reichsfrauen führung.
Der Schwarze Korps (S.S.).
Das Landjahr.
Das deutsche Mädel (B.D.M.).
Mutter u. Volk (Frauenwerk n.s.).
Nachrichtendienst der Reichsfrauenführung.
N.S. Frauenwarte.
N.S. Korrespondenz.
N.S. Monatshefte.
Rassenpolitische Auslandskorrespondenz.
Tribunal militaire international (Procès de Nuremberg).
Völkischer Beobachter.

IV. PRINCIPAUX OUVRAGES ET ÉTUDES

Chap. I : *HISTOIRE DES FEMMES AVANT 1933*

ARENDT, Hans Jürgen et Ingrid : *Bibliographie z. Geschichte des Kampfes der deutschenArbeiterklasse f. die Befreiung der Frau u. zur Rolle der Frau in der deutschen Arbeiterbewegung*, Leipzig, 1974 (couvre la période 1845-1970).
AUGSPURG, Anita et HEYMANN, Lida Gustava : *Erlebtes, Erschautes*, mémoires de deux féministes pacifistes publiées par Margit Twellmann, Meisenheim, 1972.
BEBEL, August : *La Femme et le socialisme*, trad. franç., Berlin (R.D.A.), 1964.
BUSSEY, Gertrud et TIMS, Margaret : *Womens International Leage for Peace and Freedom*, Londres, 1965.
EVANS, Richard : *The Feminist movement in Germany 1894-1933*, Londres, Beverley Hills, 1976 (très documenté avec une importante bibliographie).
LION, Hilde : *Soziologie der Frauenbewegung*, Berlin, 1926.
REMME, Irmgard : *Die internationalen Beziehungen der deutscher Frauenbewegung vom 19. Jahrhundert bis 1933*, thèse dactylographiée, université de Berlin-Ouest, 1955.
STRECKER, Gabriele : *100 Jahre Frauenbewegung in Deutschland*, Wiesbaden, 1951.
THÖNESSEN, Werner : *Die Frauen emanzipation 1863-1933*, Francfort-sur-le-Main, 1969.
TWELLMANN, Margit : *Die Deutsche Frauenbewegung*, Meisenheim, 1972.
WEITERER, Maria : *Die bürgerliche u. sozialistische Frauenbewegung in Deutschland 1848-1933*, Berlin, 1947.
ZAHN-HARNACK, Agnes v. et SVEISTRUP, Hans : *Die Frauenfrage in Deutschland 1790-1930*, 1re éd. 1934, rééd. Tubingen, 1960.

Chap. II : *L'ORDRE MASCULIN*

BRACHER, Karl Dietrich : *Die deutsche Diktatur*, Cologne, 1969 (particulièrement utile pour la bibliographie thématique).
DIEHL, Guida : *Die deutsche Frau u. der Nationalsozialismus*, Eisenach, 1932-33, et son autobiographie *Christ sein, heisst immer Kämpfer sein*, Giessen, 1958 (la voie d'une nationaliste protestante).
DOMARUS, Max : *Hitler Reden u. Proklamationen*, 1932-1945, 4 vol. Wurtzbourg, 1962.
EGGENER, Elfriede : *Die organische Eingliederung der Frau in den n.s. Staat*, thèse de droit, Leipzig, 1938.
Erziehung u. Schulung im dritten Reich, Stuttgart, 1980 (16 études sur le conditionnement de la jeunesse).
HEIBER, Helmut : *Lettres de et à Hitler*, vers. franç. Paris, 1975.
HITLER, Adolf : *Mein Kampf*, vers. franç. Paris, 1934.
JACOBSEN, H.A. et JOCHMANN, Werner :*Ausgewahlte Dokumente z. Geschichte des Nationalsozialismus*, Bielefeld, 1961.
LERNER, Daniel : *The Nazi Elite*, Stanford, 1951.
RAUSCHNING, Hermann : *Hitler m'a dit*, vers. franç. Paris, 1939.
ROSENBERG, Alfred : *Der Mythus des 20. Jahrhunderts*, Munich, 1930.
STEPHENSON, Jill : *Women in Nazi Society*, Londres, 1975, et *The Nazi Organisation of Women*, New York, Londres, 1981 (les études les plus complètes sur la question avec biographies).
SCHOLTZ-KLINK, Gertrud : *Discours aux Congrès NSDAP de 1934 à 1938*, publiés par *Deutsches Frauenwerk* et *Die Frau im Dritten Reich*, Tubingen, 1978, bilan « positif » dédié aux « victimes » des tribunaux alliés.
WILLING, Georg Franz : *Die Hitlerbewegung*, Munich-Hambourg-Berlin, 1962.

Chap. III : *LE SERVICE MATERNEL*

ACKERMANN, Joseph : *Himmler als Ideologe*, Göttingen, 1970.
DARRÉ, Walther Richard : *Neuadel aus Blut u. Boden*, Munich, 1930.
CONRAD – MARTIUS Hedwig : *Utopien der Menschenzüchtung*, Munich, 1955.
GOEBBELS, Joseph : *Michael, ein deutsches Schicksal in Tagebuchblättern*, Munich, 1929.
Dr GROSZ : *Weltanschauung u. Rassenhygiene*, Munich, 1934.
GÜNTHER, Hans F.K. : *Rassenkunde des deutschen Volks*, Munich, 1922.
GRUNBERGER, Richard : *Das zwölfjährige Reich*, Vienne, 1971.
HILLEL, Marc et HENRY, Clarissa : *Au nom de la race*, Paris, 1975.
JUNG, Edgar : *Die Herrschaft der Minderwertigen u. ihre Ablösung durch ein neues Reich*, Berlin, 1930.
KOGON, Eugen : *L'État SS*, vers. franç. Paris, 1970.
MOSSE, George L. : *The Crisis of German Ideology*, Londres, 1966.
PICKER, Henry : *Conversations de table avec Hitler*, vers. franç. Paris.
POLIAKOV, Léon : *Le Mythe aryen*, Paris, 1971.
POMERIN, Reiner : *Sterilisierung der Rheinlandbastarde*, Düsseldorf, 1979.
VERSCHUER, Otmar v. : *Rassenhygiene als Wissenschaft u. Staatsaufgabe*, Francfort-sur-le-Main, 1936.

Chap. IV : *LES FEMMES DANS L'ÉCONOMIE*

BAJOHR, Stefan : « Weiblicher Arbeitsdienst im Dritten Reich zwischen Ideologie u. Okonomie », in *Vierteljahrshefte f. Zeitgeschichte*, Stuttgart, juillet 1980.
BOBERACH, Heinz : *Meldungen aus dem Reich*, D.T.V. (poche) Munich, 1968.
BURESCH-RIEBE, Ilse : *Frauenleistung im Krieg*, Berlin, 1942.
EIBER, Ludwig : « Frauenarbeit im Krieg », in *Bayern in der nationalsozialistischen Zeit*, t. III, Munich, 1981.
EICHHOLTZ, Dietrich : *Geschichte der deutschen Kriegswirtschaft, 1939-45*, Berlin, 1969.

GERSDORFF, Ursula v. : *Frauen im Kriegsdienst*, Stuttgart, 1969.
KUCZYNSKI, Jürgen : *Frauenarbeit, Geschichte der Lage der Arbeiter*, t. XVIII, Berlin (R.D.A.).
MARAWSKE-BIRKNER, Lilli : *Der weibliche Arbeitsdienst*, Leipzig, 1942.
MASON, Thimoty :*Arbeiter u. Volksgemeinschaft* Opladen, 1975, et « Zur Lage der Frauen in Deutschland », in *Beiträge z. Marxschen Theorie*, 1976.
MORTON, Gertrud B. : *Les Problèmes sociaux du travail féminin dans l'industrie allemande*, Genève, 1936.
PETZINA, Dieter : « Die nationalsozialistische Mobilisierung deutscher Arbeitskräfte vor u. während des 2 Weltkriegs » in *Vierteljahrsheftef. Zeitgeschichte*, Stuttgart, 1970.
SCHOENBAUM, David : *La Révolution sociale*, vers. franç. Paris, 1979 (chap. VI).
WINKLER, Dörthe : *Frauenarbeit im Dritten Reich*, Hambourg, 1977 (l'étude la plus complète sur la question).

Chap. V : *L'IDÉAL FÉMININ*

AICHER-SCHOLL, Inge : *La Rose blanche*, Paris, 1978.
Der älltägliche Faschismus-Frauen im Dritten Reich (témoignages), Berlin-Bonn, 1981.
COURTADE, Pierre et CADARS, Francis : *Le Cinéma nazi*, Paris, 1972.
HINZ, Berthold : *Malerei im deutschen Faschismus*, Munich, 1974.
KÖHLER, Jochen : *Klettern inder Grossstadt* (témoignages), Berlin, 1979.
LOEWY, Ernst : *Literatur unterdem Hakenkreuz*, Francfort-sur-le-Main, 1966.
MARTIN, Klaus : *Mädchen in der Hitlerjugend*, Cologne, 1980.
MASCHMANN, Melitta : *Ma Jeunesse sous le nazisme*, vers. franç. Paris, 1964 (autobiographie d'une cheftaine nazie).
REUTER, Angelika et PONELEIT, Barbara : *Frauen im Widerstand, Frauen im Faschismus 1933-45*, Munich, 1977.
SEIDEL, Ina : *Dienende Herzen*, Berlin, 1942 (lettres d'auxiliaires des transmissions de la Wehrmacht).
THEWELEIT, Klaus : *Männerphantasien (2 vol.)*, Francfort-sur-le-Main, 1977.
WOLF, Christa : *Kindheistmuster* (autobiographique), Berlin-Weimar, 1976.
WULF, Joseph : *Theater u. Film im Dritten Reich*, Gütersloh, 1964.

Chap. VI : *LES RÉPROUVÉES*

ARNDT, Ino : « Das Frauen KL Ravensbrück » in *Schriftenreihe der Vierteljahrshefte f. Zeitgeschichte*, Stuttgart,1970 (par une collaboratrice de l'Institut d'histoire de Munich).
Les Barbelés de l'Exil, Grenoble, 1979 (neuf études sur l'émigration austro-allemande en France.
Autriche – *Les Années de ténèbres* doc. Vienne, 1975.
DÖHRING, Hans, Joachim : *Die Zigeuner im n.s. Staat*, Hambourg, 1965.
ELLING, Hanna : *Frauen im deutschen Widerstand*, Francfort-sur-le-Main, 1978 (étude la plus complète sur les résistantes allemandes).
HEGER, Franz : *Le Triangle rose*, trad. franç. Paris, 1980.
KAPLAN, Marion : *The Jewish Feminist Movement in Germany 1904-1938*, Westport, Connecticut, 1979 (l'histoire de l'Union des Femmes juives jusqu'à sa dissolution).
LANGBEIN, Hermann : *Nicht wie die Schafe sur Schlachtbank*, Francfort-sur-le-Main, 1980 (importante bibliographie de la déportation par le secrétaire du Comité international des Camps [Vienne]).
MANWELL, Roger, FRAENKEL, Heinrich : *Le Crime absolu*, vers. franç., Paris, 1967.
MEYER, Gertrud : *Nacht über Hamburg*, Francfort-sur-le-Main, 1971 (prison de Hambourg et camp de Neuengamme).

RINSER, Luise : *Gefängnistagebuch* (journal de prison d'une femme écrivain condamnée à mort), Munich, 1946.
SCHRAMM, Hanna, VORMEIER, Barbara : *Vivre à Gurs*, Paris, 1979.
Dr TERNON, Yves, HELMAN, Socrate : *Les Médecins allemands et le national-socialisme*, Paris, 1973.
THALMANN, Rita : *L'émigration allemande et l'opinion publique en France de 1933 à 1936*, C.N.R.S., Paris, 1980. Même sujet 1936-39 in la revue *Francia*, n° spécial, Zurich et Munich, 1981.
TILLION, Germaine : *Ravensbrück*, Paris, 1973 (analyse d'ensemble à partir de notes et documents).
WAGNER, Walter : *Der Volksgerichtshof im N.S. Staat*, t. III, Stuttgart, 1974 (les procès de haute trahison).
WEISENBORN, Gunther : *Der lautlose Aufstand*, Hambourg, 2e éd. augmentée, 1954.
WORMSER-MIGOT, Olga : *Le Système concentrationnaire*, Paris, 1968.
ZÖRNER et *alii* : *Frauenkonzentrationslager Ravensbrück*, Berlin (R.D.A.), 1971.

INDEX

(Les numéros des pages en italiques correspondent aux notes)

INDEX

TABLE DES MATIÈRES

Cet ouvrage a été réalisé sur
SYSTÈME CAMERON
par Firmin-Didot S.A.
pour les éditions Robert Laffont
le 15 décembre 1981

Imprimé en France
Dépôt légal : 1er trimestre 1982
No d'édition : M 434 – No d'impression : 9065